立命館アジア太平洋研究センター
モノグラフ日本語シリーズ 1

韓国の国際通商法

著
横山研治
LEE Eun-Sup
BAE Hae-Sun

大学教育出版

まえがき

　本書は、国立釜山大学校のリー・ウンサップ教授とわたしが、2000年から行っている共同研究「貿易障壁に関する日韓比較研究」の一環として出版されたものである。

　リー先生とはじめてお会いしたのは2000年11月のことであった。きっかけは、先生から韓国で開催される国際学会でのパネラーにご招待を受けたことだった。

　それまで航空貨物の研究を行ってきたにもかかわらず、わたしは航空機が大の苦手であった。そのため、最初は辞退していたのであるが、日韓は海路でも移動可能であるとの熱心なお誘いに参加を決心をした。航空機でほんの数時間で行くことができる日韓の距離ではあるが、フェリーボートとセマウル号を乗り継いで、26時間かけて韓国中部の都市大田に着いた。

　1日以上をかけた長旅のためであろうか、韓国の旅情は深まり、今でも忘れられない旅となっている。この旅をより忘れがたいものにしているのは、リー先生のお人柄であった。韓国をはじめ日本やアメリカでも著名な研究者であるにもかかわらず、リー先生のご性格は温和で、物腰はやわらかく、わたしの滞在中には、宿や交通手段など細かなお心遣いをいただいた。韓国のよき思い出の大半はリー先生のお人柄によるものであった。

　このときに、日韓の通商法と貿易障壁の比較研究について共同で調査しようとのお誘いを受けた。日本と韓国の自由貿易協定交渉が開始されようとしているなか、特にわたしは、韓国の貿易関連法の内容に興味をもっていたので、お申し出を快諾した。

　共同研究の方法は、主にメールによるやり取りであったが、2001年の6月には、本学アジア太平洋研究センター主催のセミナーに先生を招待する機会もあった。リー先生とわたしは、「韓日貿易法比較研究の必要性」と題した共同発表を行った。発表のあと、参加の教員や学生から貴重な意見やアドバイスをもらい、その後の研究の貴重な資料となった。さらに、2002年6月から3ヵ月間、リー先生は本学に客員教授として滞在された。毎週、わたしのゼミに参加していただき、学生の研究発表やケース報告に貴重なア

ドバイスをいただいた。また、毎週水曜日に開いたふたりだけの研究会もとても充実したものであった。

　必要な論文の作成と日本語訳に関して、国立釜山大学校経営経済研究所専任研究員であるベ・ヘサン博士にも参加いただいた。博士の日本語力の助けがなかったら、この出版は実現できなかったであろう。

　また、この出版不況のご時世である。そのようななか、株式会社大学教育出版の代表取締役である佐藤守氏は、研究趣旨をご理解いただき出版を引き受けていただいた。この場を借りてお礼を申し上げたい。

　最後になったが、この上梓は、立命館アジア太平洋研究センターのモノグラフシリーズとして、同センターの出版補助を受けていることを付記しておく。

2002年8月

著者を代表して
横山研治

目次

はじめに

第1章 国際通商法の概要・・・・・・・・・・・・・・・・1
 第1節 定義・・・・・・・・・・・・・・・・・・・・1
 第2節 研究範囲・・・・・・・・・・・・・・・・・・2
 第3節 国際通商法体系・・・・・・・・・・・・・・・3

第2章 対外貿易法・・・・・・・・・・・・・・・・・・5
 第1節 対外貿易法の概観・・・・・・・・・・・・・・5
 第2節 対外貿易法の目的と特徴・・・・・・・・・・・17
 第3節 特別法による貿易の管理・・・・・・・・・・・22
 第4節 対外貿易管理機関・・・・・・・・・・・・・・24
 第5節 貿易と通商政策・・・・・・・・・・・・・・・31
 第6節 輸出入管理・・・・・・・・・・・・・・・・・36
 第7節 原産地表示・・・・・・・・・・・・・・・・・52
 第8節 輸出入の秩序維持・・・・・・・・・・・・・・63
 第9節 セーフガードおよび不公正貿易行為調査制度・・・68

第3章 関税法・・・・・・・・・・・・・・・・・・・・87
 第1節 韓国の関税制度・・・・・・・・・・・・・・・87
 第2節 弾力関税制度・・・・・・・・・・・・・・・・109
 第3節 関税の課税と徴収・・・・・・・・・・・・・・125
 第4節 輸出入品の管理・・・・・・・・・・・・・・・155
 第5節 通関・・・・・・・・・・・・・・・・・・・・170
 第6節 関税行政・・・・・・・・・・・・・・・・・・184

第4章　外国為替取引法・・・・・・・・・・・・・・・・・199
　第1節　韓国の外国為替管理制度・・・・・・・・・・・・199
　第2節　外国為替業務の制限・・・・・・・・・・・・・・213
　第3節　経常決済・・・・・・・・・・・・・・・・・・・221
　第4節　資本取引・・・・・・・・・・・・・・・・・・・225
　第5節　外国為替取引の事後管理・・・・・・・・・・・・249

第1章　国際通商法の概要

第1節　定義

　国際経済法は国際法の主体である国家間、国家と国際公共機構間、または国際公共機構間の経済関係を規律する国際基本法または国際公法を意味する。国際公法の一部としての国際経済法の主な目的は、国家間または国際公共機構間の関係を規律することであり、個人間の国際取引に関しては直接的に適用されない。国際経済法は国際経済を律するすべての法律を含む。これは国際通商法よりは広い意味である。つまり、国際経済法はIMFやIBRDのような国際金融機関の法規を含むという点で、国際通商法よりは広い範囲を包含する。国際通商法は国際経済法に含まれるのであるが、国際経済法の中で国際通商法が最も重要な部分を占めている。

　国際経済法は、個人間の取引に影響を与える国際投資保障機構(MIGA)や国際投資関連紛争解決機構(ICSID)の法規を含む。ICSIDは国家間の条約によって設立されたが、国際投資と関連して起こる紛争を解決する仲裁や調整の手続を定めている。またMIGAは、個人が海外投資をする際の非商業的危険を担保する。

　国際通商法または国際貿易法は、有形の物品、サービス、知的財産権、資本および技術などの国際交易と関連がある国家間の通商関係を規律する法律である。WTOの規定が国際通商法の中心となる内容であり、国際通商法は個人の国際取引や地位に対しても直接的に影響を与えることもあり得る。が、本来の目的は、国家間の国際的取引を規制するということだから、個人の国際取引には直接的に影響を与えない[1]。このように、国際通商法の主な目的は、交易の自由化のための各国の市場開放または公正な交易条件を確保することである。

---

[1] Hercules Booysen, *International Transactions and the International Law Merchants*, p5-7.

第1章 国際通商法の概要

第2節 研究範囲

　国際通商法の研究範囲、研究領域および対象をJackson教授のLegal Problems of InternationalEconomic Relations(1995)を中心に観察してみると、国際法と国際経済関係、各国の通商関係法GATT/WTO体制の法的構造、国際紛争の解決、関税、数量割当と非関税障壁、無差別と最恵国待遇問題、ダンピング規制、補助金規制問題、不公正貿易慣行に関する規制問題、知的財産権問題、サービスの国際貿易、輸出統制、GATT/WTOと発展途上国問題、GATT/WTO体制化での非市場および社会主義経済問題などに限定することができる。

　国際通商法の主な研究対象は、有形の物品、サービス、そして知的財産権の貿易に対する法律や規制であり、特にWTOを中心にして発展した通商法体制である。第二次大戦後から50年あまり、世界経済秩序の基礎となったGATTを中心に発展した通商法が、現存する国際通商法の中で最も複雑で広範囲である。GATTを中心とした通商法は、WTO法体制でのもう1つの軸になっているサービス貿易に関する一般協定のモデルになっている。このような通商法の領域は拡大しているようである。また貿易に関する知的財産権協定やWTO紛争解決手続き規則も重要な研究分野である。

　国際法や国際経済法の一部として国家間の通商関係を規律する国際通商法は、その対象が国家であり、国家による遵守が期待されている。個別国家による国際通商法の履行は、当該国の法律制定とその適用に従う。例えば、韓国の対外貿易法や関税法は基本的にWTOの通商法体系に従っており、この体制から離脱することは困難である。これは他のWTO加盟国の場合も同じで、加盟国の国内通商法と国際通商法は大体その内容が一致している。従って、国際通商と関連がある規範と現実において重要な地位を占めている主要国家の国内通商法に関しても、研究が行われるべきである。

　その他にも、国際貿易が国際金融・通貨の直接的影響を受けているという点で、WTO法を中心とする国際通商法は、IMFやIBRDを中心にしている国際通貨・金融法と密接な関係を持つ[2]。

---

[2] 朴盧衡「国際経済法の概念と教育内容」『法政考試』(1996.5) p.18-19。

第3節　国際通商法体系

　現代のすべて国家は例外なく、国際貿易に関しては国家がその経済または通商上の目的を具現するために資源、規制、干渉、または統制を行っている。これを一般的に貿易管理という。現在、韓国では貿易管理に関連した法規として3つの法体制があるが、それは対外貿易業者と対外貿易行為に関する全般的な対外取引事項を総合的に管理する「対外貿易法」、不公正貿易行為や外国貨物の輸入によって国内産業が受ける被害を調査し救済するための手続規則を定めている「不公正貿易行為調査及び産業被害救済に関する法律」、関税の賦課や通関手続を管理・規制する「関税法」、そして輸出入における「外国為替取引法」である。

　対外貿易法は国際通商環境に適応し、貿易を発展させるための対外貿易に関する基本法で、この法で委任された事項とその施行に必要な事項は、対外貿易法施行令で定めている。また、対外貿易法と対外貿易法施行令で委任されている事項とその施行に必要な事項は対外貿易管理規則で定めている。

　関税法は、関税の賦課・徴収・免除・保税制度・通関手続、関税の違反に対する罰則と調査・行政上の訴訟制度・運輸機関等の関税制度を規律する基本法で、この法で委任した事項とその施行に必要な事項は関税法施行規則で定めている。

　外国為替取引法は、外国人投資環境の改善、外国為替取引の完全自由化、金融機関の健全な発展や、急激な変動に対応できるセーフガードなどを制定した外国為替取引に関する基本法である。

　外国為替取引法で委任した事項と、その施行に必要な事項を具体的に外国為替取引施行令で定めており、また外国為替取引法と外国為替取引法施行令で委任した事項と、その施行に必要な事項は外国為替取引規定で定めている。

　このような基本的な貿易管理法規である対外貿易法、関税法、外国為替取引法と、特別法としての不公正貿易慣行調査及び産業被害救済に関する法律、貿易取引過程で適用され一定の要件を履行するよう強制する個別行政規則などもある。これらの法律や規則の本来の目的は、国民保険・安全・環境保護・消費者保護など様々である。個別行政規則や命令は、対外貿易法に対して、特別法ととらえられるが、個別行政規則や命令により適応を排除しない限り、貿易に関する基本法である対外貿易法規定と個別行政法規定は両立する。個別法では、対外貿易法上の

第1章　国際通商法の概要

一般的規制以外に個別法の目的に会う用件を満たすようにすることによって、対外貿易法と個別法とは補完関係を持つことになる。

　このような個別行政法規の中で、貿易の主体を管理する法規の例を挙げると、麻薬法、向精神性医薬品管理法、有害化学物質管理法、農薬管理法、種苗管理法、外国刊行物輸入配布に関する法律、煙草事業法、高麗人参事業法、農産物輸出振興法、映画法、食水管理法などがあり、これら個別行政法規の管理対象になっている品物を輸出・輸入するためには、対外貿易法とは別に関連機関の管理に従わなければならない。

　次に、輸出・輸入品目を管理する個別行政法規の例を挙げると、肥料管理法、主な農産物種子法、穀物管理法、植物防疫法、音盤に関する法律、蚕業法、畜産法、検疫法、食品衛生法、飼料管理法、工産品品質管理法、電気用品安全管理法、計量法、煙草事業法、オゾン層保護のための特定物質の製造規制などに関する法律、薬剤師法、自然環境保存法、鳥獣保護及び狩猟に関する法律、電波管理法、銃砲・刀剣・火薬類などの取締法、大麻管理法、自動車管理法、邪行行為の規制法等があり、それぞれに関係省庁の管理に従うよう定めている。

　その他、貿易および輸出振興のための行政法規として、輸出保険法、輸出用原材料に対する関税などの払い戻しに関する特例法、産業デザイン、包装振興法、輸出自由地域設置法、租税減免規制法、農水産物輸出振興法、貿易業務自動化促進に関する法律がある。

第2章　対外貿易法

第1節　対外貿易法の概観
1　貿易法の発展

　解放後、韓国の貿易は一定の法的裏づけがないまま、軍事法令、大統領令、商工部告示などの行政命令に基づいて政策を行ってきた。当時の貿易行政は、軍事政権当時に規定された軍政法令第149号（1947.8.25）と、政府樹立後の大統領令第324号（1950.4.10）に基づいていた。そのような法令は、当時すでに非現実的な内容を多く含んでおり、実際の行政は、商工部が頻繁に発表・施行する公示と公告によっていた。これらの暫定的措置は、体系的な法的根拠が不十分であったので、実際の事情が変わるたびに変化を繰り返してきた。

　1953年1月、臨時首都であった釜山で商工部公示第113号が発表された。これは、貿易行政を整備・強化するという意図で制定されたが、その後4回も変更された。そしてわずか2年後である1955年3月には、商工部公示第208号が発表され、さらに同年9月には、再び輸出入許可制（商工部公示第224号）が導入されるなど、変更を繰り返した。このように法的根拠がなかった暫定的行政措置は変動と混乱を引き起こすようになり、時には各部署間の業務分掌にまで混線を起こすようになった。

　1955年9月、輸出入許可制が廃止されるようになると、貿易行政の主管が商工部であるか財務部であるか見分けがつかないほどになった。このように貿易政策が混乱してきたため、貿易体系を確立し貿易行政の基本となる基本法を制定する必要はさらに切実なものとなった。こうした時代の要請に応じるため、商工部では数年にかけて貿易法の制定準備を行い、1956年4月にはその準備も完了し、1957年12月13日法律第460号として公示された。

　同貿易法は全文18条と附則で構成されているが、主な内容は次のとおりである。
① 　商工部で貿易委員会を設置し、貿易計画と、その他、重要事項に関する諮問に応じるようにした。
② 　従来、商工部の貿易計画から排除された外国援助物資導入も政府の総合的

第 2 章　対外貿易法

な貿易計画に従って運営されるようにした。
③　商工部長官は貿易計画を実施日30日前に公告するようにした。
④　商工部長官は輸出入許可と輸入業務に関して指揮監督するようにした。
⑤　輸入品目の中で適正品目の取り扱いと、決済方式による輸出入許可事務を国為替銀行の長に委任するようにした。
⑥　輸出入業者の登録と輸出奨励金等に関する規定などを設けた。その後1958年3月18日大統領第1351号で貿易法実施令が制定公示されており、5月7日には同施行細則が施行され、初めて韓国の貿易行政は法制化された。

2　貿易取引法の発展

　1960年代に入り、貿易関連法体制に大幅な拡充が行われた。1957年12月貿易管理に関する最初の基本的な貿易法が制定されて以来、1961年9月には法律第711号で輸出組合法を制定して貿易法第12条の規定による輸出組合の設立、管理、解散、その他必要な事項を規定した。同年9月には法律第716号で輸出奨励補助金交付に関する臨時措置法を公布し輸出奨励金の交付手続を規定した。また、1962年3月には輸出振興法を法律第1033号として公布した。この輸出振興法は、輸出品製造用原資材導入における外資使用の特恵、輸出業者の輸出実績による輸出許可の制限、海外貿易活動の保障、連帯保証による貿易金融の貸し出しなどを制定した。そして1962年10月には輸出品の品質および輸出品の評価を維持し、さらに向上させるため輸出監視法が制定された。
　一方、貿易管理に関する基本法としての貿易法と、輸出振興に関する法律である輸出振興法、輸出奨励金の交付のための輸出奨励補助金交付に関する臨時措置法は、それぞれ類似の目的を持っていた。そこで、これら3つの法を統廃合して、1967年1月16日貿易取引法を制定するようになった。制定の背景や経緯は以下のとおりである。
　貿易取引法が制定される前には、貿易に直接関連がある法律として貿易管理に関する基本法である貿易法と、貿易管理の中で主に輸出振興に関する法律である輸出振興法、そして輸出奨励金の交付のための輸出奨励補助金に関する臨時措置法があった。この3つの法律は貿易管理と輸出振興を目的として制定された。こ

れら3つの法律の個別的な目的が、貿易法で定めていることと同じく、輸出振興と輸入調整さらに国際収支の均衡と国民経済の発展を図るという面で一致していた。そこで、以上の法律を整備し統合しようとした。

貿易に関する憲法上の規定として旧憲法（第87条）では、対外貿易は法律の定めに従って国家の統制下に置くと規定している。ここで統制というのは、対外貿易における輸出入を国家の政策に従って調整することであり、対外貿易は国民経済と緊密な関係があるため輸出入を国家の実情に合わせて調整するよう定めたのである。しかし、当時改定された憲法（第116条）では、国家が対外貿易を育成し、これを規定し調整することができると規定した。つまり、貿易の重要性を考慮し、対外貿易の育成を行うが、同時に国家の規制や調整を受けるようにして、国家経済の海外部門発展を積極的に図り、国内産業の保護・育成に寄与するよう憲法理念が変えられたのである。

貿易法が制定された1957年の輸出は2,150万ドルであったが、貿易取引法が制定された1967年の輸出は、32,020万ドルへと急増した。輸出入が毎年急激に増え、取引方式や決済方式が複雑かつ多様になり、また輸出構造も一次商品を主とした構造から重化学工業製品を主とする構造へと変化し、効率的な貿易を規制するためには新しい規律の制定が不可避となったからである。

貿易取引法は、1965年10月21日、第6代国会商工委員会の鄭泰成委員のほか、33人の国会議員が草案を作成し、2次の小委員会と3次の常任委員会の審議を経て、国会本会議で議決され、1967年1月16日法律第1878号としてで公布された。施行日は1967年4月1日となった。

法律の公布日から施行日まで、ほぼ3か月あまりの期限を置いたのは、旧法と新法の運営による過渡期の空白を最小限に減らして、その間、新法を施行させるための大統領令と部令を制定する時間的なゆとり与えようとするためであった。同法施行令は、1967年4月4日大統領令第2979号として制定・公布されている。また、同法施行規則は1967年4月4日商工部令第182号として制定・公布された。ちなみに、この規則の施行日は1967年4月1日となっている。

同法の主なポイントは次のようになっている。①輸出入の許可；物品等の輸出または輸入を業とする者は、他の法律で特別な規定がある場合を除いては、商工

部長官の許可を受けなければならない。②輸出入の許可および承認；物品等を輸出または輸入しようとする者は、大統領令の定めにより、商工部長官の許可を受けなければならない。③輸出入の期別公告；商工部長官は、商品の輸出入に関する承認品目、許可品目または禁止品目などの区分と物品等の種類別数量または金額の限度、規格または地域などの制限に関する事項などを総合的に策定し、毎年またはその半期を実施期間として、実施30日前にこれを公告する。④輸出入品物価格の是正と公告；商工部長官は輸出入品の中で必要と認識する場合は、その基準価格、最高価格と最低価格を是正しこれを公告しなければならない。⑤輸出入組合；同一または同種品目等の輸出または輸入秩序を確立するために同一または同種品物等を取り扱う業者は輸出組合または輸入組合を設立することができる。⑥輸出の奨励；商工部長官は、輸出を奨励する必要があると認定される物品等を輸出した者に対しては予算の範囲内で大統領令の定めにより、輸出奨励補助金を交付することができる。また商工部長官は特に輸出奨励のために必要な場合は、大統領令の定めにより輸出を支援しまたは規制するための措置を取ることができる。⑦貿易委員会；貿易政策に関する重要事項、輸出入の期別公告およびその変更に関する事項などを審議するために、商工部内に貿易委員会を置く。⑧輸出入の事後管理；商工部長官は大統領の定めにより、物品などの輸出入が法令の規定通り実施されたかどうかの可否を審査しなければならない。⑨不正な輸出の禁止；輸出業者は、輸出契約要件が著しく欠けている物品や原産地を虚偽表示した物品の輸出と、大統領令の定めによる国際取引法上の公正な商慣習に反する輸出をしてはならない。

3　対外貿易法の発展

　貿易取引に関する法律は、対外貿易活動を国民経済の観点から規律・調整するための法規範である。この点から、これらの法律は、国内経済の変化と対外貿易環境の変化に適応しなければならない。また、韓国の貿易管理の目的を達成するように、対外貿易活動を円滑に支えるべきであるともいえる。

　1967年の貿易取引法が制定された当時と80年代では、貿易を取り巻く内外の環境は大きく変わった。そこで、そのような環境変化に対応するためと、新しい将

来目標に対応するために、新しい法体系を持つ必要性が出てきたのである。

　そのような環境変化の第一として貿易額増加が挙げられる。韓国経済は60年代以後高度経済成長を持続して、新興工業国の先頭走者として成長した結果、GNPは1967年の43億ドルから1985年の837億ドルへと20倍も増加し、輸出は1967年の3億ドルから1986年の347億ドルへと116倍に、輸入も1967年の10億ドルから1986年の316億ドルへと32倍も増加した。結果として、貿易金額では世界10位に入り、主要な貿易国家となってきたのである。

　第二には輸出構成品目の大きな変化である。輸出に占める軽工業製品の割合は、1967年には63.9％であったが、1986年には41.8％へと低下した。一方では、重化学製品の輸出割合は1967年の6.2％から1986年には52.8％へ上昇し、輸出構造がかなり高度化したのである。

　第三に、国際貿易秩序の変化である。1970年代以来、世界経済の全般的成長鈍化と先進産業国の産業構造調整の遅れで、先進国では構造不況産業が発生し失業者が増加した。これらの国では、自国の斜陽産業保護のため、輸入規制を強化する新保護貿易政策を採用し始めた。また自由貿易主義より公正貿易(fair trade)が強調され、相互主義(mutualism)が台頭し、先進国の開発途上国に対する市場開放圧力が強くなった。

　第四には、このような対外環境の変化とともに、韓国の産業貿易政策においても大きな変化があったことである。まず、市場経済の浸透により、産業政策の基調が政府主導から民間主導へ履行し、保護主義的基調から自律主義的な基調へ移行した。このような中、工業発展法が制定され、競争体制を基礎とした自律調整機能の市場導入を図った。貿易政策では、輸入自由化率が1985年には87.7％であったが、1986年には91.55％へと高まっており、国内産業の競争力が強まり、国際貿易における韓国の地位に相応する対外開放政策を推し進めてきた。

　このような対外環境の大きな変化にもかかわらず、貿易取引法は1967年制定されて以来、1970年、1972年、1975年と3回に渡って部分的に改正し補完されただけで、貿易規模の急速な増大、取引方式の多様化および国際貿易秩序の変動に適切に対応できてはいなかった。

　これら問題点を具体的に指摘すると以下のとおりである。第一に、貿易に関す

る過度な規制が挙げられる。貿易取引法の目的は輸出を振興し、輸入を調整して対外貿易の健全な発展を促進することとなっていた。従って、国家間の公正で自由な貿易を実現する代わりに、国家が輸出促進政策だけを推し進め、輸入については統制するという管理貿易体制になっていたため、諸外国との貿易摩擦を引き起こすおそれがあった。

また、輸出入業者の資格を制限し、あらゆる物品の輸出入に対して輸出入特例に該当しない限り、商工部長官の許可または承認を得るようになっていた。この許可・承認制度は、具体的には、輸出入品の基準価格、最高価格、または最低価格を策定して公告し、その公告した価格に従って物品の輸出入を行わせる一方、物品の輸出入の慣行を保証するために保証金、証券、その他の担保物を提供させる制度を通じて運用されていた。

第二に、輸入自由化に備えた国内産業保護制度が不十分であった。政府が輸入自由化を積極的に推し進めるにつれ、輸入の急増によって国内産業に被害を与える可能性も大きくなっていたが、先進国で見られるような自由化措置に対応した輸入による被害救済措置が用意されていなかった。

第三に、輸出入秩序維持体制の不備がある。ますます強まっている先進国の輸入規制に効果的に対応するためには、業界が自律的に公正な取引秩序を維持するのが望ましいし、政府としても自由で公正な貿易を助長しなければならない。しかし、工業所有権や著作権などの知的財産権を侵害する物品の輸出入行為と、原産地を虚偽表示した物品の輸出入など、不公正取引行為に対する禁止や制裁規定がなく、民間が自律的な活動ができるよう組織化するには法的根拠が足りなかった。

第四に、複雑多岐である貿易関連法体系を整備する必要性である。貿易管理に関して貿易取引法と産業設備輸出促進法、輸出組合法など、お互いに関連し合う法令間での相互関係が不十分であり、20年以上も貿易取引法を運営する過程で、現実と合わなくて不要となった規制条項も残っていた。また、現実的要求を下位規定で無理して充足しなければならなくなり、当初の法律条文の制定趣旨と合わない規定も出るようになって、これを体系化する作業が必要であった。

これらの問題点、つまり貿易環境の変化に適切に対応する規定が抜けている点、長い間貿易取引法を運営する過程で、現実と合わない規定が存在する点、新しく

第2章　対外貿易法

誕生した法律との相互関連性が欠けている点、そして法律の体制混乱によって全面的に韓国の貿易法制を改編する必要に迫られ、新しい対外貿易法を制定するようになったのである。

　この法の名称を何にするかに関して、最終段階まで政府内で論議が行われたが、数多い候補名称の中で、対外貿易法と貿易法が最も適切で包括的な名称であると評価された。ところが、貿易法は貿易取引法の以前の法律名称と同じであった。憲法第125条でも「国家は対外貿易を育成し、これを規制・調整することができる」と書かれ、「対外貿易」という用語を使っており、貿易取引法の第1条でも「この法は輸出を振興し、輸入を調整して対外貿易の健全な発展を促進することによって…」と書かれ、対外貿易を法律用語として使っていた。また日本法の名称でも「外国為替及外国貿易管理法」とし、外国貿易という用語を使っているので、貿易よりは対外貿易としたほうがより妥当だと判断された。つまり、一般的に貿易というのは対内取引と対外取引を包括するころから、対外貿易法で規律しようとする外国との取引を意味する場合には、対外貿易という表現が適切であるとの判断であった。

　次にその制定過程を分析する。貿易取引法を整備する必要性が高まるにつれ、政府は80年代に入ってから、貿易取引法制度の改編を積極的に推し進めてきた。1983年には貿易取引法を全文改正する貿易取引法改正試案が準備されたが、実現できなかった。しかし、1985年から再び改正作業が行われ、同年6月には全国経済人連合会で経済法令整備民間協議会が発足した。同年11月には貿易取引関連法整備改善方案が準備され、同年12月にはソウル大学校法学研究所で、韓国貿易業協会の依頼により、貿易関連制度の先進化のための調査報告書も出された。

　政府も貿易法制に対する改編作業チームを構成し、これに対する研究と論議が活発に行われた結果、1986年3月に貿易取引法制の整備改編案が用意され、貿易構造民間協議会の検討など関連専門家の協議を経て、それを基にして6月には対外貿易法の草案が用意されるようになった。続いて、業界・学界・研究界などの専門家が参加した公聴会を経て、立法予告の後、1986年12月31日に法律第3899号として公布された。

　貿易に関する基本法として対外貿易法は本文72条と附則11条となっており、主

な内容は次のとおりである。

　第一に、輸出振興と輸入調整を目的とした従来の貿易取引法とは違って、対外貿易を新興し、公正な取引秩序を確立して、国際収支の均衡と通商の拡大を図ることによって、国民経済の発展に寄与し、自由で公正な貿易を追及することを原則とする。

　第二に、貿易業を甲類貿易業と乙類貿易業に分け、甲類貿易業の許可を得る要件を5,000万ウォン以上の納入資本金と、米貨2万ドル相当額以上の輸出信用状を得る者と定めており、貿易代理業を、物品売渡確約書の発行を主な業とする甲類貿易代理業と、輸出品購買を主な業とする乙類貿易代理業とした。

　第三に、貿易業者の数が増えるにつれて、貿易業の許可要件を緩和し輸出入秩序維持のための制度を導入した。また、不公正な輸出入行為の禁止、貿易紛争の速やかな解決のための措置、貿易業者の協約締結、輸出組合または輸入組合設立などに必要な要件と手続を規定した。

　第四に、輸入開放政策を推進による国内産業の被害を救済するため、特定品の急激な輸入増加、または過度な輸入により、同種あるいは直接的競争関係にある物品を生産する国内産業の発展が阻害されたり、あるいはそのおそれがある場合には、当該国内産業と利害関係がある者の申請により、当該品の輸入が国内産業に及ぼす影響を調査するようにした。調査結果によっては、輸入品の数量および品質に対する規制、工業発展法による合理化業種を指定することとした。その他、国内産業の救済のために産業被害救済制度を設けた。また、産業被害の有無や、セーフガード措置に関する事項などを審議・決議するための貿易委員会を新設した。

　第五に、輸出の付加価値を高め輸出商品の品質イメージを改善するため、輸出品に対する保護制度を新設し、デザインに対する認定を得られなければ輸出ができないようにした。

　第六に、毎年、輸出入期別公告を通して運営してきた輸出品に対する品目管理体系を、輸出入公告で名称を改正し、公告の継続性を維持するようにした。また、対外貿易法以外の法令で物品などの輸出・輸入要領を定めている場合には、商工部長官が統合して公告する別途公告制度を採用した。輸入による産業影響調査制度

第2章 対外貿易法

の新設により、輸入監視制度を廃止した。併せて旧同制度により公告された品目は、1988年末まで有効とした。

第七に、今後、必要性が低くなる連係貿易（物々交換、求償貿易、対応購買など）については、通商協力や地域間貿易均衡化のために利用できるようにするために、連係貿易推進委員会を設置して、連係貿易の活性化に備えるようにした。一方、必要な場合、輸出入公告で輸出入が制限されている品目についても、商工部長官が承認すれば輸出入できるようにした。

最後に、貿易取引法、産業設備輸出促進法、輸出組合法で、複雑化している貿易に関する法令を統廃合して対外貿易法として一元化していることであった。さらに、貿易に関する特別措置および貿易の振興のための措置など、貿易政策の効率的な審議のため、従来の貿易委員会を貿易政策審議会へと改変し、委員長は、商工部次官から商工部長官へと変更した。

4 1996年対外貿易法の改正

1986年に対外貿易法が制定されて以来、東欧圏と北朝鮮を含む対北方交易の活性化と貿易規模の拡大、市場に対する規制緩和や開放政策などにより、世界市場のグローバル化が急速に加速していった。

このような状況で、WTOが発足して自由貿易体制が一層進むと、韓国内では効率的な保護政策の必要性や、急変する国際経済環境に能動的に対処するための必要性が生じてきた。そして、対外貿易法は1996年12月30日に法律第5211号として全文改正され、1997年3月1日から施行された。対外貿易法施行令と対外貿易管理規定もまた、1997年2月29日の大統領令第15296号と、1997円2月28日の通商産業部告示第32－97号で全文改正された。

1996年12月に改正された対外貿易法の目的とあらましは、次のとおりである。まず、改正目的は、輸出入取引における民間の創意と自立性が最大限発揮できるように、貿易管理体制を大幅に刷新することである。一方、自由貿易政策の拡大に備えて産業被害救済制度を補完するとともに、企業の国際的営業活動を円満にするための通商支援を具体化することである。主な改正内容は次のとおりである。

産業資源部長官は貿易および通商を振興するため、市・道知事の意見を聞き、通

- 13 -

商振興政策の基本方針が含まれた通商振興政策を策定し施行するようにし、市・道知事は通商振興政策に従い、その管轄地域の実情に合った地域別振興政策が施行できるようにした[3]。

　従来、貿易業を営むためには登録が必要であったが、今後は貿易代理業と同じく届け出制とした[4]。元来、物品の輸出入は、原則として産業資源部長官の承認を得るようになっていたが、今後は原則として自由とした。例外的に、条約と一般的に承認された国際法規による義務の履行、生物資源の保護、貿易の均衡化のために必要であると認定し産業資源部長官が指定する物品に関しては、承認を必要とした[5]。

　産業資源部長官は輸出入取引の効率化のためにコンピューター・ネットワークなど、先端技術を利用した貿易手続処理の合理化を図ることとした[6]。

　産業資源部長官が必要であると認める場合、または貿易業者や販売業者の要請がある場合、輸出入品目の原産地の判定をするようにし、またその原産地判定に不服の者は異議を唱えることができるとした[7]。

　輸入国政府の委任により、船積前に韓国企業の輸出品の検査を実施する場合、世界貿易機関の船積前検査(Pre-shipment Inspection)に関する協定に従うものとし、その船積前検査が、韓国企業の輸出に対する貿易障壁とならないようにした[8]。

　原産地表示を意図的に変更するなどの不公正輸出入行為をした者に対しては、是正措置命令または課徴金を賦課するようにした。この場合、是正措置命令に従わない者に対しては刑事罰を課すことができるとした[9]。

---

[3] 対外貿易法、第8条。
[4] 対外貿易法、第10条。
[5] 対外貿易法、第13条、第18条。
[6] 対外貿易法、第18条。
[7] 対外貿易法、第24条。
[8] 対外貿易法、第42条。
[9] 対外貿易法、第39条第1項、第5項および第55条第9号、第10号。

第2章　対外貿易法

5　2000年電子商取引規程

　情報通信技術の発達に伴い、情報通信網を通した電子商取引による輸出入が増加するにつれ、貿易取引に情報通信網を通した電子商取引を追加し、電子商取引の仲介機関を指定して、基盤調整を図る必要性が大きくなった。

　このような環境のもと、電子商取引を支援し育成する法的根拠を設ける目的で、2000年に法律第6315号で対外貿易法を改正した。この改正に際しては、原産地表示制度の運用上の問題点を改善するための改正も行われた。主な内容は以下のとおりである。

　①経済的価値がある電子的情報を、情報通信網を通じて輸出入するのも貿易のひとつの形態として規定した。また、電子商取引を、貿易の一部または全部がコンピュータなど情報処理能力を持った装置により、情報通信網を通して行われる取引と定義した。②産業資源部長官は、情報通信網を通じた取引の斡旋、または電子的貿易書類の仲介や電子商取引に対する教育や広報など、電子商取引に必要なサービスを総合的に提供する機関、法人または団体の中で、電子商取引仲介機関を指定し、これを支援することによって電子商取引を促進させることを可能とする条文を設けた。③原産地表示制度の実効性を確保するために、虚偽の原産地表示をしたり、原産地表示を損傷させる行為をした業者に対しては、是正措置を命じるように定めた。④輸出入秩序に関する規定と関連して、知的財産権の侵害と原産地の虚偽表示に関する規定をより具体的に規定した。

6　不公正貿易行為調査及び産業被害救済に関する法律の制定

　対外貿易法には、貿易振興などに関する一般的な事項とともに、不公正貿易行為や産業被害救済に関する調査に関する規定がなされていた。これに基づいて調査を行う際に、貿易相手国との間で多くの摩擦があった。このような法執行に伴う問題点を解決し、併せて不公正貿易行為の調査手続と産業被害調査に関する規定をより明らかにするために、2001年に法律第6417号として、不公正貿易行為調査及び産業被害救済に関する法律を公布した。

　このような独立した法律を設けることにより、不公正貿易行為の調査や国内産業の被害救済に関係者の注目を集め、併せてこの問題への理解も深めさせようと

いう目的があった。具体的には、輸入品の増加による国内産業の被害救済手続を、WTOのセーフガード協定と関連させた。また、貿易委員会構成メンバーの専門性と公正性を強化し、不公正貿易行為などに対する調査手続を明らかにした。まとめれば、産業被害救済制度の公正性や透明性を高めることにより、公正な貿易秩序を確立し、自由貿易体制下での国際競争力強化を図るために、不公正貿易行為調査及び産業被害救済に対する法律を新しく制定したのである。この法が制定されるまでは、貿易取引を主に規律する法は対外貿易法であり、その他40あまりの特別法が極めて制限的で必要な限度内で適用されてきた。が、この法律の制定により、国際貿易を規律する基本法としての対外貿易法と同時に、この法律が非常に重要な役割を果たすようになった。主な内容は以下のとおりである。

　貿易委員会は、不公正貿易行為の調査申請がある場合、30日以内で調査開始可否を決定し、その際同時に判定の目標時限も決定し、短時間で調査手続が完了できるように定めた。

　不公正貿易行為により、回復が難しい被害を受けたり、受けるおそれがある者に対しては、被害予防のため、不公正貿易行為の中止を貿易委員会へ訴えることができるようにする暫定措置制度を新設した。一方、暫定措置申請の乱用を防ぐため、暫定措置を申請しようとする者には担保が要求されるとした。

　不公正貿易行為をした者に対しての課徴金の金額が、従来は3,000万ウォン以下であったが、新法では不公正貿易行為をした者の取引金額を基準にして賦課し、違反行為による利益を収容できるようにした。また、それまでは貿易委員会の進言を受けて産業資源部長官が課徴金を賦課したが、これからは貿易委員会が直接賦課するようにした。

　特定品目の輸入増加による国内産業の被害を救済するために、輸入を制限するセーフガード措置を取る際には、関連産業および通商関係に及ぼす影響を総合的に考慮するようにし、セーフガード措置の内容も、国内産業の被害救済および産業構造調整を促進するのに必要な範囲に制限した。

　貿易委員会は、物品などの輸入が国内産業の競争力に及ぼす影響を調べられるようにし、必要な場合は、関係行政機関長に対して資料の提出を要請できるように定めた。

第2章　対外貿易法

　貿易委員会の委員資格要件を、企業経営または貿易振興分野で10年以上の経歴を持つ者とするなど強化して、不公正貿易行為および産業被害の判定などにおける専門性および公共性を確保した。

第2節　対外貿易法の目的と特徴
1　対外貿易法の目的

　対外貿易法は、大韓民国の対外貿易取引全般を管理するための一般法であり、基本的には、貿易におけるモノの流れを管理することに重点を置いている。

　国際間の商取引に適用される法を総称して、対外貿易法あるいは国際通商法ということができる。しかし、ここにいう対外貿易法とは、貿易に関する各種の国内法（関税法、外国為替管理法）と国際間の商取引に適用される国際法をも含む概念と考えられる。

　対外貿易法1条では、「この法は対外貿易を振興し、公正な取引秩序を確立して国際収支の均衡と通商の拡大を図ることによって、国民経済の発展に寄与するのを目的とする」と規定している。このように対外貿易法は、国民経済の発展に寄与するのを目的としている。その方法として、貿易を振興し、公正な取引秩序の確立を通した国際収支の均衡と通商の拡大を図ることと定めているのである。

　従来の貿易取引法は、「輸出を振興し、輸入を調整して対外貿易の健全な発展を図ることにより、国民経済の発展に資するのを目的にする」と規定していた。このように、貿易取引法は、国民経済の発展とともに国際収支の均衡に目的を置いていたのである。しかし、対外貿易法は、国際収支が好転した状況を反映して、「輸入の調整」という表現が通商摩擦を引き起こすおそれがあるので、代わりに「対外貿易を振興」、「通商の拡大」という表現を使うようになった。

　これを具体的に述べると以下のとおりである。

　第一に、天然資源に乏しい韓国は、貿易振興が経済発展の近道であるということ。従って、輸出と輸入をともに発展させ、よって経済発展の目的を達成させると規定している。

　第二に、この法律は、公正な取引秩序を確立するための法である。つまり、貿易による国民経済発展の手段を、公正な取引秩序を確立することに置いているこ

とである。具体的には、第3条で「自由で公正な貿易の原則」を宣言し、不公正貿易は貿易取引を阻害する要因であるとしている。これに基づき、公正貿易取引を確立するための具体的手段として、輸出入品の原産地表示、不公正な行為禁止（第39条）、貿易紛争の解決（第41条）、輸出入品の価格操作禁止（第40条）、船積前検査に関する紛争の調整（第42条）、産業部長官の調整命令（第43条）などを規定している。

第三に、体外貿易法は、国際収支の均衡を図るための法ということである。前述したように、対外貿易法は従来の貿易取引法とは違って、輸出を振興し輸入を調整して国際収支の均衡を図るのではなく、輸出と輸入をバランスよく発展させ国際収支の均衡を図ろうとしている。

第四に、通商拡大のための法ということである。貿易振興と自由で公正な取引秩序を確立することによって、すべての国家との通商を拡大するように規定している法である。韓国は、通商の発展について、通商法などの法律を単一法として有してはおらず、対外貿易法第2章で規定しているにとどまっている。従って、今後、通商法が制定されると、対外貿易法を基本として制定されることとなるだろう。

第五には、国民経済の発展に貢献する法ということである。つまり、対外貿易法の究極の目的は、国民経済発展に資するということである。

2　対外貿易法の特徴と制定原則

対外貿易法の特徴は以下のようにまとめることができる。

第一に、対外貿易法は貿易に関する基本法ということである。憲法では「国家は対外貿易を育成し、これを規制・調整できる」[10]と規定している。これに基づいて、対外貿易法（第6条）では「貿易に関してはこの法の定めによる」と規定し、韓国のすべての貿易取引は、対外貿易法に拠らなければならないと明示している。また「関係行政機関の長は品物などの輸出または輸入を制限する法令や訓令・告示等（以下"輸出・輸入要領"という）を制定し、改正の際には、あらかじめ産業資

---

[10] 憲法、第126条。

第 2 章　対外貿易法

源部長官と協議しなければならない」と規定している。これによって、貿易管理法体系において対外貿易法を基本法とし定めて、その一貫性を維持しようとしているのである。

　第二に、対外貿易法は貿易に関する一般法である。他の法律で明示的に対外貿易法の適用を排除すると、その法は対外貿易法より優先的に適用される特別法となる。このような特別法に対して、対外貿易法は一般法となる。特別法の例としては、貿易業の申告免除を規定している農業協同組合法、水産業協同組合法、輸出承認のみ免除される外資導入法などが挙げられる。その他にも、薬剤師法、食品衛生法、麻薬法など50あまりの特別法がある。

　第三に、体外貿易法は貿易に関する特別法ということである。対外貿易法は、他の法律より優先的に適用される特別法的性格も持っている。対外貿易法第51条では、独占規制および公正取引に関する法律との関係に関して、「産業資源部長官の調整命令の履行に関しては独占規制及び公正取引に関する法律を適用しない」と規定している。また対外貿易法第52条では国家保安法との関係に関して、「この法による物品等の輸出・輸入行為に対してはその行為が業務遂行上正当であると認定される範囲内で国家保安法を適用しない」と規定していて、独占規制や公正取引に関する法律や国家保安法などとの関係において特別法的地位を持っている。

　第四に、体外貿易法は国際性および対外性を有している。対外貿易法は国民の対外貿易取引を管理する法であることから、当然のことながら、国際的な性質を有している。対外貿易法第3条で、「韓国の貿易は、憲法により締結・公布された貿易に関する条約と、一般的に承認された国際法規の定めに従って、自由で公正な貿易を助長するのを原則とする」と定めている。さらに、「政府はこの法や他の法律または憲法により締結・公布された貿易に関する条約と、一般的に承認された国際法規で貿易に対する制限を定めた規定がある場合には、その制限の目的を達成するために、必要な最小限の範囲内でこれを運営すべきである」と規定している。

　第五に、体外貿易法は統合的性格を有している。貿易取引は、お互いに有機的な関係を維持しながら国民経済の秩序を形成している。貿易に関するある1つの

分野の規制は、他の分野の経済活動にも影響を及ぼしている。このような意味で、貿易取引について全般的な規定を行う体外貿易法は、統合的性格を持っているといえる。輸出入公告がその表れで、第15条で規定した統合公告は、このような統合的性質の代表的な例である。

第六に、体外貿易法は包括的性格を持っている。対外貿易法の規制内容は、具体的な取引を対象にしたのではなく、一般的な事項に関して多数の当事者を前提にして貿易取引業体と関連した一般的な事項を包括的に規定する法である。

第七に、中央集権的な管理方式を採用していることである。すなわち、第一義的には、対外貿易の管理に関するすべての権限は、法律上、産業資源部長官に属している。そして、同長官は、一定の範囲内でその権限の一部を他の機関に委任・委託できるようにしている。

第八に、委任立法の性格を持っている。貿易取引の規制対象は流動的で、規制方法も流動的または複雑であるから、対外貿易法では基本的で原則的な事項のみを規定し、その施行に関する細部的事項は、行政部が制定する施行令と管理規定により定められる。第九に、技術性を有している。対外貿易法は、国民経済発展のための経済政策に適合するように、対外取引を規律しようとする技術的な性格を持っている。従って、論理性は排除され、もっぱら国家利益を実現するために施策という技術的性格を有している。

第十に、経済的統制の性格を持っている。対外貿易法による貿易管理は、国家が貿易の規制・調整などの作用をするという、規制行政作用の法的性格を持っている。従って、国は経済秩序の単純な外部的保護者ではなく、積極的な経済規制者あるいは調整者として作用するので、他の行政法に比して政治性ないし指導性が強く現れる。

最後に、通商法的性格を持っている。対外貿易法は、対内的行政法の領域を離れて通商交渉の根拠法規として立法された。このことから、将来より包括的な通商法が制定されるならば、対外貿易法がその母体となるだろう。第3条では「憲法により締結・公布された貿易に関する条約と一般的に承認された国際法規の定めに従って、自由で公正な貿易を助長する」と規定しており、また第8条では通商振興施策の樹立、第9条では貿易および通商関連民間協力活動の支援を規定して

第2章　対外貿易法

いる。これらのことは、対外貿易法が、総合的な通商法としての性格を有していることを表している。

続いて体外貿易法の制定原則を以下に列挙する。

第一に、体外貿易法は、自由で公正な貿易を原則とする。韓国の貿易は憲法により締結・公布された貿易に関する条約と、一般的に承認された国際法規の定めに従って自由で公正な貿易を助長するのを原則とする[11]。

第二に、貿易制限は必要な範囲内で最小でなければならない。政府はこの法や他の法律または憲法により締結・公布された貿易に関する条約と、一般的に承認された国際法規で貿易に対する制限を定めた規定がある場合には、その目的を達成するために、必要な最小限の範囲内でこれを運営するのを原則としている[12]。

第三に、貿易振興を図ることである。産業資源部長官は、貿易振興のために必要だと認定されるときには、大統領令の定めに従って物品等の輸出・輸入を持続的に振興するための措置を取ることができる[13]。従って、産業資源部長官は、上記の原則により貿易の振興のため必要だと認定される時には、大統領令の定めに従って、①貿易の振興のための諮問、指導、対外広報、研修および相談斡旋を営業する者、②貿易展示場や貿易研修院などの貿易関連施設を設置あるいは運営する者、③科学的貿易業務処理基盤を構築・運営する者などに対して、このような振興措置を調査することができる。貿易振興については、支援措置の大部分は輸出振興のためであるということからすると、輸出振興第一主義が暗黙の原則であることが推測できる。

第四に、通商の振興を図ることである。産業資源部長官は、貿易および通商を振興するために、毎年、翌年の通商振興施策を樹立するよう規定している[14]。特に、貿易・通商関連機関または団体が、貿易相手国の政府・地方政府・機関または団体と、通商・産業・技術・エネルギーなどの協力活動を推進する場合、大統領令の定

---

[11] 対外貿易法、第3条第1項。
[12] 対外貿易法、第3条第2項。
[13] 対外貿易法、第4条第1項。
[14] 対外貿易法、第8条第1項。

めに従って必要な振興策が取れるように規定している[15]。

　すなわち、貿易取引は原則として自由であり、その制限は最小にしなければならない、ということである。

第3節　特別法による貿易の管理
1　総説

　公正取引制度、特に不公正な貿易行為に対する調査制度や、セーフガード制度を初めとする人間の健康、安全、環境、公序良俗、安全保障などに大きな影響を及ぼしたり、政策的に特別な管理が必要なことがある。この場合には、物品の輸出入に関して、対外貿易法以外の個別法で別途の要件を規定している。

　例えば、特別な物品の輸出入に対する管理は、取引主体および物品に対して直接に行われている。物品に対しては統合公告によって対外貿易法と関係づけされているが、取引主体に対しては各個別法で別途の管理をしている。各個別法による取引主体管理は以下のとおりである。

　第一に、麻薬輸入業の場合、麻薬の輸入を業とする者は、薬剤師法による医薬品輸入業者として保健福祉部長官の麻薬取扱者免許を受けなければならない[16]。

　第二に、向精神薬輸出入に対する管理では、向精神薬の輸出入を業としようとする者は、向精神薬管理法の医薬品輸入者として、保健福祉部長官の許可を受けなければならない[17]。

　第三に、有害化学物質輸入業の場合には、特定の有毒物および化学物質を製造または輸入しようとする者は、環境部長官に申告しなければならない[18]。

　第四に、農薬輸入業の場合では、農薬輸入業をしようとする者は農村振興庁長官に対して登録申請しなければならない[19]。

　第五に、種苗輸出入業の場合には、種苗商をしようとする者は、市長・郡守(郡の行政責任者)に届け出なければならない。農林部長官に直接登録した種苗業者や

---

[15] 対外貿易法、第8条第2項。
[16] 麻薬法、第7条。
[17] 向精神薬管理法、第6条。
[18] 有害化学物質管理法、第5条。
[19] 農業管理法、第3条。

第 2 章　対外貿易法

農業協同組合、および上記のようにして届け出した者以外は、輸入した種苗を販売することはできない[20]。

第六に、石油輸出入業の場合には、石油輸出入業をしようとする者は、産業資源部長官に届け出なければならない[21]。

第七に、煙草販売業の場合には、煙草販売業をしようとする者は、対外貿易法上の貿易申告を行い、外国の煙草製造業者と供給契約を締結し、財政経済部長官に登録しなければならない[22]。

第八に、映画輸入業の場合には、外国映画の輸入を業とする者は、文化観光部長官に届け出なければならない[23]。

最後に、飲料水輸入業の場合には、飲料水を輸入して販売しようとする者は、環境部長官に飲料水の輸入販売業登録をしなければならない[24]。

2　不公正貿易行為調査および産業被害救済に関する法律

不公正貿易行為調査および産業被害救済に関する法律の目的は、不公正貿易行為および輸入の増加による国内産業の被害を調査し救済する手続を定めて、公正な貿易秩序を確立し、国民経済の健全な発展に寄与することにある。またもう 1 つの目的は、WTO協定など国際協約の履行のために必要な規定をつくることである。この法は、韓国の国際貿易を規制するための基本法である対外貿易法と、補完的関係を持つ重要な機能を有する。同法では不公正貿易行為の調査に対して、不公正貿易行為の禁止[25]、不公正貿易行為の調査申請および調査開始決定、暫定調査、担保提供、判定および通知、是正措置、課徴金、異議申請などの規定をしている[26]。輸入増加による産業被害調査については、特定品の輸入増加による産業被害調査の申請、国内産業被害の調査、セーフガード措置の建議、暫定セーフガード措置

---

[20] 種苗管理法、第 3 条。
[21] 石油事業法、第 8 条第 1 項。
[22] 煙草事業法、第13条。同施行令、第 8 条。
[23] 映画振興法、第 4 条第 3 項。
[24] 飲料水管理法、第18条第 3 項。
[25] 不公正貿易行為調査及び産業被害救済に関する法律、第 4 条。この規定は対外貿易法、第39条（不公正な輸出・入行為の根拠）に含まれている。
[26] 不公正貿易行為調査及び産業被害救済に関する法律、第 5 条ないし第14条。

の建議、セーフガード措置の施行および解除、再検討、繊維および衣類に関するセーフガード措置、サービスに関するセーフガード措置などを規定している[27]。同法ではほかにも、ダンピングおよび補助金による産業被害調査[28]、貿易委員会による産業競争力調査[29]、そして貿易委員会と関連して委員会の設置、構成、所管業務、調査手続および運営など[30]を規定している。

3 独占規制および公正取引に関する法律

独占規制および公正取引法は、経済発展に伴い、少数企業が市場独占化を加速化させ、市場経済原則が無視されている状況で、公正で自由な競争を促進し、企業の創意的活動、消費者の権益保護など健全な経済秩序を確立する目的で、1980年12月31日公布され、1981年4月1日から施行されている。

一方、独占規制および公正取引法の適用に関連して、対外貿易法によると、産業資源部長官は、第43条による輸出入秩序維持のための調整命令の履行に対しては、独占規制および公正取引に関する法律を適用しない[31]。

産業資源部長官は、対外貿易法第43条による輸出入秩序維持のための調整命令の履行に関しては、独占規制及び公正取引に関する法律第2条第1項の規定による事業者間の国内市場での競争を制限する場合には、公正取引委員会とあらかじめ協議しなければならない[32]とし、輸出入秩序維持のための調整が、独占規制及び公正取引に関する法律上の事業者間の国内市場での競争を制限する場合には、事前に公正取引委員会との協議を行うように規定している。

第4節 対外貿易管理機関

1 総説

国の対外貿易管理は、行政機関を通じて行われるようになっており、中央行政

---

[27] 不公正貿易行為調査及び産業被害救済に関する法律、第15条ないし第22条。
[28] 不公正貿易行為調査及び産業被害救済に関する法律、第23条ないし第24条。
[29] 不公正貿易行為調査及び産業被害救済に関する法律、第25条ないし第26条。
[30] 不公正貿易行為調査及び産業被害救済に関する法律、第25条ないし第39条。
[31] 独占規制及び公正取引に関する法律、第51条第1項。
[32] 独占規制及び公正取引に関する法律、第51条第2項。

第 2 章　対外貿易法

機関を通した中央集権的管理ないし統制をその特徴としている。対外貿易管理は、輸出入取引が国民経済に及ぼす影響が大きいことから、通商政策の一環として中央行政機関により統一的におこなわれる。このような管理が効率的におこなわれるためには、専門の対外貿易管理組織が必要となる。

まず、対外貿易法が基本的な貿易管理機関を定め、その他、段階別管理機関はその部門を管理する法規に基づいて規定される。

詳しく見てみると以下のとおりである。対外貿易取引の統一的で、有機的な管理のために、まず産業資源部が統一的な管理を行う。つまり、体外貿易法では、産業資源部長官は、商業、工業、動力および地下資源に関する事務を管理するように規定し、産業資源部が、貿易政策を掌握する最高行政機関であると明示している。

産業資源部長官の権限は、他に委任・委託することができる。つまり、産業資源部長官の権限の一部を、大統領令の定めに従って、所属機関の長、市長・道知事に委任したり、関係行政機関の長、税関長、韓国銀行総裁、韓国輸出入銀行頭取、外国為替銀行の長、その他大統領令が定めた法人または団体に委託することができる。

2　主な管理機関

産業資源部長官は、貿易取引のための主体の認定、特定輸出入の可否、事後管理など貿易に関する主な管理機能を遂行する。貿易取引をするためには、内・外国人を問わず産業資源部長官の管理を受けなければならない。

財政経済部長官は、外国為替管理法に基づき、貿易と関連して発生する外国為替取引に関する管理機能を遂行する。

税関長は関税法に基づき、輸出入品の通関業務を遂行し、輸出入届け出を受理し、貿易管理機能を遂行する。

工業振興庁長官は、輸出品質構造に関する法律により、輸出検査が義務づけられる品目を指定・告示する。

最後に協議機関ついては以下のとおりである。貿易に関しては基本的に対外貿易法の定めに従うようにしているので、対外貿易法以外の法令で輸出入制限を行

う規定を定める場合、関係行政機関の長は、事前に産業資源部長官と協議しなければならない[33]。また関係行政機関の長は、輸出・輸入要領を制定または改正する場合には、当該輸出・輸入要領が、その実行日前に公告できるように、これを産業資源部長官に提出しなければならない。産業資源部長官は差し出された輸出・輸入要領を統合して公告しなければならない[34]。

従って、外交通商部長官（通商外交、条約締結等による貿易関連事項、行政自治部長官（銃砲火薬類の輸出入）、農林部長官（穀物、肥料、農薬などの 輸出入）、保険福祉部長官（医薬品、麻薬、毒物の輸出入）、文化体育部長官（映画、音盤、図書、文化財などの輸出入）などは、管掌している業務の中で、貿易と関連した業務を遂行しようとするときには、産業資源部長官と協議しなければならない。具体的には、輸出入要領を決定した場合、これを産業資源部長官に提出して統合公告できるようにしなければならない。

産業資源部長官が輸出入取引の形態を認定する場合、当該取引が外国為替法第17条または第18条の規定によって財政経済部長官の許可を受けなければならない決済方法に当たる場合には、あらかじめ財政経済部長官と協議しなければならない。また財政経済部長官が外国為替取引法令に基づいて貿易代金決済方法を定めようとする場合には、あらかじめ産業資源部長官と協議するようにしている[35]。

3 特別機関

3.1 原産地判定委員会

原産地判定委員会は、委員長1人を含めて10人以内の委員で構成されており、委員長は産業資源部の貿易業務を担当する局長が務める。委員は関連行政機関・団体または関連企業の役員・職員、その他原産地判定に関する専門的知識を有している者の中から、産業資源部長官が任命または委嘱する。委嘱任期は2年にであるが再任できる。委員長は審議会の議長が務め、審議会の会議は委員長が召集する。招集には、会議開催日7日前までに、会議の日付・場所および審議案件を各委員に

---

[33] 対外貿易法、第6条。
[34] 対外貿易法、第15条。
[35] 対外貿易法、第16条。

第2章　対外貿易法

書面で通知しなければならない。ただし、緊急の場合ややむを得ない場合には例外とする。

３．２　紛争調整委員会

　産業資源部長官は、第42条第2項の規定により、輸出者と船積前検査機関との間で発生する紛争を解決するために、紛争調整委員会の場で紛争を調整することができる。

　調整委員会委員のリストに掲載されるのは、船積前検査機関を代表する団体が推薦した調整委員20人以内、輸出者を体表する団体が推薦した者20人以内、判事や検事または弁護士経歴が10年以上の者、上場企業の役員として5年以上務めた者、関連分野を専攻した者の中で助教授以上の者、韓国駐在外国商社役員である者、韓国商事仲裁院所属の取締役以上の者などである。産業資源部長官は、この調整委員候補者名簿を作成・維持しなければならない。

　調整委員会は3人の調整委員で構成される。調整委員会委員は、調整委員候補者名簿に登載された調整委員候補の中から、産業資源部長官、船積前検査機関を代表する団体（韓国検数・検定協会）、輸出者を代表する団体（韓国商工会議所）が1人ずつ推薦して、産業資源部長官が委嘱する。委員長は産業資源部長官が推薦する。

　産業資源部長官によって委嘱された商事仲裁院長が、船積前検査機関を代表する団体と、輸出者を代表する団体に調整委員委嘱のための候補の推薦を要請する。調整委員の任期は2年とし、再任できる。ただ、調整委員が死去したり、健康上の理由で職務の遂行が難しいと認定される場合には、仲裁院長は任期中でも解職処分することができる。

　紛争調整委員会の運営に関して、その要点を以下に述べる。①調整委員会の委員長は調整委員会の会議を召集し議長となる。②委員長が会議を召集しようとするときには、やむ得ない事情がある場合を除いて、会議の日付・場所および審議事項を決めて、会議開始2日前まで各調整委員長に通知しなければならない。③調整委員会の会議は調整委員2人以上の賛成で議決する。④調整委員会の会議は公開しない。⑤調整委員会は、紛争の円満な解決のため必要な場合は、調整委員が

紛争担当者の意見を聴取し、必要な調査も行うことができる。⑥調整委員会は、紛争に関する外部専門家の技術的な助言を受けることができる。そのために必要な経費は紛争担当者に負担させることもできる。⑦調整委員会は、紛争の解決のために必要な場合には、当事者らに書類や情報を差し出すように要請できる。

3.3 受任機構

産業資源部長官から対外貿易に関する権限の一部を受任される機関としては、以下のように国立技術品質院長、市・道知事、輸出自由地域管理所長がある。

技術標準院長は工業に関する技術振興と工産品の品質管理、工業標準化計量に関する業務、輸出工産品に対する検査および鉱業登録に関する業務を管理する。所属は産業資源部である。

産業資源部長官は、第53条第1項の規定により、産業資源部長官が管理する品目に対する一定の権限を、国立技術品質院長に委任する。具体的には以下のとおりである。①産業資源部長官が管理する品目（木材家具に関する権限は林業研究院長に委託する）に対する外貨獲得用原料・器材の基準所要量決定（対外貿易法施行令第33条）に関する権限、②外貨獲得履行可否に対する事後管理に関する権限（対外貿易法施行令第36条第1項）、③産業資源部長官が指定・告示した関係行政機関または団体に委託された事務である外貨獲得用原料・器材の輸入承認および事後管理に対する指揮・監督および報告に関する権限[36]、④市・道知事に委任された事務である外貨獲得用原料・器材の使用目的変更承認、外貨獲得履行期間延長に関する権限に対する法第53条第2項及び第3項の規定による指揮・監督および報告に関する権限など[37]である。

産業資源部長官は、第53条第1項の規定により、産業資源部長官が管掌する物品等に対する一定の権限を、市・道知事に委任することができる。ただ、輸出自由地域管理所の管轄区域内の入居事業者に対する権限は、輸出自由地域管理所長に委任する。よって、具体的には以下の権限となる。①外貨獲得履行期間の延長に

---

[36] 対外貿易法、第53条第2項及び第3項。
[37] 対外貿易法施行令、第116条第3項。

第 2 章　対外貿易法

関する権限[38]、②外貨獲得用原料・器材の使用目的変更承認に関する権限[39]、③輸入品等に対する原産地表示検査権限の範囲内で、国内流通段階の物品と関連書類の検査に関する権限[40]、④過怠金の賦課徴収、意義提起の受け付けおよび通報に関する権限[41]など[42]である。

　輸出自由地域管理所長には、輸出自由地域管理所の管轄区域の中での入居事業者に対する一定の権限が委任されている。具体的には以下のとおりである。①輸出自由地域内の入居事業者の外貨獲得履行期間延長に関する権限、②入居事業者の外貨獲得用原料・器材の使用目的変更承認に関する権限[43]、③入居事業者の輸入物品などに対する原産地表示検査権限の中で、国内流通段階の物品と関連書類の検査に対する権限[44]、④入居事業者の過怠金の賦課徴収、異議提起の受け付けおよび通報に関する権限など[45]。

　産業資源部長官から対外貿易に関する権限を委託された受託管理機関としては中央行政機関長、国防部長官、林業研究院長、関税庁長、税関庁、韓国貿易協議長、韓国貿易代理店協会長、韓国外国企業協議長、関連行政機関及び団体の長、韓国機械工業振興会、韓国輸出入銀行、韓国商事仲裁院、貿易電子化指定事業所がある。

　産業資源部長官は、外貨獲得用原料・器材の輸入制限に関する権限[46]、外貨獲得用原料・器材の基準所要量の決定に関する権限[47]、外貨獲得履行期限の決定およびその延長に関する権限[48]、外貨獲得用原料・器材またはその原料・器材で製造された品物（産業資源部長官が決めて告示する品目に限る）に対する一定の権限を、中央行政機関の長に委任できる。ただし、その範囲は、外貨獲得履行可否に対す

---

[38] 対外貿易法施行令、第35条第2項、第3項。
[39] 対外貿易法、第20条第1項。
[40] 対外貿易法、第23条第4項。
[41] 対外貿易法、第60条第2項第1、2号、第3項～第6項。
[42] 対外貿易法施行令、第116条第4項。
[43] 対外貿易法、第20条第1項。
[44] 対外貿易法、第23条第4項。
[45] 対外貿易法、第60条第2項1、2号、第3項～第6項 。
[46] 対外貿易法施行令、第32条第2項。
[47] 対外貿易法施行令、第33条。
[48] 対外貿易法施行令、第35条。

る事後管理に対する権限[49]、使用目的変更承認に関する権限[50]、譲渡・譲受の承認に関する権限など[51]、各組合の定款変更認可に関する権限[52]、各組合に対する報告命令に関する権限[53]、戦略物資輸入証明書の発給に関する権限[54]、調整命令に関する権限[55]、特別市場・広域市場または道知事（市・道知事）に委任された事務に対する第53条第2項および第3項の規定による指揮・監督および報告に関する権限などに限られる。

産業資源部長官は、調整命令（対外貿易法施行令第107条第4号）の中で、国防物資（産業資源部長官が国防部長官と協議して告示する物資に限る）の輸出に対する調整命令に関する権限を国防部長官に委託する。

産業資源部長官は、産業資源部長官か管掌する品目に対する権限の中で、外貨獲得用原料・器材の基準所要量の決定に関する権限[56]（ただし、木材家具と関連した権限は林業研究院長に委託する）、外貨獲得履行可否に対する事後管理に関する権限[57]、産業資源部長官が指定・告示した関係行政機関または団体に委託された事務に対する指揮・監督および報告に関する権限[58]、市・道知事に委任された事務に対する指揮・監督および報告に関する権限などを国立技術品質院長に委任する。

関税庁に対する委嘱権限は、原産地表示の事前判定や異議提起の処理に関する権限[59]、税関長に委託された事務に対する指揮・監督および報告に関する権限、産業資源部長官が定める原産地表方法の範囲内でその細則定める権限などである。

税関長に対しては以下を委嘱する。輸出入承認免除の確認に関する権限（第17条第1号および第2号）、輸入品の原産地表示および原産地の確認検査に関する

---

[49] 対外貿易法施行令、第36条第1項。
[50] 対外貿易法、第20条第1項。
[51] 対外貿易法、第20条第2項。
[52] 対外貿易法施行令、第109条第2項。
[53] 対外貿易法施行令、第110条。
[54] 対外貿易法、第21条。
[55] 対外貿易法、第43条第1項。
[56] 対外貿易法施行令、第33条。
[57] 対外貿易法施行令、第36条第1項。
[58] 対外貿易法施行令、第10条第3号及び第4号。
[59] 対外貿易法施行令、第56条。

第2章　対外貿易法

権限（第23条第4項）、原産地証明書の提出命令に関する権限（対外貿易法施行令第60条）、不公正貿易行為に対する是正措置命令または課徴金賦課に関する権限（不公正貿易行為調査及び産業被害救済に関する法律第17条ないし13条）、過怠金の賦課・徴収、異議提起の受け付けおよび通報に関する権限（第60条第2項第1号および第2号の者に対する同条第3項ないし第6項の規定）など。

　産業資源部長官は、また、輸出業統計データベースなど貿易政策樹立のための全般的な政策の開発・運営、輸出業取引に関する情報の樹立・分析などの業務を、韓国貿易協会に委託する。さらに、甲類貿易代理業申告事項の確認業務（対外貿易業施行令第21条）を、民法第32条の規定により、産業資源部長官の許可を得て設立された韓国貿易代理店協会に委託する。

　さらに、産業資源部長官は、輸出入承認対象品目に対する、輸出または輸入の承認、変更承認および変更事項の申告の受理に関する権限（第14条第2項、第3項）、輸出または輸入承認による事後管理に関する権限（対外貿易法施行令第29条）、外貨獲得用原料・器材の輸入承認に関する権限（対外貿易法施行令第32条）、産業資源部長官が管掌する外貨獲得用原料・器材に対する第36条の規定による事後管理に関する権限などを、産業資源部長官が指定して告示する関係行政機関または団体の長に委託する。

　韓国機械工業振興会に対しては、産業設備輸出の承認および変更承認（一括受注方式による輸出で、建設交通部長官と労働部長官の同意が必要な場合を除く）、産業設備輸出承認の事後管理などの業務を、工業発展法第23条の規定により委託する。

　また、延払い金融支援の際の必要事務は、韓国輸出入銀行法による韓国輸出入銀行に委託される。

　最後に、貿易紛争に対する意見調整または斡旋に関する権限、そして調整委員会の構成・運営等に関する権限などを、韓国商事仲裁院に委託する。

第5節　貿易と通商政策
1　貿易振興政策

　国際通商法では、貿易と通商を同一の意味で使用しているのだが、対外貿易法

では両者を区別している。本来、通商は物品、サービス、資本などを営利目的に対外取引することを意味する。この意味では、広義の貿易の概念と違いがない。従って、通商政策といえば、政府が政策的に対外経済取引に介入することを意味することになる。

しかし、物品の対外取引という狭い意味での貿易取引に限って通商政策を適用するならば、貿易政策と通商政策は異なった意味を持つ。つまり、貿易政策はわが国政府が一方的に行う対内・対外的な政策を意味し、通商政策は通商相手の政府または企業に、わが国政府が対応して行う政策を意味する。

対外貿易法で規定している貿易振興施策と通商振興施策は、狭い意味での定義に従って明確に区別されている。貿易振興施策は主にわが国の立場を支援する内容であり、通商振興政策は相手企業や政府との関係を改善するための政策ととらえられている。

貿易振興政策と関連して、産業資源部長官は、貿易の振興のために必要な場合には、大統領令の定めに従い、物品などの輸出・輸入を持続的に増やすための措置を採用できる[60]。

具体的には、産業資源部長官は貿易の振興のために、輸出産業の国際競争力を高めるための条件整備および設備投資の促進、外貨獲得率を高めるための品質向上および国内で生産される外貨獲得用原料・器材の使用促進、通商協力増進のための輸出・輸入に対する調整、地域別貿易均衡を達成するための輸出・輸入の連係、民間の通商活動や産業協力の支援、貿易関連施設に対する免税措置、貿易手続処理業務の簡素化や自動化の促進、その他、輸出入発展のための措置を取ったり、関係行政機関の長に必要な政策や措置を採用するように要請することができる[61]。

また産業資源部長官は、貿易振興のための諮問・指導・対外広報・展示・研修・相談斡旋などを業とする者、貿易展示場・貿易研修所等の貿易関連施設を設置・運営する者、貿易業務処理の簡素化を研究・推進する者（貿易業務自動化促進に関する法律第5条の規定による指定事業者の中から科学的な貿易業務処理基盤を構築・

---

[60] 対外貿易法、第4条。
[61] 対外貿易法施行令、第3条第1項。

第 2 章　対外貿易法

運営している事業者を言う）等に、貿易の振興のために必要と認められる場合には、大統領令の定めに従い必要な支援を行うことができる。

2　通商振興政策

「通商振興施策の立案」（法第 8 条第 1 項、施行令第13条）に基づいて、産業資源部長官は、貿易及および通商を振興するために、次年度の通商振興施策を立案しなければならない。この立案にあたっては、産業資源部長官は、関連行政機関、地方自治団体・韓国貿易投資振興公社・韓国貿易協会、その他貿易および通商と関連した機関または団体に必要な協力を要請することができる。

通商振興施策の内容（法第8条第 2 項、施行令第14条）には、通商振興施策の基本方針、国際通商状況の分析と展望、貿易推進法案と対外産業推進法案、通商振興のための諮問・指導・対外広報・展示・相談斡旋・人材養成、海外市場開拓支援法案、通商関連の情報収集・分析および活用法案、その他の事項として主な地域別・経済圏別または業種別通商振興施策、貿易および通商の振興と関連のある機関または団体の通商活動計画、その他産業資源部長官が貿易および通商の振興と関連して必要と認める施策などの事項が含まれる。

産業資源部長官は、また通商振興施策立案のために、基礎資料を収集する目的で、貿易相手国の通商関連制度・慣行や企業が海外で体験する問題点を調査することができる[62]。

必要に応じ、産業資源部長官は、関係行政機関・韓国貿易投資振興公社・韓国貿易協会、その他貿易と通商の関連機関または団体に、該当分野または特定事案に対する調査または事実確認を要請することができる[63]。

また、産業資源部長官は、海外に進出した企業に通商振興施策の樹立に必要な資料の提出を要求し、必要な場合には支援措置を取ることができる[64]。

通商振興施策を立案作成する場合には、あらかじめ特別市、広域市長または道の知事（市長・道知事）の意見を聞かなくてはならない。通商振興施策を立案し

---

[62] 対外貿易法、第8条第3項。
[63] 対外貿易法施行令、第15条。
[64] 対外貿易法、第8条第4項。

たときには、市・道知事へ報告しなければならない（法第8条第5項、第6項、第7項）。

　また、産業資源部長官は、通商振興施策立案のために協議機構を設置・運営（施行令第16条第1項、第2項）することができる。さらに、産業資源部長官は、通商振興施策が効果的に実行されるように、特別市・広域市または道および貿易・通商関連機関または団体に含まれる協議機構を設置・運営することができる。協議機構の構成や運営などに関して必要な事項は産業資源部長官が定める。

3　民間協力活動支援

　産業資源部長官は、貿易・通商関連機関または団体が交易相手国の政府・地方政府・機関または団体と、通商・産業・技術・エネルギーなどなどの協力活動を行う場合、大統領令の定めに従い、必要な支援をすることができる[65]。

　また産業資源部長官は、企業の対外進出を支援するために、貿易・通商関連機関または団体からの情報を体系的に収集・分析して、地方自治団体及び企業に対して必要な情報を提供することができる[66]。

　産業資源部長官は、さらに情報の収集・分析のために必要な場合には、貿易・通商関連機関または団体に、輸出入動向分析または展望に関する情報提出を要請することができる[67]。

4　貿易業務の効率的処理

　対外貿易法では科学技術を利用した貿易業務処理の高度化（第18条）を規定している。同条によると、産業資源部長官は、輸出入取引が効率的に行われるように、電子文書交換体制など貿易業務処理の高度化を図らなければならない、としている。

　産業資源部長官は、そのために必要な場合には、関係行政機関の長に通関記録など輸出入取引に関する情報の提供を要請することができ、関係行政機関の長は

---

[65] 対外貿易法、第9条第1項。
[66] 対外貿易法、第9条第2項。
[67] 対外貿易法施行令、第18条。

協力しなければならない。一方、関係行政機関の長は、この法の目的の範囲内で必要である場合には、輸出入取引関連情報の提供を要請することができる。

　産業資源部長官は、輸出入取引が効率的に行われるように、輸出入統計データベースなど貿易政策樹立のための電算管理体制、秩序ある輸出入取引のための電算管理体制、効率的な輸出入取引のための電算管理体制を開発し、運営しなければならない。

5　電子商取引の促進

　産業資源部長官は、電子商取引に必要なサービスを総合的に提供する機関・法人または団体の中から、電子商取引仲介機関を指定しこれを支援することによって、電子商取引を促進させなければならない[68]。法第9条の3では、産業資源部長官は電子商取引促進のために以下を行わなければならない。①電子商取引促進の基本方針、②貿易業務自動化の促進に関する事項、③電子商取引と関連した国際協力に関する事項、④電子商取引と関連した統計資料の収集・分析および活用、⑤電子商取引業者間の紛争調整に関する事項、⑤その他電子商取引を促進するために必要な事項などである。必要な場合には、電子商取引に関する業務を遂行する機関または団体に対して必要な支援ができる。また、産業資源部長官は、貿易業者の電子商取引を支援し発展させるために、情報通信網を通した貿易取引の斡旋および電子貿易文書の仲介、電子商取引に関する貿易取引者の教育・広報および諮問、電子貿易文書の標準化支援など、電子商取引促進のための事業を行う業者を電子商取引仲介機関として指定し、必要な支援ができる[69]。

6　貿易の制限

　韓国の貿易は、貿易に関する条約と一般的に承認された国際法規の定めに従い、自由で公正であること原則とする[70]（法、第3条）。従って、政府は、この法や他の法律または貿易に関する条約、さらには一般的に承認された国際法規の中で、

---

[68] 対外貿易法、第9条の3。
[69] 対外貿易法、第9条の4。
[70] 対外貿易法、第3条。

貿易取引の制限を定めた規定がある場合には、最小限の範囲内で規制を行わなければならない。

産業資源部長官が輸出入の制限あるいは禁止を行うことができるのは、以下のような場合である。韓国、または韓国の貿易の相手国（以下、"交易相手国"という）で戦争・事変また災地変がある場合、交易相手国が条約と一般的に承認された国際法規で定めた韓国の権益を否認する場合、交易相手国が韓国の貿易に対して不当で、差別的な負担または制限を加えるとき、憲法により締結・公布された貿易に関する条約と一般的に承認された国際法規で定めた国際平和と安全維持などの義務履行のために必要な場合、人間の生命・健康および安全、動物・植物の生命および健康、環境保全または国内資源保護のために必要な場合などである。

産業資源部長官は、上記の理由の中で貿易相手国に戦争、天災地変などがある場合以外の事由で、交易相手国に対して輸出入の制限または禁止に関する措置（以下"特別措置"という）を取ろうとする場合には、あらかじめその事実に関して調査しなければならない。このような調査の際には、当該相手国との協議を行わなければならない。また、そのような調査は、1年以内に終了しなければならない。

産業資源部長官は、特別措置を取る際には、あらかじめ関係中央行政機関の長と協議をしなければならない。その特別措置の内容を公告し、当該特別措置が申請による場合は、当該申請人にその事実を通知しなければならない。特別措置を解除する際にも同様である。関係行政機関の長は、輸出または輸入を制限する法令や訓令・告示など（輸出・輸入要領）を制定したり改正したりする場合には、あらかじめ産業資源部長官と協議しなければならない。産業資源部長官は、関係行政機関の長に対して輸出・輸入要領の調整を要請することができる[71]。

第6節　輸出入管理

1　貿易取引の主体に対する管理

対外貿易法は、貿易取引の主体として、貿易取引者と通商の振興のために、総

---

[71] 対外貿易法、第9条の2。

第2章　対外貿易法

合貿易商社を指定している。特に、2001年に改正された対外貿易法では、包括的な貿易取引の主体として「貿易取引者」という用語を規定している。「貿易取引者」は、輸出をする者、外国の輸入者または輸出者の委任を受けた者および輸出・輸入を委任する者など、輸出入行為の全部または一部を委任する者をいう[72]。

このように対外貿易法は、行為主体として自己名義で直接的に相手側と取引を行う者のみならず、委任または受任により事実上品物の対外取引を行う者まで、包括的に貿易取引者として規定している。「貿易取引者」の詳細は以下のとおりである。

貿易取引者は、輸出入行為の範囲が制限されない最も一般的な形の貿易業者をいう。貿易取引者に対しては、1993年6月30日までは許可制、1993年7月1日からは登録制度、また1996年12月30日からは申告制であった。しかし、2000年からは貿易取引者に対するあらゆる規制が解除された。

第二に、総合貿易商社は大規模の資本力を持った企業として、広大な海外市場と多様な商品の輸出入の取引活動を遂行する貿易業者で、産業資源部長官が定めた基準により指定を受けなければならない。

総合貿易商社とは、大規模の資本力と幅広い海外販売網を通して多様な物品を広範囲に海外市場へ輸出入する大型化した貿易商社をいう。言い換えれば、総合貿易商社はその主な機能である輸出入取引以外に、輸出入取引に伴う輸出入金融、倉庫、保管、運送などの業務を包括的に遂行できる大型商社といえる。このような総合貿易商社は、韓国企業の輸出競争力を強化するための輸出振興政策の一環として、貿易業体を大型化、専門化するとの方針により、政府が積極的に推進してきた。

産業資源部長官は、海外市場の開拓や貿易機能の多様化を図り、中小企業との系列化などを通した中小企業の貿易活動を支援するために、貿易取引者の中から総合貿易商社を指定することができる[73]。

総合貿易商社として指定された者は、"資本市場育成に関する法律"第2条第

---

[72] 対外貿易法、第2条第2号。
[73] 対外貿易法、第48条。

2項の規定による上場法人で、前年度輸出通関額が韓国の全体輸出通関額の2％以上を占めている者とする。ただし、産業資源部長官が、中小企業の貿易活動を支援するために特別に必要と認められる者の場合は例外とする[74]。

総合貿易商社と中小企業との系列化を通した中小企業の貿易活動を支援するために、産業資源部長官は、総合貿易商社別に中小企業の業務領域保護や企業間協力増進に関する法律による受託企業体協議会を、構成・運営させることができる。

2 輸出入の原則と制限

輸出入の原則に照らして考えれば、物品の輸出入や代金決済は、この法の目的の範囲内で自由に行われるべきである。貿易取引法は、対外信用度確保など、自由貿易秩序の維持のために、自己責任において取引を誠実に履行しなければならない[75]、としている。

ここで「貿易取引者」というのは、先に述べたように、輸出または輸入をする者、外国の輸入者また輸出者の委任を受けた者、および輸出・輸入を委任する者など、物品の輸出入行為の全部または一部を行ったり委任する者をいう[76]。

従って、輸出入取引の関係者を含めてこれら貿易取引者は、まず自由貿易秩序のもとで、輸出入取引と代金決済が自己責任により誠実に履行されなければならない、との対外貿易管理の大原則を明らかにしているのである。

輸出入の制限とこれに対する承認[77]を見ると、産業資源部長官は憲法により締結・公布された条約と一般的に承認された国際法規による義務の履行、生物資源の保護などのために必要だと認定する場合には物品等の輸出または輸入を制限することができる。このような制限品物や貿易の均衡化を促進するために大統領令が定める基準に従って指定する品物等を輸出または輸入しようとする者は、産業資源部長官の承認を得なければならない（ただ、緊急を要する物品等、その他輸出または輸入手続を簡素化するための物品として、大統領令が定めた基準に当たる

---

[74] 対外貿易法施行令、第111条第1項。
[75] 対外貿易法、第13条。
[76] 対外貿易法、第2条第3号。
[77] 対外貿易法、第14条第2号。

ものの輸出または輸入は例外とする)。

　承認を得た事項の中で、大統領令が定めた重要事項を変更しようとする者は、産業資源部長官の変更承認を得なければならない。その他の事項を変更しようとする者は、産業資源部長官に届け出でなければならない。

　産業資源部長官が必要と認める場合には、承認対象品の品目別数量・金額・規格および輸出または輸入地域などを限定することができる。また、長官は輸出または輸入の制限および手続を公告しなければならない。

　戦略物資の輸出許可を得たり、産業設備の輸出承認を得た者は、前述した輸出承認を得たとみなす。

　輸出入の制限品目の分類は以下のとおりである。第一に、憲法により締結・公布された条約と一般的に承認された国際法規による義務の履行と生物資源の保護などのために必要であると認定される場合である。具体的には、①憲法により締結・公布された条約や一般的に承認された国際法規上の義務履行のために産業資源部長官が指定・告示した品目、②生物資源保護のために産業資源部長官が指定・告示する品目、③交易相手国との経済協力増進のために産業資源部長官が指定・告示する品目、そして、④防衛産業用の原料・器材、航空機および同部品、その他円滑な物資需給・科学技術の発展及び通商・産業政策上必要と認定して、産業資源部長官が当該品目を管掌する関係行政機関の長と協議を経て指定・告示する品目などである[78]。

　第二に、貿易の均衡化を促進するために、産業資源部長官が当該品目を管掌する関係行政機関の長と協議して輸出または輸入承認対象として指定・告示した品目などである。

3　輸出入の概念

　貿易とは、物品と電子的形態の無体物などの輸出輸入をいう[79]。物品の輸出は、一般的に売買の目的物である商品を対象として、外貨または物品などを代価にし

---

[78] 対外貿易法施行令、第24条。
[79] 対外貿易法、第2条1号。

て外国へ売却することを意味する。輸入は、売買の目的物である物品を対象として、外貨または物品などを代価として外国から購入するのをいう。輸出と輸入は目的が異なるため、関連法規ごとにその概念を別に定めている。

対外貿易法上、輸出(施行令第2条第3号)は、第一に、売買・交換・賃貸借・使用貸借・贈与などを原因にして、国内から外国へ物品などを移動させること(韓国の船舶により外国から採取または捕獲した鉱物または水産物を外国へ売買するのことも含む)、第二に有償で外国から外国へ物品などを引き渡すことで、産業資源部長官が定めた基準に合致したものをいう。ここで、産業資源部長官が告示する基準の取引とは、仲介貿易と外国で物品を引き渡す輸出取引を含む[80]。

輸入[81]とは、第一に、売買・交換・賃貸借・使用貸借・贈与などを原因にして外国から国内へと物品などを移動させること、第二に、有償で外国から外国へと物品を移動させ引渡しを受けることであり、産業資源部長官が定めた告示に該当することをいう。ここで産業資源部長官が告示した基準の取引とは、仲介貿易、外国での引受け輸入を含む概念である。

4　輸出実績

「輸出実績」というのは、産業資源部長官が告示する基準に該当する輸出通関額と入金額、取得額と輸出に提供される外貨獲得用原料や器材の国内供給額をいう[82]。

輸出振興のために各種の支援策があるが、それらは、輸出実績によって異なる。例えば、輸出実績により、①自主事後管理企業の選定、②所要量証明書発行者の選定、③貿易金融限度額の決定、④輸出関連資料の配布、⑤総合貿易商社の指定などは、その輸出実績により差異がある。金融や税制上の支援も輸出実績によって差が生じる。そのため、輸出実績の概念や定義は非常に重要である。インターネットを通した輸出も実績として認められる。

---

[80] 対外貿易管理規定、第1-0-2条。
[81] 対外貿易法施行令、第2条第4号。
[82] 対外貿易法施行令、第2条第11号。

第2章　対外貿易法

5　輸出入の制限と承認

輸出入の原則によると、輸出入や代金の領収または支払いは、この法の目的の範囲内で自由に行われるべきである。貿易取引者は、対外信用度確保など自由貿易秩序の維持のために、自己責任において取引を誠実に履行すべきである[83]。

これは、輸出入取引の関係者を含めてこれら貿易取引者は、まず自由貿易の基本秩序下で物品の輸出入取引と、それによる代金の領収または支払いが、本法令の目的によって自己責任によって誠実に履行されるべきであるとの、対外貿易管理の大原則を明らかにしているのである。

しかし、このような自由貿易の原則や基本秩序下においても、一定の場合、輸出入取引の制限や承認により規制をすることになる。これは、一国の対外貿易取引を管理することによって、対外貿易法上の規制を国際的規範に合致させることや、貿易の均衡を目的とする。

輸出入の制限[84]に関連して言うと、産業資源部長官は、憲法により締結・公布された条約と一般的に承認された国際法規による義務の履行、生物資源の保護などのため必要と考える場合には、物品の輸出または輸入を制限することができる、とある。このような制限品物や貿易の均衡化を促進するために大統領令が定めた基準によって指定された品目を輸出または輸入しようとする者は、産業資源部長官の承認を得なければならない。ただし、緊急を要する品物や、その他の輸出または輸入手続を簡素化するための品目ととして大統領令で定めたものは例外とする。

産業資源部長官は、必要と認める場合には、承認対象品目の数量、金額、規格、輸出入地域などを限定することができる。輸出または輸入の制限および手続は公告しなければならない。

戦略物資の輸出許可を得た場合や、産業設備の輸出承認を得た場合には、前述した輸出承認を得たとみなす。現在の輸出入規制品目[85]には、以下のような場合がある。まず、憲法により締結・公布された条約と一般的に承認された国際法規に

---

[83] 対外貿易法、第13条。
[84] 対外貿易法、第14条。
[85] 対外貿易法施行令、第24条。

よる義務の履行と、生物資源の保護などのために必要であると認定する場合で、①憲法により締結・公布された条約や一般的に承認された国際法規上の義務履行のために産業資源部長官が指定・告示する品目、②生物資源保護のために産業資源部長官が指定・告示する品目、③貿易相手国との経済協力のために産業資源部長官が指定・告示する品目、④防衛産業用原料、器材、航空機およびその部品、その他円滑な物資需給や科学技術の発展あるいは通商産業政策上必要と認められる場合などである。

6　輸出入公告
6.1　品目管理制度

　法律による貿易管理の主な対象は物品である。輸出入承認を得るということは特定の物品を輸出入できるように承認を得ることを意味する。輸出または輸入をしようとする者は、当該品目の輸出あるいは輸入の承認の前に、輸出入規制が行われているかどうかを調べる必要がある。もし規制品目である場合には、必要な手続によって、輸出入承認を取得しなければならない。

　従来は、輸出入品目を自動承認と制限承認とに分けていたが、すべて承認を得れば輸出入ができた。しかし、原則的に輸出入が自由化となり、今まで自動承認対象であった品目は自由化し、制限承認品目のみ承認を得なければならなくなった。

　輸出入の品目規制は、輸出入公告等、統合公告、戦略物資輸出入公告からなる。ここで輸出入公告等というのは輸出入公告と輸出入別途公告をいう。

　統合公告とは、関係行政機関の長が輸出入要領を制定または改正する場合に、その他の輸出入要領と統合して公告できるように、産業資源部長官に提出することをいう。産業資源部長官は、他の輸出入要領と統合して公告する[86]。

　以上のように、現行の輸出入品目管理体系は、対外貿易法上の輸出入公告、輸出入別途公告、統合公告、戦略物資輸出入公告で構成され、韓国の輸出入品目全般を管理している。

---

[86] 対外貿易法、第15条。

第2章　対外貿易法

　一方、輸出入公告等と統合公告は、お互いに独立的な関係を持つ。よって、両者は相互に補完的な関係を有するため、貿易制限に関しては、両広告がすべてを充足しなければならない。輸出入公告等対外貿易法上の品目管理体系は、どちらかといえば経済的目的を持ち、一方、統合公告は保健衛生など非経済的な目的による公告体系と見ることができる。
　輸出入公告は、自由貿易を前提として、韓国の国際収支や外国との通商関係などを考慮しながら策定される。
　対外貿易を振興し、公正な取引秩序を確立して、国際収支の均衡と通商拡大を図ることによって、国民経済の発展を促すことが法の目的である。そのためには、輸出奨励もさることながら、輸入においても極力自由化を推進することが要求されてきている。そのため、最近の傾向としては、諸外国の輸入自由化の要求に最大限応えながら、韓国の輸出を持続的に増大させることが必要になってきている。
　輸出の場合には、国内資源保護のために必要な場合、輸出の管理が特に必要な品目、国内物資需給調整品目以外には、原則的に奨励する必要がある。輸入では、公安・道徳・風俗を害する品目の規制は当然であるが、その他、農林水産の一次産業の保護や、幼稚産業の育成、基幹産業の保護と発展を目的として、規制を行う場合が多い。

6.2　輸出入公告

　輸出入公告とは、輸出入品に関する輸出・輸入の制限についての公告を意味し、全品目について統合的に表示される。現行の対外貿易法では、産業資源部長官は、法律により公布された条約と、一般的に承認された国際法規による義務の履行、生物資源の保護等のために必要であると認定される場合には、輸出または輸入を制限することができる。また産業資源部長官は、必要な場合には、品目別数量、金額、規格および輸出または輸入地域などを限定することができる。ただし、輸出または輸入の制限および手続などに関して定めた場合には、これを公告しなければならない[87]。

---

[87] 対外貿易法、第14条。

対外貿易法第15条の規定によって品目の輸出入要領の定めがある場合に、輸出入公告を行う場合には、この要領の要件を満たさなくてはならない。この公告の品目分類基準は、HS(Harmonized Commodity Description and Coding System)商品分類による。また、品目の細分類は関税・統計統合品目分類表(HSK)による。

　公告された輸出制限品目（別表1に掲載した品目）は、各品目別輸出要領に従って輸出承認手続がおこなわれる。輸入制限品目（別紙2に掲載した品目）は、各品目別輸入要領に従って輸入容認の手続が行われる。ただし、外貨獲得用原料および外貨獲得用製品を輸入する場合には、制限品目であっても例外とし、制限外として輸入承認が与えられる。

　輸入制限品目（別表2）に掲載されていない品目であっても、次の各号の該当するときには、産業資源部長官が別に公告する輸入要領に従って輸入承認が与えられる。つまり、①航空機および同部品の輸入、②不公正貿易行為調査および産業災害救済に関する法律の規定による限時的輸入制限品目および暫定措置品目の輸入、③通商政策上必要な物品の輸出入、などである。

　産業資源部長官は輸出入手続の簡素化のために、特に必要な場合、別表1または別表2の輸出または輸入要領にもかかわらず、輸出または輸入承認機関を別に定めて承認を与えることができる。

6.3　輸出入別途公告

　輸出入別途公告とは、輸出入の発展や均衡ある貿易のために必要な場合に、輸出入公告の当該規定を適用せずに、別の公告を適用することである。輸出入公告の本文に基づいて制定されたことから、輸出入公告の補完的な性格を持っている、と考えられる。別途公告の運用の例は以下のとおりである。

　第一に、輸出入手続簡素化のための輸出入承認等別途措置である。これは輸出入公告の規定により輸出入手続簡素化のための輸出入承認手続等に関する別途措置を目的とし、以下の4つの場合がある。①輸出自由地域管理所長は、輸出自由地域設置法第8条第1項の規定による輸出自由地域入居業者が輸出する物品は、輸出制限品目であっても輸出を承認することができる。ただし、対外貿易法第43条の規定により、産業資源部長官が輸出品目の数量に関して調整を命じる品目は、

第2章　対外貿易法

輸出入公告上輸出要領に従って輸出しなければならない。②輸出自由地域設置法第8条第1項の輸出自由地域入居業者が輸出自由地域の中で使用するために輸入する原料および施設器材は、輸出入公告上輸入制限品目であるとしても、輸出自由地域管理所長の承認を得て輸入することができる。③第2項の輸入承認を得た者は、やむを得ない事情で輸出自由地域管理所長の承認を得た場合を除いて、輸入された物品は自社工場内での自家使用に限られる。④輸出自由地域管理所長は、①～③の規定により輸入された物品に対して、管理上必要な措置を取ることができる。また、対外貿易法の関連規定に違反する場合には、産業資源部長官に制裁を要請することができる。

　第二に、航空機やその部品の輸入に関しては別途に定めている。航空機および同部品（中古品を含む）は、①航空機、宇宙飛行体、機械類などの生産を業とする者、②航空宇宙産業開発促進法の規定により、技術開発などの業務を代行したり、検査業務の委託された者、③航空法の規定により事業の免許を受けた者、④その他韓国航空宇宙産業振興協会長が必要と認定した者に限って、韓国航空宇宙産業振興協会長の承認を得て輸入することができる。ただ、国防部長官あるいは国防科学研究所長が軍用として使うために輸入する場合および航空法による定期または不定期航空運送事業者（航空機使用事業者を含む）と国家機関が部分品を自家修理用として輸入する場合には、特別の承認は必要ない。

　第三に、通商政策上必要な物品の輸出入については別に定めている。これは、通商および産業政策上必要な品目、主要原材料の安定的確保、国内物価安定など円滑な物資需給や科学技術発展のために必要な場合などである。

6.4　統合公告

　統合公告は、対外貿易法以外の個別法令に基づいて、関係行政機関長が輸出入要領を制定または改正する場合、産業資源部長官が関係行政機関長から申請のあった輸出入要領を統合して公告することをいう。

　対外貿易法第15条では、「関係行政機関長は輸出入要領を制定または改正する場合には、当該輸出入要領がその施行日以前に公告できるように、これを産業資源部長官に提出し、産業資源部長官は提出された輸出入要領を統合して公告すべ

きであると」規定している。

　また、輸出入公告との関係に関して輸出入公告第2条では、「輸出入公告に伴う輸出または輸入の承認にも関わらず、対外貿易法第15条の規定による統合公告上で輸出および輸入しようとする物品の輸出・輸入要領の定めがある場合には同要領の要件を満たさなければならない」と規定している。つまり、輸出入公告のみならず個別法が定める輸出入要件がある場合には、その要件に適合しているかどうかの確認を受ければ輸出あるいは輸入を行うことができる。

　このように統合公告は、対外貿易法以外の他の法令で、品目規制が別々に行われている場合、それらを統合しまとめて管理しようとするものである。この目的は、輸出入管理の単純化と輸出入や通関業務の簡素化と貿易秩序維持を図ろうとすることである。

　従って、統合公告は、結果的に、各個別法での貿易管理内容を対外貿易法の領域へ引き入れる役割をしているのである。

　統合公告により規制される事項は、個別行政法の目的を達成するために国内外物品に共通的して適用される。よって、外国製品を差別的に取り扱わない限り、貿易規制手段であると言えない。つまり、輸出入公告は貿易政策的側面での数量規制的性格を持っているが、統合公告は物品の性質別管理の性格を持っている。

　統合公告が適用される法令を概観すると、薬剤師法、麻薬法、大麻管理法、飲料水管理法など、50あまりの個別法からなる。

　このような法令は、商取引自体に対する規制ではなく、生命の安全、健康、環境などに危害を加えたり、公序良俗を害する可能性が大きい物品に対して制定されたものからなる。

6.5　戦略物資輸出入公告

　戦略物資輸出入公告に公告された物品は、許可を取らなければ輸出ができない。このような貨物の輸入は、産業資源部長官発行の輸入証明書がなければ輸入できない。

第2章　対外貿易法

7　特定取引形態の輸出入

特別取引とは、国際商慣習上定型化されていない取引形態ことである。一般取引形態とは違って、個別的な輸出入認定要件によって管理している取引形態をいう。特定取引形態には認定要件が設定されており、これを満たす場合に限り、認定が与えられる。

特定取引形態の認定根拠（法第16条）では、産業資源部長官は物品の輸出または輸入が円滑に行われるように、大統領令が定める輸出入取引形態を認定することができると定められている。また、財政経済部長官が外国為替取引関係法令によって特定の代金決済方法を定めようとする場合には、事前に産業資源部長官と協議しなければならない。

一般輸出入取引形態は、輸出入代金の決済方式や決済通貨などが外国為替取引法上認定された取引形態のことをいう。これは、一般輸出入承認原則と承認要件などにより輸出入が一般的に許容される取引を言い、国際商慣習上すでに定型化されたものである。一般輸出入取引は、すでに一般的な慣行として行われているもので、特に管理することに意味がない。

特定取引形態の認定対象（対外貿易法施行令第28条第1項）を見ると、①輸出または輸入の制限を免れる恐れがあったり、産業保護に差し支えを招く恐れがある取引、②外国から別の外国へと物品の移動があり、その代金の支払いまたは領収が国内で行われる取引で、代金決済状況の確認が難しいと認定される取引、③代金決済を伴わずに物品の移動のみで行われる取引などである。

このような特定の取引の形には、委託売買輸出、委託加工貿易、賃貸輸出、連繋貿易、中継貿易、外国引受け輸入、無為替輸出入などがある。

"委託販売輸出"とは、物品を輸出して、販売された範囲内で代金を決済する契約による輸出をいう。一般的に委託販売輸出とは、委託者は品物の所有権を保有したまま、自分の費用と責任により受託者へ無償輸出をし、受託者は品物の販売代金から販売経費と手数料を控除した後、委託者へ代金を送付することをいう。

「受託販売輸入」とは、物品を無為替で輸入して、その商品が販売された範囲内で、代金を決済する契約による輸入のことであり、受託販売輸入は委託販売輸出とは反対の概念である。国内受託者は、物品の販売範囲で代金を支払い、残り

は委託者へ再輸出することになる。

　「委託加工貿易」というのは、加工賃を支給する条件で、外国で加工（製造、再生、改造を含む。以下同じ。）する原料の全部または一部を、取引相手側へ輸出したり、外国から調達してこれを加工した後、加工品を輸入したりあるいは外国へ引き渡す輸出入をいう。委託加工貿易は、中国のように低賃金の労働力を利用したり、逆にドイツやイギリスのように高度な技術や外国の生産要素を活用するため利用される取引である。

　「受託加工貿易」とは、原資材の全部または一部を取引相手側の委託により輸入して、これを加工した後、委託者または委託者が指定する者に加工品を輸出する取引である。受託加工貿易は、原材料輸出入の有無によって、有為替受託加工貿易と無為替受託加工貿易とに分けられる。

　「賃貸輸出」とは、賃貸（使用賃貸を含む。以下同じ。）契約によって品物等を輸出して一定期間後、再び輸入したり、その期間満了前または満了後、物品の所有権を移転する輸出をいう。

　「賃借輸入」とは、賃借（使用賃借を含む。以下同じである）契約によって物品を輸入して、一定期間経過したあと再輸出したり、その期間の満了前または満了後、貨物の所有権を移転させる輸入取引である。

　「連繋貿易」とは、物々交換、求償貿易、対応購買、製品買戻しなどの形態によって、輸出と輸入が連繋されて行われる輸出入である。物々交換は引き受けと引き渡しが同時に行われ、為替取引が起こらないため信用が必要ない。求償貿易では、1枚の契約書で2つの取引が行われるため、Back to Back CreditやTomas Creditなど、特殊信用状が使われる。対応輸入の履行期間は3年である。対応購買はふたつの契約書で成立するため、2つの一般信用状が使われる。対応輸入の履行期間は5年である。製品買戻しでは、付随的にいくつかの契約書が存在する。その他、様々な形の連繋貿易があるが、対外貿易法ではこれら4つのみを連繋貿易として認めており、一般的な意味の連繋貿易より定義は狭い。

　「中継貿易」とは、第三国に輸出することを目的として物品を輸入し、関税法による保税区域や蔵置の許可を得た場所または自由貿易地域に搬入して、再輸出する取引方法である。

第 2 章　対外貿易法

　「外国引受け輸入」とは、輸入代金は国内で支払われるが、輸入物品は外国で引き渡される輸入取引である。
　「外国引渡し輸出」とは、輸出代金は国内で受け取られるが、物品は外国から別の外国へ引き渡す輸出である。
　「無為替輸出入」とは、外国為替取引が伴わない物品の輸出入をいう。

8　外貨獲得用の原料・器材

　外貨獲得用原料・器材とは、国内で消費・使用される製品を製造・加工するのではなく、その原料や器材を利用し、製造された製品が再び輸出され外貨獲得用として使われたり、輸出・軍納・観光などの外貨獲得用物品を製造・加工するのに使用されるものをいう。内需用品の輸入である一般輸入とは異なり、政策的に優遇されている。
　例えば、一般輸入の場合には、その品目が輸入要領に適した場合のみ輸入することができるが、外貨獲得用原料・器材の輸入については、輸出入公告および別途公告でその輸入が制限される品目であっても、産業資源部長官の別の定めによって、その輸入を承認することができる。
　対外貿易法上、輸出とは海外の取引先へ物品を直接引き渡す場合のみを意味しているので、同要件と一致しない外貨獲得行為は、輸出に対する管理方式のみでは適切な管理が難しい。従って、外貨獲得行為を重視して、外貨獲得用原料・器材については政策的に優遇規定を行っている。
　ここで用語の詳しい定義を説明する。外貨獲得用原料・器材は、外貨獲得用原料・外貨獲得用施設器材および外貨獲得用製品を意味する。外貨獲得用原料は、外貨獲得に提供される物品と、国外で電子的形態の無体物を生産（製造・加工・組み立て・修理・再生または改造すること）する際に必要な原資材・副資材・部品および構成品を意味する。また、外貨獲得用施設器材は、外貨獲得に提供される品物などの生産に使われる施設・機械・装置・部品および構成品（傷および維持補修に必要な部品や構成品を含む）を意味する。そして外貨獲得用製品は、輸出後、生産過

程を経てない状態で外貨獲得のため提供される物品を意味する[88]。

　外貨獲得の範囲を見ると、輸出、軍納に関する法律による駐韓国際連合軍、その他外国軍機関に対する物品の売り渡し、観光、用役および建設の海外進出などがこれに当たる。国内で物品を売り渡すときに、産業資源部長官が定めて告示する基準に該当することとして、外国人から外貨を受け取って国内の保税地域へ物品を供給する場合、外国人から外貨を受け取って工場建設に必要な物品を国内で供給する場合、政府・地方自治団体または政府投資機関が外国から受け取った借款資金で、国際競争入札によって国内で物品を供給する場合（代金決済通貨の種類を問わない）、外貨を受け取って外航船舶（航空機）に船（機）用品を供給したり給油する場合、相殺取引の補完取引として外国から外貨を受け取って国内で製造された物品を国家機関が供給する場合、そして貿易取引業者が外国の輸入業者から手数料を受け取って行う輸出斡旋（外貨獲得用行為に準ずる外貨獲得行為とみなす）などが外貨獲得範囲に含まれる[89]。

　また、輸出しようとする場合、物品の製造・加工に所要される原資材を国内外から調達しなければならない。しかし、このような輸出用原資材に対しては、輸出振興目的のために輸出入の制限に関する法第14条の規定を適用しなかったり[90]、また輸入を優先して品目上の優遇や平均損耗量認定などを許容したり、関税等還付に関する特例法等によって関税および諸税の還付を行っている。

　外貨獲得用原料・器材の所要量は適切に算出されなければならない。その理由としては、もし少なく策定または計算されると、輸出業者の対応輸出履行に大きな問題を招くおそれがあるからである。一方で、多く計算されると、優遇を受けた輸出用原資材が国内へ還流する恐れがあるからである。発行される所要量証明書は、輸出用原資材の輸入認証、関税還付、対応輸出の完了による事後管理や輸出金融などの場合に使用される。

---

[88] 対外貿易法施行令、第2条7-10。
[89] 対外貿易法施行令、第34条。
[90] 対外貿易法、第9条1項。

9 戦略物資の輸出入と産業設備の輸出
9.1 戦略物資の輸出入

　戦略物資というのは、国際平和と国家安保の必要性に応じて産業資源部長官が別途に定めて公告する物資であり、このような戦略物資の輸出入に関しては、関係行政機関長の輸出許可または産業資源部長官の輸入証明書発行などの制限措置がある。

　産業資源部長官は、国際平和、安全保証、国家安保のために必要と認める場合には、産業資源部長官は輸出許可や輸入証明書を要する品目（戦略物資）を公告できる。産業資源部長官はまた、輸入証明書を発給することができる[91]。

　よって、戦略物資を輸出しようとする者は、産業資源部長官の公告に従って、当該戦略物資を管掌する関係行政機関長の許可を得なければならない[92]。

　輸入証明書は、戦略物資を輸入する者の申請により産業資源部長官が発行する。輸入証明書の発行を受けた者が、当該戦略物資を国内へ輸入せず、外国へ積送または再輸出（無償の場合を含む）しようとする場合にも、この規定を準用する[93]。

　産業資源部長官は、貿易業者が、戦略物資を外国政府の法令によって戦略物資の輸出入制限を受けている者（以下"外国の戦略物資取引不適格者"という）に輸出したり、そのような者から輸入することを禁止することができる。

9.2　産業設備の輸出入

　産業設備の輸出とは、物品を製造・加工するのに必要な機械・装置などのハードウエアと、その設置に必要なエンジニアリング、ノウハウ、建設施工などのソフトウエアが結合された生産単位体の総合輸出のことをいう。

　対外貿易法にいう輸出とは、物品の移動のみを意味する。しかし、産業設備輸出の場合には、用役が含まれるほか、以下のような特徴を持っているので別の規定が必要である。

　産業設備の輸出は、取引単位の大型化、輸出履行期間、輸出代金の回収期間の

---

[91] 対外貿易法、第21条第1項。
[92] 対外貿易法施行令、第39条。
[93] 対外貿易法施行令、第40条第1項、第2項。

長期化、技術集約的輸出取引、延払い輸出入の乱用、輸入国に対する経済協力的性格などを有し、通商摩擦の可能性が比較的少ないのが特徴である。

　輸出される産業設備の特性により、その輸出過程は様々である。そのために、一般商品の輸出とは異なる点が多い。例えば、一般的な品質決定方法は、既存生産品や新しく開発された商品を見本として提示し、輸出入当事者間の合意によって行われる。一方、産業設備輸出は、新規仕様により、入札という過程を通じて生産に入ることになるので、綿密な事前調査を通した事業妥当性に関する評価が必要となる。その後、受注意思を決定し、応札、落札、契約締結の過程が続くことになる。

　産業設備が設置された後にも、試運転、要員訓練、保障などの責任を負うことになるので、保証期間終了までは輸出者の責任は完了しない。

　従来の産業設備輸出促進法は、輸出促進よりも輸出許可および登録取り消しなど規制的条項が中心で、その効率性に対する批判が高かったが、対外貿易法の中に統合された。

第7節　原産地表示
1　定義

　原産地とは、物品の生産または製造された国家や地域をいう。国際取引では、物品の原産地表示とその証明が必要である場合が少なくないが、その際、原産地証明書が利用される。その原産地表示および原産地証明書は、輸出入品の当該国家や地域で生産または製造されたことを証明するものである。

　原産地表示は、公正な貿易秩序の確立を図るために必要である。原産地表示が必要な品目の輸出入の場合には、原産地を表示すべきである。このような点から、対外貿易法では、原産地の表示方法や確認などに関する事項を規定している。原産地証明書は、その他に、特定国家または地域に対する輸入の禁止または制限、先進国のGSP供与、互恵通商協定が締結された国家間の輸入品に対する協定税率の適用、国別輸入統計などの目的で使用されることも多い。

　韓国の原産地制度は、1991年7月1日から対外貿易管理規定の改正により一部品目に対して施行されるようになったが、その過程で法的根拠が不十分で、その

第 2 章　対外貿易法

施行に当たっては多くの制約があった。特に農産物の場合、原産地表示がなかったり、または国産品で偽装表示して販売することが多く、1992年の対外貿易法改正の際、これをより明確に規定する一方、その処罰規定を設けた。1996年の改正の際には、引き続きその内容を修正した。

全ての輸出入物品は原則的に原産地を表示すべきである。しかし、法律は、産業資源部長官が公正な貿易秩序の確立を図るために原産地を表示すべきであるとした場合に限り、原産地を表示すべきである[94]、としている。

原産地の虚偽表示や、原産地の表示を傷つけたり変更した物品を輸出入した者は、3年以下の懲役または3千万ウォン以下の罰金に処することとなっている[95]。

産業資源部長官は、原産地表示を要する品目（原産地表示対象品目）を公告する際には、当該品物等を管掌する関係行政機関長と事前に協議しなければならない[96]。

必要に応じ、産業資源部長官は、関係行政機関長および関連の公務員や専門家と協議し、意見を聞くことができる。また、関係の行政機関長、貿易業者、その他利害関係者は、産業資源部長官に意見を具申することができる[97]。

2　原産地表示対象と免除

産業資源部長官が、公正な貿易秩序の確立を図るために、原産地を表示すべきであるとした品目（原産地表示対象品目）を輸出または輸入しようとする者は、当該物品原産地を表示しなければならない[98]。

産業資源部長官は、原産地を表示すべき品目を公告する際には、当該品目を管掌する関係行政機関長と事前に協議しなければならない。原産地表示対象品目は別表6-1に掲載されている。原産地表示対象品目は、物品に原産地を表示することが必要である[99]。

---

[94] 対外貿易法、第23条第1項。
[95] 対外貿易法、第55条第9。
[96] 対外貿易法施行令、第52条。
[97] 対外貿易法施行規定、第6-1-2条。
[98] 対外貿易法、第23条第1項。
[99] 対外貿易法施行規定、第6-2-2条。

また、包装や容器に原産地を表示（規定6-2-2）しなければならないのは、物品に原産地を表示するのが不可能である場合、原産地表示により物品が傷つけられる場合（例：ビリヤードボール、コンタクトレンズ、集積回路等）、原産地表示により物品の価値が低下する場合、原産地表示にかかる費用が多すぎる場合（例：物品の値段より表示費用がより多くかかる場合など）、最終消費者の手元に届く以前には開封されない物品の場合や包装・容器を開けずに販売される物品（例：石鹸、歯ブラシ、ビデオテープ等）、製造工程へ投入される部品および原材料を輸入後実需要者へ直接供給する場合、その他関税庁長が産業資源部長官と協議して定めた物品などである。

　原産地表示免除品物（規定6-2-9）としては、外貨獲得用原料および施設器材として輸入される物品[100]、個人へ無償で送付された託送品、別送品または旅行者携帯品、輸入後生産に投入される部品および原資料として実需要者が直接輸入する場合（実需要者のために輸入を代行する場合を含む）、販売または賃貸目的でなく、生産目的で輸入される製造用施設および機資材（部品および予備部品を含む）で、実需要者が直接輸入する場合（実需要者のために輸入を代行する場合も含む）、研究開発用品として実需要者が輸入する場合（実需要者のため輸入を代行する場合も含む）、見本品（陳列販売用でないものに限る）および輸入された物品の傷補修用の物品、保税運送などにより、韓国を単に経由する通過貨物、再輸出条件付き免除対象品目の一次輸入品、韓国から輸出されたあと再輸入される物品、外交官免除対象品目、その他、関税庁長が産業資源部長官と協議して適当と認める品目などである。

3　原産地表示の方法
3.1　一般原則

　原産地表示対象品目を輸入しようとする者は、次の方法で原産地を表示しなければならない[101]。つまり、韓国文字、漢文または英文で表示すること、最終消費

---

[100] 対外貿易法施行令、第2条第8号〜第9号。
[101] 対外貿易法施行令、第53条。

第2章　対外貿易法

者が容易に判読できるような活字体で表示すること、識別しやすい場所に表示すること、表示された原産地が簡単に消去されたり脱落されたりしない方法で表示すること、などである。

　原産地を表示するのが困難であったり、原産地を表示する必要がないと産業資源部長官が認めた場合には、原産地表示を省くことができる。

　輸入品の原産地表示方法に関して必要な事項は、産業資源部長官が告示することになっている。ただし、関係の中央行政機関長は、消費者保護の観点から必要な場合には産業資源部長官と協議して、原産地表示に関する細則を別に定めて告示することができる。

　輸入された原産地表示対象物品を単純加工（実質的変形を起こらせない加工）し、原産地表示を傷つけあるいは変形する者は、再度、上記の規定に従って当初の原産地を表示しなければならない。

　原産地表示の一般原則（規定6-2-3）の詳細は以下のとおりである。原産地表示は次の方式に従って、韓国文字、漢文または英文で表示しなければならない。ⓐ「原産地：国名」または「国名産」、ⓑ「Made in 国名」または「Product of 国名」、ⓒ「物品の製造者の会社名、住所、国名」、ⓓ輸入物品が小さくてⓐ～ⓒの方式で原産地を表示することができない場合には、国名のみを表示することができる。ⓔ「Brewed in 国名」または「Distilled in 国名」など、最終消費者が原産地を誤認するおそれがない方式で表示しなければならない。

　次に、輸入品の原産地は、最終消費者が原産地を容易に判読できるような大きさの活字体で表示されなければならない。

　また、輸入品の原産地は、識別しやすい所に表示すべきである。識別しやすい所というのは、最終消費者が品物を購入する際に、原産地表示を容易に認識できる所を意味する。

　表示された原産地は、容易に消去または脱落されないようにしなければならない。容易に消去または脱落されない状態とは、故意に原産地表示を除去しない限り、物品の正常な流通や保管過程では、原産地表示が消去あるいは脱落しない状態のことを指す。

　続いて、輸入品の原産地は、製造段階において、印刷(printing)、ステンシリ

ン、捺印、烙印、鋳造、エッチング、ステッチング、ラベル、ステッカー、タグまたはこれと類似した方式で表示しなければならない。

　最終消費者が、原産地を誤認するおそれがない場合には、通常広く使われている国家名の略語を使って、原産地を表示することができる（例：United States of Americaを"USA"と表記）。

3.2　原産地表示方法

　原産地を誤認するおそれがある輸入品の原産地表示について、対外貿易法では、原産地を虚偽で表示したり、これを誤認させるように表示する行為、原産地表示を傷つけたり、変更する行為、原産地表示対象品目に原産地表示をしない行為を禁止している[102]。

　原産地表示に関する禁止行為に該当する場合には、当該行為者に対して、現状の回復など是正措置を命じたり、3千万ウォン以下の課徴金を課することができる[103]。このような対外貿易法令の制裁措置以外にも、不公正貿易行為調査及び産業被害救済に関する法律に従って、禁止行為違反の調査申請がある場合には、貿易委員会による調査が行われる。その結果、不公正な貿易行為であると認められると、輸出入・販売・製造行為の中止、搬入排除および廃棄処分、訂正公告、違反事実の公表などの是正措置を命ずるとともに、取引金額の2％以内の範囲で、課徴金を課することができる。

　原産地誤認のおそれがある表示品目とは、以下の場合を意味する。注文者の商標添付方式によって、生産される輸入品の原産地と注文者が指定した場所が異なり、最終消費者が原産地を誤認する恐れがある品目や、品物または包装や容器に表示されている商号、商標、地域、国家または言語が輸入品の原産地のものと異なり、原産地を誤認させるおそれがある物品などである。

　前者にあたる品目は、原産地表示一般原則（規定6-2-3条）に従って原産地を表示しなければならない。品物の特性上、前後面の区別が難く、前面に表示しにく

---

[102] 対外貿易法、第23条第3項第1号。
[103] 対外貿易法、第23条第5項。

第2章　対外貿易法

い場合には、原産地誤認を招く可能性のある表示と近い所に表示しなければならない。ただ、原産地表示に使われた活字体の大きさや色合いが、その他の活字体と明らかに区別でき、最終消費者が通常の購買過程で、当該物品の原産地を明らかに識別できる場合には例外とする。

　また、上記の輸入品を販売する者は、販売または陳列の際、消費者が分かるように商品に表示された原産地とは別に、ステッカーや標識などを利用して原産地を表示しなければならない。

　以下、特別な商品に対する原産地表示の具体的な方法を記述する。第一に、単純加工品の原産地表示（規定6-2-5条）は以下のとおりである。

ⓐ　単純加工品というのは、外国産原材料を輸入して国内で製造・加工された品物で実質的に変形されてないもののことである[104]。別に規定がなければ、輸入品の原産地表示の一般原則（規定6-2-3条）、原産地誤認可能輸入品の原産地表示（規定6-2-4条）、輸入セット品の原産地表示（規定6-2-6条）、輸入容器の原産地表示（規定6-2-7条）、輸入品の原産地表示の細部事項（規定6-2-8条）に準じる。

ⓑ　原産地表示対象品目が輸入された後、国内で単純製造または加工処理されて、原産地が消去あるいは除去されたり、その可能性がある場合には、製造・加工業者（輸入者が製造業者である場合を含む）は、完成加工品に原産地が明確になるような手続を施さなければならない。

ⓒ　原産地表示対象品目が大型の包装容器で輸入された後に、国内で小売単位で再包装されて販売される場合には、再包装販売業者（輸入者が販売業者である場合を含む）は再包装容器に原産地を表示しなけらばならない。再包装されずに、ばらまたはバルクで取引されるにも、品物または販売容器などにステッカーや標識を付着させる方法で、原産地表示を行わなければならない。

ⓓ　原産地表示対象品目が輸入された後に、他の物品と結合されて販売される場合には、製造・加工業者（輸入者が製造業者である場合も含まれる）は、"（当該品物等の名）の原産地：国名"の形式で原産地を表示しなければならない。

---

[104] 対外貿易法、第55条第1項2号。

続いて、輸入セット品の原産地表示（規定6-2-6条）については以下のとおりである。
- ⓐ 輸入セット品目（別表6-3）の場合、セット品目を構成する個別の品目の原産地が同じである場合は、個別の物品およびセット品の包装あるいは容器に原産地を表示しなければならない。
- ⓑ セット品を構成する個別品目の原産地が2か国以上である場合は、個別品に各々の原産地を表示し、セット品の包装あるいは容器には、原産地を全て表示しなければならない。

輸入容器の原産地表示（規定6-2-7条）は以下のとおりである。
- ⓐ 関税率表に容器として分類された輸入品の場合には、容器に"（容器名）の原産地：（国名）"との形式で原産地表示をしなければならない。
- ⓑ 1回の使用後廃棄される容器は、最小販売単位の包装で原産地を表示することができ、実需要者がこれら品目を輸入する場合には、容器の原産地を表示する必要はない。

4　原産地表示の事前確認

原産地表示方法に従って原産地表示を行う義務を負う者は、事前に文書で適正な原産地表示方法に関する確認を、産業資源部長官（および税関庁長）に要請することができる。

税関庁長は、適正な原産地表示方法に関する確認が求められた場合、申請を受け付けた日から30日以内に、対外貿易法施行令第53条に従って、適正な表示方法を確認して要請者に通知しなければならない。

産業資源部長官の原産地表示方法の確認に対して異議のある者は、確認結果が通知された後30日以内に、書面で産業資源部長官（および税関庁長）に異議を申し立てることができる。

異議申し立てを受け付けた税関庁長は、受け付け日から30日以内に異議申し立てに関して決定を行い、これを要請人に通知しなければならない。

第2章　対外貿易法

5　原産地判定
5.1　総説
　産業資源部長官は、必要に応じ、輸出または輸入品の原産地判定を行うことができる。原産地判定基準は、大統領令に従い産業資源部長官が公告する。貿易取引業者または物品の販売業者は、輸出または輸入品の原産地判定を産業資源部長官に求めることができる。

5.2　原産地判定の基準
5.2.1　完全生産品
　輸入品の全部が１つの国で採取または生産された場合は、その国を当該物品の原産地とみなす。
　完全生産品は、ⓐ当該国領域で生産された鉱山物、農産物および植物性生産物、ⓑ当該国領域で繁殖、飼育され生きている動物と、これらから採取された生産品、ⓒ当該国領域で狩猟、漁労で捕獲されたもの、ⓓ当該国船舶によって捕獲された漁獲物その他の物品、ⓔ当該国で製造および生産過程で発生した生産物、ⓕ当該国または当該国の船舶で、上記の生産物を原材料として製造・加工した品目などである。

5.2.2　実質的変形
　輸入品の生産・製造・加工過程で、２つ以上の国家が関与した場合には、最終的に実質的変形を行って、その生産物の本質的特性を付与する活動（実質的変形）を遂行した国家を当該生産物の原産地とみなす。ここで、「実質的変形」というのは、当該国での製造・加工過程を通して、原材料の税番と相異なる税番(HS 6単位基準)の製品を生産することをいう。ただし、特定輸入品の原産地（別表6-2）で別途に定められた品目は、次の場合、実質的変形および原産地とみなす。
　第一に、当該生産物に使用された原料や構成品の付加価値の35％以上を、生産して最初に供給した国家である。付加価値の比率は、生産物の製造に使われた原料や構成品の原産地別価格累計が、当該生産物の輸入価格(FOB価格基準)に占める割合とする。

付加価値の比率を算定する場合の採算条件は、生産国から輸入調達した原料および構成品の価格はFOB価格、生産国から国内へ供給された原料および構成品の価格は工場渡し価格とする。

第二に、上記に該当する国家がない場合や2か国以上の場合は、主な部品を生産した国家または主な生産が行われた国家とする。

第三に、上記の主な部品に関しては、主要部品の原料および構成品の付加価値生産に最も寄与した国家が、完成品の付加価値比率上位2か国の1つに当たる場合はその国、またはその付加価値比率基準上位2か国の1つに該当しない場合は、最終的に製造した国家を原産地とみなす。

5.2.3 単純加工品

輸入品の生産・製造・加工過程で、2つ以上の国家が関与した場合、最小限の加工活動（最小加工）を遂行する国家を原産地にしてはならない。

ここで単純加工とは、ⓐ運送または保管の目的で、物品を良好な状態で保存するために行う加工活動、ⓑ船積または運送を容易にするための加工活動、ⓒ販売目的で物品の包装と関連した活動、ⓓ製造・加工結果、HS6単位の変更が発生しない加工活動、ⓔ製造・加工結果、HS6単位が変更される場合であっても、①風通し、②乾燥または単純過熱（炒めたり焼いたりすることを含む）、③冷凍、冷蔵、④傷つけられた部位の除去、異物質の除去、洗浄、⑤油塗り、錆び止めまたは保護のための塗色、塗装、⑥濾しまたは選別、⑦整理、分類または等級付け、⑧試験または測定、⑨表示やラベルの修正または鮮明化、⑩加水、希釈、吸湿、加塩または加糖、⑪電離、⑫角皮（husking）、脱角、種除去、単純切断および単純混合、⑬圧延、圧着、⑭その他産業資源部長官が別途に判定する最小加工などに当たる加工と、以上の加工が結合したものも、最小加工の範囲に含まれる。

5.2.4 原産地判定基準の特例

機械、機具、装置または車輌に使われる付属品や予備部品として、機械とともに輸入されて同時に販売される品目の原産地は、当該機械、機具、装置と同一の原産地とみなす。ただし、その種類および数量から判断して、正常な付属品、予

第2章　対外貿易法

備部品および工具と認められる場合に限る。

　包装用品の原産地は、包装された中身の原産地と同一であるとみなす。ただし、法令により、包装用品と中身を個別に輸入申告するように規定された場合には、包装用品の原産地は中身の原産地と区分して別に決定する。

　映画用フイルムは、その映画製作者が属する国を原産地とみなす[105]。

5.3　原産地事前判定制度

　物品を輸入する前に、原産地に関して判定を受けようとする者は、輸入品目の関税統計統合品目分類表上（関税法施行令第53条5の規定による関税統計統合品目分類表）の品目番号、品目名（モデル名を含む）、申請理由、申請者が主張する原産地などを記載した申請書とともに、見本1個（ただし、品物の性質上、見本を提出するのが困難であり、見本がなくても原産地判定に差し支えがないと認められる場合には見本の提出を省くことができる）、その他に必要な資料を産業資源部長官に提出しなければならない。

　産業資源部長官は、原産地事前判定申請を受理した場合、60日以内に原産地事前判定に関する通知を、文書で申請人に行わなければならない。ただし、当該判定と関連した資料収集などのために必要な期間は算入しない。もし原産地事前判定結果が申請人の主張と異なる場合には、判定の根拠などを記載しなければならない[106]。

　原産地判定を受けた者が、原産地判定に対して不服がある場合には、通報を受けた日から30日以内に産業資源部長官に異議を申し立てることができる[107]。

6　原産地確認と証明

　産業資源部長官は、必要であると認める場合は、輸入者に対して、当該輸入品の原産地国または船積み国の政府が発行する原産地証明書を、提出するように求

---

[105] 対外貿易法施行規定、第6-3-2条。
[106] 対外貿易法施行令、第56条第3項、第4項。
[107] 対外貿易法、第24条第4項。

めることができる[108]。

　輸入相手国の税関申請などのために、輸出品の原産地証明書の発行[109]を求める輸出者は、産業資源部長官の定めに従って原産地証明書の発行を申請しなければならない。

　輸出品の原産地証明書提出[110]と関連して、法第25条の規定によって産業資源部長官が告示する地域から、同じく告示された品目を輸入しようとする者は、物品の原産地国または船積み国の政府または政府が認定する機関が発行する原産地証明書を、輸入の際に提出しなければならない。

　対外貿易法の規定によって、原産地の確認が必要な品目を輸入する者は、輸入申告前までに原産地証明書の関係資料を提出し、確認を受けなければならない。

　関係資料の提出を受けた税関長は、当該資料の発行機関にこの資料の確認を要求することができる。また、関税庁長は、原産地確認に必要な事項を、産業資源部長官と協議して、別に定めることができる。関係資料を提出した者は、提出した資料を、極秘扱とするように要請することができる。

　輸入の際、原産地証明書を提出しなければならないのは、統合公告によって特定地域から輸入が制限される品目、原産地虚偽表示、誤認や紛らわしい表示などを確認するために税関長が必要とする品目、その他法令によって原産地確認が必要な品目である。

　原産地証明書の提出が免除[111]される品目は、ⓐ課税価格（従量税の場合にはこれを関税法第9条の規定に準じて算出した価額）が10万ウォン以下の物品、ⓑ郵便物（関税法第152条第2項に当たる場合は除外）、ⓒ個人に無償で送付された託送品や別送品または旅行者の携帯品、ⓓ再輸出条件付き免税対象品目など一時輸入品、ⓔ保税運送や積み戻しによって韓国を単に経由する通貨貨物、ⓕ物品の種類、性質、形状またはその商標、生産国家、製造者などによって原産地が分かる品目、ⓖその他、関税庁長が産業資源部長官と協議して適当であると認める品目

108　対外貿易法、第25条第1項、第2項。
109　対外貿易法施行令、第59条。
110　対外貿易法施行令、第59条。
111　対外貿易法施行規定、6-3-6条。

第2章　対外貿易法

などである。

　原産地に関しては直接運送原則[112]を適用する。つまり、物品は原産地国以外の国（非原産国）を経由してはならず、原産地国から直接韓国へ運送されなければなない。ただし、地理的または運送上の理由で、非原産国において積み戻しまたは一時蔵置が行われた場合、あるいは博覧会、展示会、その他これに準ずる行事のために非原産国で一時的に展示され、そこから韓国へ輸出された場合は例外とする。

第8節　輸出入の秩序維持
1　総説

　輸出入秩序維持のための政策は、狭義には偽造商品輸出入、輸出入品の価格操作、不公正輸出入行為などの根絶を目的とする。広義には、過当競争防止、輸出割当の運用、輸出品のデザイン保護制度、貿易クレーム解決制度や産業被害救済制度まで含まれる。しかし、韓国の輸出入秩序維持政策は、韓国の業者間の過当競争を効果的に抑制することを主な目的としてきた。

　輸出の過当競争は、結果として価格下落による収益性低下や品質の低下という悪循環を招き、輸入国との貿易紛争や、取引価格の不安定によるバイヤーの輸入意欲低下などの原因となる。このため、過当競争の防止が韓国貿易政策の重要課題として考えられてきたのである。例えば、1957年制定された貿易法には、輸出秩序の維持を目的に輸出組合の組織化をうたっているし、1961年には輸出組合法を制定して、輸出秩序を維持しようとした。

　しかし、輸出組合を通した自主的な輸出入秩序維持には限界があるため、1967年に制定された貿易取引法で、輸出入秩序の維持のための調整および命令条項を新設した。これによって、海外市場で輸出入秩序を乱したり対外信用を損なう行為を防止するために必要と認められる場合は、調整命令を発動することができるようにした。

---

[112] 対外貿易法施行規定、6-3-7条。

このように、輸出入秩序の維持を目的とした政府の政策を輸出自主規制という。この自主規制品目は次第に増加した。このほか、輸出価格の管理、パターン登録制なども輸出秩序維持政策の一環として運用されてきた。

　現行対外貿易法でも、出入秩序のための政府の調整命令規定は引き継がれている。対外貿易法では、特に、韓国の輸出規模拡大による国際的義務の増大と民間主導経済体制への転換、さらには先進国の保護貿易傾向に対する輸出入秩序維持規定を強化している。対外貿易法では、不公正な輸出入行為、輸出入品の価格操作などを輸出秩序維持に反する行為として禁止している。政府は、業者間の貿易紛争の早期解決と船積前検査に関連した紛争の調整に積極的に関与している。また、独立した仲介機関の設立を定めるほか、調整命令制度を設置し運用している。

2　貿易業者輸出入秩序維持

　外国の商標や意匠を模倣して輸出することは不公正な貿易行為であり、先進各国は規制を強化している。韓国も、対外貿易秩序を維持する公正貿易を行うことによって、外国との貿易摩擦を防止するため、一定の輸出入行為を不公正行為と規定し禁止している。

　不公正輸出入行為の禁止対象[113]には以下のようなものがある。第一に、国内の法令や条約により保護される特許権・実用新案権・意匠権・商標権・著作権・著作隣接権・プログラム著作権および半導体集積回路の配置設計権、地理的表示および企業秘密を侵害する品目を輸出または輸入する行為、上記の品物などを国内で販売する行為、または知的財産権侵害品を国内で製造する行為である。第二に、原産地の虚偽表示や誤認表示、あるいは誤認させる表示を意図的に行うこと、原産地の表示を傷つけたり変更すること、原産地表示をしていない原産地表示対象品を輸出または輸入する行為である。第三に、その他、輸出入秩序を阻害するおそれがある行為として大統領令が定めた行為である。例えば、品質などを虚偽で表示したり、誇張表示した物品を輸出または輸入する行為、原産地表示（法第23条第1項）を行わないこと、原産地を誤認しやすい方法で表示をした物品を輸出または

---

[113] 対外貿易法第39条、対外貿易法施行令第87条。

輸入する行為、輸出または輸入品の引渡しや代金の決済など輸出入契約事項を履行しないことによって対外信用を傷つける行為、契約内容と著しく異なる物品を輸出または輸入したり、紛争を故意に引き起こすなど対外信用を傷つける行為(ただし、和解または仲裁によって紛争が解決された場合を除く)、船荷証券など船積書類を虚偽に発行したり偽造・変造する行為、船荷証券原本や輸入貨物輸入担保貨物保管証の提出など、正当な手続によらずに輸入品を引き取る行為、輸出または輸入により他人の企業秘密を侵害する行為などである。

貿易業者などは、是正措置命令または課徴金の賦課を、産業資源部長官に申告することができる。産業資源部長官は、貿易取引者が上記の原産地表示と関連した不公正輸出入禁止の規定に違反したと認めたり、貿易委員会から建議を受けた場合には、是正措置を命じたり3千万ウォン以下の課徴金を科することができる。

知的財産権と関連した不公正な貿易行為に対する調査と制裁措置は、不公正貿易行為調査および被害救済に関する法律で別に定めている[114]。

是正措置命令は、当該不公正輸出入行為、是正措置命令の事由および是正期限などの事項を明示した書面で通知しなければならない。

貿易取引者は、外貨を隠匿する目的で、物品の輸出入価格を操作してはならない[115]。これに違反した者は、5年以下の懲役または輸出入品価額の3倍に当たる罰金を処せられる[116]。

3　船積前検査と関連した紛争調整

輸入国政府の委任によって、企業が輸出する物品に対して、国内で船積前に検査を実施する場合、その検査機関(以下、"船積前検査機関"という。)は世界貿易機関の定める船積前検査に関する協定を遵守しなければならない。この船積

---

[114] 不公正貿易行為調査及び被害救済に関する法律によると、貿易委員会の調査結果、不公正な貿易行為として認められると、輸出入・販売・製造行為の中止、搬入排除及び廃棄処分、訂正公告、違法事実の公表などの是正措置を命じるとともに、取引金額の2%範囲内で課徴金を課することができるように定めている。
[115] 対外貿易法、第40条。
[116] 対外貿易法、第54条第3項。

前検査が貿易障壁となってはならない[117]。ここでいう貿易障壁となる行為とは、世界貿易機関船積前検査協定第2条の規定を違反して、輸出履行に障害を招くことをいう[118]。

産業資源部長官は、船積前検査に関連して、輸出者と船積前検査機関の間で紛争が生じた場合は、その解決のために必要な調整をすることができる[119]。

船積前検査と関連した紛争が発生じた場合には、当事者の一方または双方は、産業資源部長官に紛争の調整を申請することができる。また、船積前検査に関する紛争を解決するために、独立した仲裁機関を設置することができる。

産業資源部長官は、調整の申請を受けた場合は、7日以内に調整委員会を構成し、調整委員会構成後20日以内に調整案を作成して紛争当事者に提示する。ただし、調整委員が調整を拒否したり、病気の理由で業務遂行が不可能な状況にあるとき、あるいはやむを得ない事情により調整案を期限内に作成することができない場合には、7日以内の範囲で期間を延長することができる[120]。

調整委員会は、ⓐ当事者間の合意が得られたり、調整委員会の調整案が受諾された場合、ⓑ調整申請人または当事者が調整の申し出を取り下げた場合、ⓒ当事者が調整委員会の調整案を拒否した場合、ⓓ当事者間の合意が得られないと認められる場合、その他、調整が必要でないと判断される場合には、当該調整を終了することができる。調整委員会は、調整が終了したときはこれを当事者に通知しなければならない[121]。

紛争の解決のため、大統領令の定めに従って、独立した仲裁機関を設置することができる。この仲裁機関は、仲裁法(第40条)の規定に従って、産業資源部長官が指定する社団法人(韓国商事仲裁院)とする[122]。

仲裁に関しては仲裁法の規定を適用できる。また、WTOの紛争解決手続を採用す

---

[117] 対外貿易法、第42条第1項。
[118] 対外貿易法施行令、第94条。
[119] 対外貿易法、第42条第2項。
[120] 対外貿易法施行令、第100条。
[121] 対外貿易法施行令、第101条。
[122] 対外貿易法施行令、第104条第1項。

第2章　対外貿易法

ることもできる[123]。

4　輸出入秩序維持のための調整

　先進国の輸入規制の強化とともに、増え続ける通商摩擦を緩和し、また輸入制限を避けながら輸出拡大を図るために、対外貿易法では産業資源部長官が輸出入の秩序維持に必要な取引条件と対象地域に関して、貿易業者に調整命令を出すことができる。

　調整命令は公共福祉の増進のため、貿易取引者などの対外取引活動を規制し調整する行政命令の性格を帯びている。しかし、調整命令の発動は最小限の限度にとどまるべきであり、限度を外れた調整命令は違法で、場合によっては外国との通商摩擦の原因にもなり得る。

　調整命令を発令する理由としては、貿易に関する政府間協定締結やその遵守のために必要な場合や、輸出の公正な競争を攪乱するおそれがあったり、対外信用を損なう行為を防ぐために必要な場合などである[124]。

　調整命令の範囲[125]と関連して、産業資源部長官は、貿易取引者に輸出品の価額、数量、品質、その他の取引条件またはその対象地域などについて、必要な調整を命じることができる。

　産業資源部長官は、調整命令を行う際に、必要に応じて、輸出入組合または関連協会など団体を通じて行うことができる。

5　対外貿易法上の行政罰

　行政罰とは、行政法上の義務違反に対して加える制裁としての処罰である。行政法規は、行政目的の実現のために、国民に各種の義務を加えると同時に、国民がその義務を怠る場合には制裁を加えることを規定している。

　行政罰は大きく行政刑罰と行政秩序罰に分けられる。

　まず、行政刑罰の種類には以下のものがある。ⓐ貿易に関する制限など特別措

---

[123] 対外貿易法施行令、第105条。
[124] 対外貿易法、第43条。
[125] 対外貿易法、第43条第1項。

置による輸出または輸入の制限や禁止措置に違反した者[126]、ⓑ虚偽その他の不正な方法で戦略物資輸出許可を得たり、輸出許可を得ずに戦略物資を産業資源部長官が公告する輸出制限地域へ輸出する者[127]、ⓒ物品の輸出入価格を操作した者[128]、ⓓ調整命令に違反した者[129]である。以上の行為に対しては、5年以下の懲役または輸出入物品の価額の3倍に相当する金額以下の罰金が科せられる。

　行政秩序罰を受けた者には、課徴金が課せられる。行政罰には両罰規定[130]があり、法人の代表者、法人または個人の代理人や使用人、その他の従業員がその法人または個人の業務に関して第54条ないし第57条の規定に当たる行為を行った場合には、行為者を罰するほか、その法人または個人に対しては罰金刑を課す。

　また、対外貿易法による罰則適用においては、公務員の身分を適用[131]する。産業資源部長官が、第53条の規定により委託した事務に従事する韓国銀行、韓国輸出入銀行、外国為替銀行、その他大統領令が定める法人または団体の役員および職員は、刑法その他の法律による罰則の適用に関しては公務員とみなす。

第9節　セーフガードおよび不公正貿易行為調査制度

1　セーフガード制度

1.1　総説

　国内市場の開放に伴う輸入自由化、関税引き下げ、ダンピング攻勢などによって引き起こされる国内産業の被害から国内産業を保護する制度を、産業被害救済制度という。ここには輸入に対する関税・非関税障壁による措置のみならず、関連産業の支援措置などあらゆる公的介入が含まれる。輸入開放による産業被害を救済するための努力は、国際的にはWTO体制内で反ダンピング規制（GATT第16条および関連協定）、緊急輸入制限措置（GATT第19条および関連協定）などで制度化されており、アメリカやEUなど先進国がこのような制度を国内法に導入して運用して

---

[126] 対外貿易法、第5条各号の1の規定。
[127] 対外貿易法、第21条第1項。
[128] 対外貿易法、第40条。
[129] 対外貿易法、第43条第1号。
[130] 対外貿易法、第58条。
[131] 対外貿易法、第59条。

いる。このような産業保護手段は、各国の経済発展程度によってその種類を異にしているが、先進工業国では不公正な貿易や急激な輸入増加で自国の産業が被害を受けた場合、これを事後的に保護する制度が発達している。一方、発展途上国では、有望幼稚産業や国際収支の保護を目的とする、事前的な輸入管理制度が発達している。

韓国の不公正取引に対する輸入管理制度としては、緊急関税と調整関税、関税措置と輸入先多元化制度、輸入監視制度など非関税措置が中心である。また、ダンピング防止関税と相殺関税等関税措置を改めて設置し運用しているが、この中で、産業被害救済と関連がある制度としては、緊急関税、調整関税、相殺関税などの関税措置と輸入関税制度などの非関税措置が挙げられる。

不公正取引による産業被害救済のための関税措置は、多くの国において広く認められている。また、またこれに対する制裁手段や手続に対しても意見は一致している。一方、韓国の場合、従来の関税法のダンピング関連規定を、GATT規定に従い1986年に改正した。以来、その活用に大きな問題はなかった。しかし、それ以前は、国際的な非難を受けることが多かった。

このような問題を勘案し、セーフガード規定についてもWTO協定に近づけるために、2001年に対外貿易法上の関連規定を取り外して、単一法として不公正貿易行為調査及び産業被害救済に関する法律を制定した。同法では不公正な輸出入行為に対する厳しい規制とともに、産業被害救済制度に対する適用要件や申請および調査手続を明らかにし、調査を担当する貿易委員会の機能を強化し、客観性と公正性を最大に保障しようとしている。産業被害救済制度の根底には有望幼稚産業を保護しようとする試みが一部含まれているが、WTOの自由貿易主義の具現により力点を置き、国内産業の事後的保護に主な目的を置いている。

1.2 輸入の増加による産業被害調査

特定品目の輸入が急増することによって、同種の品目や直接的な競争関係にある品目を生産する国内産業が深刻な被害を受けたり、受けるおそれがある場合には、当該国内産業の利害関係者および当該国内産業を管掌する関係行政機関長は、貿易委員会に輸入による国内産業の被害を調査するよう申請することができる。

貿易委員会は、同申請によって国内産業の被害有無を調査して、被害があると認められる場合には、輸入数量制限、関税率引き上げなどのセーフガード措置を関係官庁に提起する。利害関係者の申請がなくても、必要な場合には、貿易委員会が独自に上記の手続を行うことができる[132]。

以上のように特定の品目の輸入増加によって、国内産業が深刻な被害を受けたり、受けるおそれがある場合は、当該国内産業に利害関係を有する者または関係の中央行政機関長は貿易委員会へ調査を申請することができる[133]。ここで国内産業の定義、輸入の増加、利害関係者の範囲、同種品目および直接的競合品目の意味を分析する。

国内産業の範囲は、申請要件や資格を判断する際において重要な要因であり、被害調査の対象を決める際にも重要な要因となる。

輸入による産業被害調査の運営や手続に関する規定(貿易委員会告示第90-1号、以下調査規定という。)は、国内産業の範囲を、産業被害調査を申請した当該輸入品目と同一および同質品目と直接的な競争関係にある品目を生産または生産しようとするすべての国内生産者、または国内生産者が輸入を兼ねる場合には国内生産部分のみを、国内生産業者が複数の品目を生産する場合には申請に関連した当該生産部分のみを、国内産業とみなすと定義している[134]。

要するに、国内産業とは、産業被害調査を申請した特定の輸入品目と同種品目または直接的な競争関係にある品目を生産する国内生産者全部、または国内総生産量のかなりの部分を占める国内生産者集団を意味する。"相当部分"の意味を計量化しようとの主張もあるが、多くの国が反対の立場を表明している。

「相当部分」と考えられるためには、産業被害調査の際、できる限り広範囲に(最低50％以上)対象企業を調査して、国内産業の状況が正しく反映されなければならない。

また国内生産者が輸入を兼ねる場合には、国内生産部分のみを、国内生産者が当該輸入品以外の品目を生産する場合には、当該品物の生産部分のみを国内産業

---

[132] 不公正貿易行為調査及び産業被害救済に関する法律、第15条、第16条、第27条、第28条。
[133] 不公正貿易行為調査及び産業被害救済に関する法律、第5条。
[134] 不公正貿易行為調査及び産業被害救済に関する法律施行令、第13条。

第2章　対外貿易法

として認めて、国内産業部分をできる限り狭く定義することによって、効率的な国内産業の保護を図ろうとしている。

次に同種品目という意味を考える。WTOのセーフガード協定には同種品目の定義はないが、反ダンピング協定及びセーフガード協定では"like product"という用語を使っており、反ダンピング協定の場合と同じ概念と見ることができる。

つまり、2つの品目の物理的特性(physical characteristics)が同一であったり、同一でなくても違いが軽微な場合には類似した品目とみなす。

次に、直接的競争品目については、セーフガード協定上、定義がないので紛争に対するパネル判定事例を通して、確立されるべき概念である。直接的競争品目は、同一または同一でなくても使用技術が同じであり、商業的な用途で代替的利用(substitutable use)が可能である品目と考えられる。今までの紛争事例に照らしてみても、直接的競争関係は代替利用が可能で、代替に使われた実績がある場合にのみ成立する。

輸入増加は、一定期間の輸入の絶対的増加(absolute increase)または国内産業に対比した輸入の相対的増加(relative increase)傾向を意味する。輸入の絶対的増加というのは、輸入が量的な面で増加することである。国内産業に比した輸入の相対的増加というのは、輸入数量が急激に増加しなくても、その増加率が国内産業の増加率に比べて著しく大きい場合などを指す。このような定義は、国内産業の利害関係者がより容易に申請できるようにとの配慮の結果である。1989年以前の対外貿易法上の産業影響調査制度は、申請要件を急激な輸入の増加または過剰な輸入と定義して、有望幼稚産業の保護という色彩を強く帯びていたが、法改正の際に削除された。調査対象期間に、必ずしも一貫して輸入が増える必要はなく、一時的に輸入が減少する場合にも、それが一時的な現象であることが証明されれば、輸入増加要件を満たしたと見ることができる。

申請は、当該国内産業の利害関係者、および当該国内産業を管掌する関係行政機関長が行う[135]。当該国内産業の利害関係者とは、当該国内産業に占める生産量または業者数の割合が20%以上である生産者(農林水産業では当該品目の生産者5

---

[135] 不公正貿易行為調査及び産業被害救済に関する法律、第15条。

人以上）や生産集団のことを指す。ただし、当該物品の相当量を輸入する生産者（国内市場での競争に影響を及ぼす程度の数量を輸入する生産者）は除かれる。また、当該国内産業の生産者で構成された協会、組合、産業別労働組合などを意味する[136]。

1.3 調査団の構成と調査の実施

貿易委員会は、専門的で公正な調査のために、貿易委員会所属職員、関係行政機関の職員、政府関係研究機関や団体の役職員、産業・貿易および国際経済に関する有識者で調査団を構成する[137]。調査団に参画する専門家には、予算の範囲内で手当や旅費を支給し、十分な調査ができるようにしている[138]。

調査団は、関係行政機関や団体、利害関係者などに資料提出を要求し、貿易相対国において国内への輸出増加の可能性などを調べることができる。調査団は、当該品目の生産者、輸入業者、消費者、流通業者など利害関係者に対する質問調査、申請書および答弁内容検証のために、現地調査、文献、資料調査などいろいろな手段で調査することになる[139]。

ただし、利害関係者が提出した資料の中で、製造原価に関する資料、個別取引先の名称、住所、販売価格、取引量に関する資料、生産工程や生産設備、または未公表の会計資料、その他競争相手に公開されることによって損失をもたらすおそれがあり、極秘に取り扱うことが適当と認定される資料などは、営業上秘密資料として扱われる。このような資料は、提出者の明示的な同意なしには、産業被害調査外の目的で公開や閲覧することはできない。また、申請者は、以上の資料の代わりに、公開されることを原則に要約書を提出することができる[140]。

調査団の調査終了後、貿易委員会は、国内産業への被害または被害のおそれの有無を決定する。決定の際には、以下の事項を重点的に検討する[141]。輸入が増え

---

[136] 不公正貿易行為調査及び産業被害救済に関する法律施行令、第14条。
[137] 不公正貿易行為調査及び産業被害救済に関する法律、第37条。
[138] 不公正貿易行為調査及び産業被害救済に関する法律、第39条第4項。
[139] 不公正貿易行為調査及び産業被害救済に関する法律、第36条。
[140] 不公正貿易行為調査及び産業被害救済に関する法律施行令、第25条。
[141] 不公正貿易行為調査及び産業被害救済に関する法律施行令、第17条1項。

第2章　対外貿易法

ているかの可否、国内産業が深刻な被害を受けているかの可否、国内産業が深刻な被害を受ける恐れがあるかの可否、特定の品物などの輸入が国内産業の深刻な被害または被害のおそれの原因になるかの可否、などである。

　1989年の対外貿易法の改定で、産業被害要件がかなり強化された。旧法では、国内産業の発展阻害または発展阻害のおそれという言葉を使った。これはGATT第18条(開途国条項)に基づいた規定で、産業被害の判定がかなり容易であった。

　しかし、韓国が、GATT第18条の国際収支協議対象国から除外されることによって、発展阻害という概念に代わり実質的被害または実質的な被害のおそれというより厳しい概念を取り入れた。その後、再び深刻な被害または被害のおそれという表現に代わった。

　深刻な被害とは、国内産業の重大で全般的な被害を意味する。この深刻な被害であるが、セーフガード協定上の概念は、反ダンピング協定上の実質的な被害の概念より、より深刻な被害を意味する。

　どの程度の被害が深刻な被害に当たるかは、経済的あるいは社会的判断を必要とする問題である。ある品目の輸入により、国内産業が深刻な被害または被害のおそれがあるかどうかを判定する調査の際、その産業の状況に影響を及ぼす客観的で計量可能なすべての関連要因を評価すべきである。特に、関連商品の輸入増加量や増加率、輸入品の国内市場占有率、販売、生産、生産性、稼動率、利潤、損失、雇用などの変化を評価しなければならない[142]。

　深刻な被害のおそれとは明らかに差し迫った深刻な被害を意味している。このおそれの存在に関する判定は、事実に根拠を置くべきで、単に主張、推測または漠然とした可能性に基づいてはならない[143]。

　措置を取らなければ近い将来に被害が発生することが確実だということは、客観的証拠を通じて立証されなければならない。実際には、将来起こりうる潜在的な被害可能性を客観的に分析することは大変難しいので、深刻な被害のおそれだけを理由でセーフガードを発動することは現実的に困難なように思える。パネル

---

[142] 不公正貿易行為調査及び産業被害救済に関する法律施行令、第17条2項。
[143] 不公正貿易行為調査及び産業被害救済に関する法律施行令、第17条3項。

の判定も、単純に輸入数量が増加する可能性があるということだけでは、被害の恐れがあるとは認めないという傾向がある。

このように深刻な被害と深刻な被害のおそれは明らかに区分される概念であり、国は与えられた国内状況によって、上記のいずれかの要件を選択し、これに基づいて措置を取ることができる。同一の場合に対して深刻な被害と深刻な被害の恐れの双方を同時に検討することもありうるが、この時には必ず各々に関するすべての関連要素を検討しなければならない。

セーフガード調査が客観的な証拠に基づいて、輸入増加と深刻な被害または被害のおそれの間に因果関係が存在するということが証明できなかった場合には、いずれの要因についても決定をしてはならない。輸入増加以外の要因が国内産業に被害を与える場合には、そのような被害を輸入増によるとみなしてはいけない。

本来、因果関係分析方法としては、輸入増加がある場合の産業状態と正常輸入時の産業状態を経済学的に分析する、いわゆる一元的接近方法と、国内産業の被害可否を先に判断した後、輸入と産業被害との因果関係を判断する二元的接近方法に分けられている。

因果関係を決定する際の検討事項としては、輸入増加と被害指標の悪化傾向が同時に発生しているか、輸入品価格が国産品販売価格に及ぼした影響、輸入以外の要因が国内産業被害に影響を及ぼしたかどうかである。

1.4　セーフガード措置

貿易委員会が、特定品目の輸入急増が国内産業に被害を与えたと決定した場合、貿易委員会はその判定日から1か月以内に、当該産業の被害を救済するために、数量制限、関税率の調整またはその他国内産業の被害救済または構造調整を促進するための措置などセーフガードを発動するように中央行政機関長に諮問することができる[144]。

もし貿易委員会が、救助措置手段として関税率調整を選択した場合には、財政経済部長官に、数量制限または構造調整手段を選択した場合には、関係部の長に

---

[144] 不公正貿易行為調査及び産業被害救済に関する法律、第17条1項。

第 2 章　対外貿易法

救済措置施行を提起する。

　貿易委員会からセーフガード措置の提起を受けた中央行政機関の長は、1ヶ月以内にセーフガード措置が他の関係中央行政機関長の意見を聞いて、その実施の可否を決めなければならない[145]。

　セーフガード措置は 4 年の期間を超えてはならないが、1 度の延長は認められる。しかし、延長を含めたセーフガード措置期間は 8 年以内でなければならない[146]。このような期限を定めるのは、セーフガード措置により輸入急増を短期的に抑えること意図しているからである。セーフガード発動の期間に、産業構造調整などを通じて迅速に競争力を回復させる必要がある。

　セーフガード措置を取る際には、被害防止や構造調整を容易にする範囲で最小の措置を採用しなけれならない。また、このような目的に合った合理的な措置を採用しなければならない。セーフガード措置は、原則的に、その原産地に関係なく輸入されるすべての商品に対して無差別的に適用されなければならない。セーフガード措置として数量制限が行われる場合、過去 3 年間の平均輸入量を下回る形での制限は設定できない[147]。原則として、過去代表的な期間の総輸入量を基準として、輸出国別に数量を割り当てる。またセーフガード措置が 1 年を超えて行われる場合には、適用期間の間に、その数量制限を減少させなければならない[148]。

　貿易委員会は、産業被害の調査期間中でも、何らかの措置を取らなければ回復できないほどの被害を受け、あるいは受けるおそれがあると思われる場合には、予備判定に基づき暫定措置を取ることができる[149]。産業被害調査の申告者は申し立ての際、暫定措置を要請することができる[150]。

　セーフガード措置の存続期間が 3 年を超える場合、中間検討が行われ、措置の中止や緩和が図られることがある。また再検討によっては、期間延長が行われることもある。延長が認められるのは、深刻な被害を防いだり完治させるためには

---

[145] 不公正貿易行為調査及び産業被害救済に関する法律、第19条1項。
[146] 不公正貿易行為調査及び産業被害救済に関する法律、第17条第2項。
[147] 不公正貿易行為調査及び産業被害救済に関する法律施行令、第20条第1項。
[148] 不公正貿易行為調査及び産業被害救済に関する法律、第19条第3項。
[149] 不公正貿易行為調査及び産業被害救済に関する法律、第18条。
[150] 不公正貿易行為調査及び産業被害救済に関する法律施行令、第19条第1項。

持続的にセーフガード措置が必要であると考えられる場合である[151]。

　セーフガードの期間は、暫定措置適用期間、最初の適用期間および延長期間すべてを含めて8年を超えることができない[152]。セーフガードが延長される場合には、その内容はより緩和され、制限事項もより緩やかでなければならない[153]。

　セーフガード措置が取られた輸入品と同一の輸入品に対しては、そのセーフガード期間が終了した日から、発動されたセーフガードの期間が経過するまでは、再び措置を取ることはできない[154]。ただし、セーフガードが発動した日から1年が経過した場合で、過去5年の間にセーフガード発動が2回以内に限られる場合には、発動期間を180日以内として救済措置を取ることができる[155]。

　セーフガード措置は、関係国に及ぶ影響が大きいので、手続の透明性や公正性を確保する必要がある。そのために、各調査段階別に関連内容を直ちにWTOに通知しなければならない。その通知内容は、深刻な被害または深刻な被害のおそれと関連した調査過程の開始やその理由、輸入品増加による深刻な被害または深刻な被害のおそれに関する判定、そしてセーフガード措置の適用または延長に関する決定などである[156]。

　セーフガード措置を発動する場合には、政府は、利害関係国と意見を交換し補償に関する事前協議の機会を持たなければならない[157]。政府はまた、同措置がもたらす被害に対する適切な補償方法に関して、関係国と協議すべく努力しなければならない。

　補償合意が得られない場合、関係国は同措置が発動された日から90日以内に、商品貿易理事会が反対しない限り、セーフガードに対抗した報復措置を発動することができる。ただし、セーフガード措置が輸入の絶対的増加に基づいて発動され、しかもセーフガード協定に基づく場合には、措置が発動されてから3年間は報

---

[151] 不公正貿易行為調査及び産業被害救済に関する法律、第20条、
[152] 不公正貿易行為調査及び産業被害救済に関する法律、第17条第2項。
[153] WTO協定文、緊急輸入制限措置に関する協定、第12条第1項。
[154] 不公正貿易行為調査及び産業被害救済に関する法律、第19条第5項。
[155] 不公正貿易行為調査及び産業被害救済に関する法律、第19条第5項。
[156] WTO協定文緊急輸入制限措置に関する協定、第12条第1項。
[157] WTO協定文緊急輸入制限措置に関する協定、第12条第3項。

第2章 対外貿易法

復措置をとることはできない。

1.5 繊維および衣類に対するセーフガード措置

　繊維及び衣類に関する協定が適用される繊維や衣類の輸入増加によって、国内産業が深刻な被害を受けたり受けるおそれがあるときには、輸入制限措置を取ることができる。

　輸入制限措置の適用対象品目(法第31条)は、繊維及び衣類に関する協定に規定された品目であり、関税及び貿易に関する一般協定(GATT1994)によって解決が図られる場合は対象とならない[158]。

　貿易委員会は、国内産業の被害を判定する際には、生産、生産性、稼動率、そして市場占有率、輸出、賃金、雇用、国内価格、利潤、投資などの変化を考慮する。

　セーフガード発動に際しては、WTOの繊維及び衣類協定に基づいて、関係国との協議を行い、WTOにも報告を行わなければならない。中央行政機関長は、セーフガード発動によって影響を受ける国家と協議しなければならない。しかし、緊急を要する場合にはこの限りではないが、発動日から5日以内に関係国と協議をし、世界貿易機関の繊維監視機構に報告しなければならない[159]。

　産業資源部長官は、関係国との間で被害を取り除くための適切な措置に関する相互協議が行われた場合には、その措置をもって輸入制限措置に代えることができる[160]。

　輸入制限の期間は3年を超えることができない。輸入制限措置が施行される期間中に当該品目が関税及び貿易に関する一般協定体制によって解決が図られる場合には、産業資源部長官は遅滞なく輸入制限措置を解除しなければならない。

1.6 サービスに関するセーフガード措置

　サービス産業に対する外国からの供給が急激に増えて、サービス産業が深刻な

---

[158] 対外貿易法施行令、第77条。
[159] 対外貿易法施行令、第79条第3項。
[160] 対外貿易法施行令、第79条第4項。

被害を受けたり受けるおそれがある場合にも、物品の輸入急増で国内産業が被害を受ける場合と同様に、貿易委員会に産業被害調査およびセーフガード措置を申請することができる[161]。この場合、当該産業の利害関係者というのは当該国内産業に占める供給額または業者の割合が20%以上である場合と解釈される[162]。

2 不公正な貿易行為調査制度
2.1 総説

知的財産権を侵す物品を輸出入したり、原産地を虚偽で表示した物品を輸出入するなどの不公正な貿易行為がある場合には、誰でも貿易委員会に不公正な貿易行為の調査を要請することができる。貿易委員会は、調査の結果、不公正貿易行為と認められる場合には、その輸出入中止または廃棄処分などの措置を、産業資源部長官の承諾を得て、命じることができる。

本来、不公正貿易行為調査制度は、貿易取引秩序の確立という公益の保護が第一の目的で、個人の損害賠償や刑事処罰を目的としていない。是正措置や課徴金賦課などの制裁を通して産業被害を救済する制度である。

不公正貿易行為調査及び産業災害救済に関する法律上の不公正貿易行為調査制度を、その他の機関による調査や処分と比べてみる。まず知的財産権侵害に対する調査を見ると、特許庁の場合には知的財産権に対する権利の有無と範囲の確認のみが可能で、侵害者に対する制裁はできない。裁判所の場合は、民事上損害賠償および刑事処罰や仮処分など直接的で最終的な判断が可能である。これに対して貿易委員会による調査は、不公正行為者に対する直接的な制裁が可能で、裁判所の場合に比べて費用が僅少であり、迅速な解決が可能である。

原産地表示違反に対する調査を見ると、税関では通関段階での原産地表示違反を調査し、地方自治団体は国内流通段階での原産地表示違反を調べる。一方、貿易委員会では輸出入に関する広範囲な調査を行い、適切な措置を実行する権限を持っている。

---

[161] 不公正貿易行為調査及び産業被害救済に関する法律、第22条第1項。
[162] 不公正貿易行為調査及び産業被害救済に関する法律施行令、第14条(類推適用)。

第 2 章　対外貿易法

　輸出入秩序阻害行為に対する調査を見ると、商事仲裁院では当事者の合意に基づいた紛争解決を図り、裁判所では最終的な紛争解決を図ることができる。一方、貿易委員会は、裁判所とは異なり、手続が簡易で、迅速な処理が可能となる。またその管轄範囲も広範囲である。

　アイディアと知識の重要性がますます強調されている国際貿易では、知的財産権関連の紛争が増えており、生産工場の海外移転、OEM 方式、多国籍企業など生産活動の世界化現象で、原産地表示の重要性もますます高まっている。また、貿易取引の主体が、貿易商から多数の中小企業へと変化することによって、契約不履行など輸出入秩序を害する行為が発生する可能性が高まっている。また変化の激しい経済の世界化の中で、貿易取引の過程で発生する被害を、伝統的な方法で解決しようとすると莫大な費用と時間がかかってしまう。しかし、貿易救済専門機関である貿易委員会を利用する場合は、迅速で簡単な方法で被害を救済することができる。

２．２　不公正貿易行為の種類

　知的財産権侵害行為とは、特許権、実用新案権、意匠権、商標権、著作権、著作隣接権、プログラム著作権、半導体集積回路の設計権、地理的表示および企業秘密を侵す品物などを輸出入する行為、輸入品を国内で販売する行為、輸出を目的に国内で製造する行為などである。ここで地理的表示とは、知的財産権協定(WTO/TRIPs、第 22 条ないし第 24 条)によって認定される知的財産権として商品の名声や品質あるいは特徴が、本質的に地理的環境に基礎を置く場合を意味することで、例えばコニャック、ボルドーワイン、高麗人参などが当たる。企業秘密とは、一般に知られてはおらず(非公表性)、独立した経済的価値を持つことで(営業秘密としての有用性)、相当な努力によって秘密に維持された生産方法や、販売方法その他の営業活動に有用な技術上または経営上の情報(秘密管理性)のことをいう[163]

　原産地表示違反行為とは、原産地を虚偽で表示したり誘引するように表示する

---

[163] 不正競争防止及び営業秘密保護に関する法律、第 2 条。

こと、原産地表示を損なったり変更すること、あるいは原産地を記載していない物品を輸出入する行為である[164]。

虚偽表示とは、非原産地国で生産されたように原産地を虚偽表示するだけでなく、購入者が非原産国を原産地として錯誤することが明らかな場合を含む。

原産地を錯誤させる表示とは、原産地自体を虚偽で表示するのではなく、客観的に購買者が原産地を見誤るように表示を行うことをいう。ただし、誤認を誘発する表示以外に、真の原産地を表す原産地が容易に分かるように表示された場合には、これに当たらない。例えば、原産地ではない国家名を商品名または商標の一部として表示した場合(台湾産に「Swiss Cheese」と表示)などがこれに当たる。

未表示とは、原産地表示をしなかった場合は勿論のこと、原産地表示があるにもかかわらず購買者が十分な注意をしても見つかりにくい場合を含む。例えば、扇風機、家具、自転車などを立てて置いた状態で陳列販売する際、底面に原産地が記載されている場合、または電子製品のバッテリー収納個所に原産地を記載する場合などがこれに当たる。

輸出入秩序阻害行為とは、品質などを虚偽あるいは誇張表示して輸出入する行為、輸出入契約事項を履行せず対外信用を傷つけ、当該地域に対する輸出入に障害をもたらす行為、契約内容と著しく異なる物品などを輸出入したり、紛争を故意的に引き起こす行為、輸出入船積書類の虚偽発行、偽造、変造あるいは正当な手続によらない輸入品の引き受け行為など[165]である。

2.3 調査申請および調査手続

不公正な産業行為による産業被害の利害関係者は、次のとおりである。特許権、実用新案権、意匠権、商標権、著作権、著作隣接権、プログラム著作権、半導体集積回路の基盤設計権者、上記の権利者から専用使用権や通常使用権を取得した者または複製配布権者、出版業者、著作権委託管理業者、その他国内の関係法令や貿易における公定な商慣習上保護を受けられる者などである。

---

[164] 産業被害救済法、第4条2項。
[165] 産業被害救済法施行令第3条。

第2章　対外貿易法

　知的財産権の侵害被害調査の申請は、調査申請書に申請者の住所・氏名および事業内容、被申請者の住所・氏名および違反内容を記載して行う。併せて、その違反内容を証明する資料も貿易委員会に提出する[166]。

　調査申請の受け付け、調査開始決定、調査団の構成、公聴会の開催など調査手続きや調査方法は、輸入急増による産業被害調査と同じである。しかし、輸入急増による産業被害調査の場合には、国内産業の被害有無に重点を置くことが多いが、知的財産権の場合は、侵害事実の有無に重点を置いて調査を実施する。

　貿易委員会は、調査期間中でも申込者が調査申請を取り下げる場合や、利害関係者間で和解契約を締結した場合には、調査を終結することができる[167]。

　不公正貿易行為に関する具体的な情報と証拠を提供する者は、誰でも構わない。また、調査の申請は、不正貿易行為があった日から1年以内に行わなければならない。貿易委員会は、申請がなくても不公正貿易行為の疑いがある場合には、独自に調査できる[168]。

　申請が受け付けられると、貿易委員会は調査開始の可否を決定する。決定に際しては、違反行為の有無を決定しなければならない。申請要件を満たしているかどうかを検討して、申請日から30日以内に調査開始の可否を決める。調査を開始する場合には、判定の予定時限を定める[169]。

　調査は書面によるが、面接または現地調査を併用することもできる[170]。調査を申請するとき、回復できない被害を受けたり受けるおそれがある者は、担保を提供して、不公正貿易行為の中止や暫定措置の申請を行うことができる。暫定措置の申請は、担保提供手続の終了によって受領されたものとみなす。貿易委員会は暫定措置を採用する際に、関係行政機関の長に協力を求めることができる[171]。

　調査期間中でも、必要に応じ調査の中止や終了ができる。調査期間中に、当事者間で訴訟や審判などが提起されるときには、調査をとりやめて、訴訟や審判の

---

[166] 不公正貿易行為調査及び産業被害救済に関する法律施行令、第3条。
[167] 不公正貿易行為調査及び産業被害救済に関する法律施行令、第4条第3項。
[168] 不公正貿易行為調査及び産業被害救済に関する法律、第5条第2項、第6条。
[169] 不公正貿易行為調査及び産業被害救済に関する法律、第5条第3項。
[170] 不公正貿易行為調査及び産業被害救済に関する法律施行令、第4条。
[171] 不公正貿易行為調査及び産業被害救済に関する法律、第7条ー第8条。

結果に従うことができる。また、調査期間中に申込が撤回されたり申請者や当事者の行方不明などで調査の進行が難しいと判断される場合には、調査を終結することができる[172]。

　利害関係者の企業秘密を保護したり、公益上必要があると認めるときや議決を行う場合には、調査を非公開にしなければならない[173]。

２．４　制裁措置

　調査の結果、違反の程度が軽微な場合、被申請人が自ら是正して是正措置命令の実益がない場合には警告または注意を促す。

　しかし、知的財産権侵害や輸出入秩序を阻害する不公正行為があると判定されるときには、当該物品の輸出入・販売・製造行為の中止、搬入排除や廃棄処分、訂正広告、違反事実の公表などの措置を命じることができる[174]。

　是正措置命令に違反する者は、3年以下の懲役または3,000万ウォン以下の罰金に処する。

　上記の是正措置命令とは別に、知的財産権侵害や輸出入秩序を阻害する不公正行為があると判断される場合には、課徴金を課すことができる。金額は、取引金額に100分の2を掛けた金額を超えない範囲内に、取引金額がなかったり取引金額算定が困難な場合には、5億ウォンを超えない範囲内で課する[175]。また原産地表示規定に違反した場合には、課徴金の賦課を産業資源部長官にこのように提起することができる。

　是正措置命令または課徴金賦課処分に対して不服がある者は、その処分の通知を受けた日から30日以内に異議申し立てができる。貿易委員会は、異議申し立てに対して60日以内に決定を行わなければならない。

---

[172] 不公正貿易行為調査及び産業被害救済に関する法律施行令、第4条第3項。
[173] 不公正貿易行為調査及び産業被害救済に関する法律、第33条。
[174] 不公正貿易行為調査及び産業被害救済に関する法律、第10条第1項。
[175] 不公正貿易行為調査及び産業被害救済に関する法律、第11条第1項。

第2章　対外貿易法

3　貿易委員会
3.1　総説

　貿易委員会は準司法機関としての位置付けがなされ、輸入品や不公正な貿易によって国内産業が受けた被害を救済するための調査、判定および救済措置提起などの機能と、産業競争力の調査を行うために設立された。

　貿易委員会は、86年の対外貿易法第38条に規定され、委員長1名、委員4名、職員8名で1987年に設立された。輸入による産業被害や対外貿易法違反事項に関する商工部長官の救済措置や行政処分に先だって、独自に審議し議決する諮問的性格の機能を持ってきた。しかし1989年12月の対外貿易法の改定で、産業影響調査制度が廃止されてセーフガード制度に切り替えられたことにより、産業被害の調査開始の決定、産業被害有無の判定、救済措置提起の可否など決定し、委員会名で関係行政機関長に提起する合議体行政機関に変更された。また、ダンピング防止関税や相殺関税制度に関する産業被害調査や判定業務が、貿易委員会の機能として追加された。

　1990年代に入って、輸入自由化によって反ダンピングやセーフガード制度に関心が高まるようになり、1993年12月に反ダンピング制度が大幅に整備された。つまり、ダンピング防止関税賦課申請の受け付けや調査開始可否の決定業務が、財政経済部から貿易委員会へ移管されたのである。予備調査制度が導入されて、調査が6か月以内に終了されるようになる一方、暫定および最終ダンピング防止関税の賦課措置も、貿易委員会の調査の後、原則として1か月以内に決定されるようになった。

　1995年1月にWTO体制が発足し、国内市場の開放化や自由化が急速に進展すると、発動要件や補償措置が複雑なセーフガード制度より、反ダンピング制度の利用需要が増加するようになった。このような状況において、反ダンピング制度は再び改善された。つまり、その時まで関税庁が担当してきたダンピング率調査業務を、貿易委員会に移管して、貿易委員会が最終ダンピング防止関税率と賦課期間を検討して、財政経済部長官に提起するようにしたのである。これによって貿易委員会は、ダンピング防止関税、相殺関税、セーフガード制度など産業被害救済制度を実質的に運用する「産業被害救済調査決定機関」となった。1995年5月

には組織を再編し、2001年1月には不公正貿易行為調査及び産業被害救済に関する法律を制定した。この法律により、産業被害救済機能と不公正貿易行為などに対する調査および是正措置などが強化された。将来、独立的な準司法機関および国際的権威を持つ貿易関連調査決定機関として発展することが期待されている。

3.2 貿易委員会の構成

特定品目の輸入増加、貿易や流通サービスの供給増加または不公正な輸入による国内産業の被害を救済するために、各種調査、判定、セーフガード措置の提起などを遂行するために産業資源部に貿易委員会を置く。また各種調査や国際貿易制度に関する研究など貿易委員会の業務を処理するために、貿易委員会に事務機構を置く[176]。

貿易委員会の組織と構成は以下のとおりである。貿易委員会は委員長1人を含めた委員9人以内で構成し、委員の中で大統領令が決める数の委員は常任とする。委員長および委員は、産業、貿易、通商、法律または会計分野に関する学識と経験が豊かな者の中から産業資源部長官の提請で大統領が任命または委嘱する。委員長と委員の任期は3年とするが、再任を妨げない[177]。委員長がやむを得ない事情で職務を遂行することができないときには、委員長があらかじめ指名した常任委員がその職務を代行する[178]。また、貿易委員会の構成員の資格停止自由についても詳細な定めがある[179]。

3.3 貿易委員会の運営

不公正貿易行為調査及び産業被害救済に関する法律と、不公正貿易行為調査及び産業被害救済に関する施行令には以下が規定されている。

貿易委員会の会議は公開しなければならない。ただし、企業秘密の保護または

---

[176] 不公正貿易行為調査及び産業被害救済に関する法律、第27条。
[177] 不公正貿易行為調査及び産業被害救済に関する法律、第29条。
[178] 不公正貿易行為調査及び産業被害救済に関する法律、第30条。
[179] 不公正貿易行為調査及び産業被害救済に関する法律、第34条。

公益上必要があると認める場合には非公開とすることができる[180]。貿易委員会は、利害関係者や参考人を会議に出席させて意見を陳述させ、または必要な資料を差し出すように要求することができ[181]、出席した参考人には予算の範囲内で旅費を支払うことができる[182]。委員長は貿易委員会の会議を召集しその議長となる[183]。委員長は会議を召集しようとするときには、会議の日付、場所、議題を定めて会議開催7日前まで各委員に書面で通知しなければならない。ただし、緊急の場合やむを得ない理由があるときは例外とする[184]。

貿易委員会の委員長や委員に対しては、予算の範囲内で手当や旅費などを支払うことができる。ただし、公務員である委員が、その所管業務と直接関連した内容で委員会に参加する場合には手当を支払わない[185]。

貿易委員会の会議は、在籍委員過半数の出席で開かれ、出席委員の過半数の賛成で議決する[186]。

3.4 貿易委員会の機能

貿易委員会の機能は以下のとおりである。不公正貿易行為調査及び産業被害救済に関する法律第15条の規定(特定物品等の輸入増加などによる国内産業被害の調査)による調査の開始可否の決定及び産業被害の有無の判定、不公正貿易行為調査及び産業被害救済に関する法第17条第1項(国内産業被害の調査に基づいたセーフガード措置提起)の規定によるセーフガード措置の提起、法第18条第1項(国内産業被害の調査に基づいた暫定セーフガード措置提起)の規定による暫定的なセーフガード措置の提起、不公正貿易行為調査及び産業被害救済に関する法第20条(再検討)の規定による国内産業に及ぶ影響および効果などの検討、当該セーフガード措置の変更や解除または適用期間の延長の提起、そして、不公正貿易行為

---

[180] 不公正貿易行為調査及び産業被害救済に関する法律、第33条。
[181] 不公正貿易行為調査及び産業被害救済に関する法律、第36条。
[182] 不公正貿易行為調査及び産業被害救済に関する法律施行令、第23条第3項。
[183] 不公正貿易行為調査及び産業被害救済に関する法律施行令、第23条第1項。
[184] 不公正貿易行為調査及び産業被害救済に関する法律施行令、第23条第2項。
[185] 不公正貿易行為調査及び産業被害救済に関する法律施行令、第23条第3項。
[186] 不公正貿易行為調査及び産業被害救済に関する法律、第32条。

調査及び産業被害救済に関する法第4条(不公正な輸出入の禁止)の規定による調査と是正措置命令または課徴金賦課の提起、関税法第51条ないし第56条、第57条ないし第62条(ダンピング防止関税、相殺関税)の規定によるダンピング防止関税および相殺関税の賦課のための調査開始可否の決定、ダンピングおよび補助金が支給された事実の調査、それによる産業被害の調査および判定、ダンピング防止措置および相計措置の建議や再審査など、特定品目の輸入または貿易や流通サービスの供給が国内産業の競争力に及ぶ影響の調査、国際貿易に関する法規、制度および紛争事例に関する調査や研究[187]、その他、公正貿易の助長など貿易委員会が必要と認める事項の調査や提起などである[188]。

その他、貿易委員会が審議し議決する事項としては、不公正貿易行為調査及び産業被害救済に関する法律第19条第4項(セーフガード措置の解除)の規定による貿易委員会の意見、決定・判定および提起に関する事項、不公正貿易行為調査及び産業被害救済に関する法律第20条(再検討)の規定による再検討決定に関する事項、不公正貿易行為調査及び産業被害救済に関する施行令第25条第2項(企業秘密資料の取り扱い)の規定による会議の非公開に関する事項などである。

このような貿易委員会の機能を要約すれば以下のとおりである。①産業被害救済制度の運用；外国品物のダンピング輸入、外国政府から補助金が支給される物品の輸入、特定品目の貿易や流通サービスの輸入増加などによって国内産業が被害を受けたり受けるおそれがある場合、これを救済するためのダンピング率調査、産業被害調査、判定および救済措置を提起する。②不公正輸出入行為調査制度の運用；知的財産権侵害品の輸出入、国内販売、製造行為および原産地表示違反、輸出入秩序侵害行為などに対して調査し制裁措置を取る。③産業競争力影響調査事業の遂行；特定品の国際貿易動向、産業競争力変化動向をモニタリング、調査、分析して将来起こり得る産業被害に対する事前の防止機能を遂行する。④国際貿易関連調査研究；国際貿易に関する法規、制度、紛争事例に関する調査研究を遂行する。

---

[187] 不公正貿易行為調査及び産業被害救済に関する法律、第28条の8号。
[188] 不公正貿易行為調査及び産業被害救済に関する法律、第28条の10号。

第3章　関税法

第1節　韓国の関税制度
1　関税行政機構
1．1　中央関税行政機構

　関税行政の中央行政機関は、財経部と関税庁である。財政経済部長官は、関税に関する事務を司る[189]。関税の賦課、減免、徴収、輸出入品の通関および密輸の取り締まりに関する事務を管轄するために、財政経済部長官に関税庁を設置している[190]。財政経済部は、関税政策と関税制度を担当する。一方、関税庁は関税行政分野を担当し、主に第一線の税関の関税行政執行を指導、監督する。また、関税政策と関税制度に関する提起をすることもある。

1．2　地方関税行政機構

　地方関税行政機構としては、税関、税関出張所および関税監視署がある。現在5か所の本部税関、1つの直轄税関、30の税関、11の出張所および12の監視署がある。

　税関は、輸入品に賦課される関税を徴収するとともに、輸出入される物品の通関業務を担当している。通関とは、物品が関税線を通過して輸出または輸入されるとき、必要な手続を終えた物品に出される許可を与える行為をいう。政府の各部署またはその委任を受けた外国為替銀行は、必要な場合に書面で、輸出または輸入を許可または承認する場合がある。輸出または輸入される物品が、申請された品名や規格と一致するかの否かについて、開港に設置された税関によって実際に確認される。

　税関内部で通関を担当する部署は、輸出課、輸入課および無為替課などである。そして輸出ライセンスの交付は、徴収課または無為替課で行っている。

　税関は、主として、関税の徴収と輸入品に賦課される内国税の徴収を担当して

---

[189] 政府組織法、第32条第1項。
[190] 政府組織法、第32条第7項。

いる。輸入品に賦課される内国税は、特別消費税、酒税および付加価値税などである。輸入品に賦課される内国税は、税関長が徴収するよう委任されている。その徴収手続は関税と同じである[191]。税関は、以上のような業務以外にも、監視行政の機能も果たしている。

監視行政は、輸出入品の通関を適正に実施し、関税を確実に徴収するために行われる。担当部署は、監視局、審理局、監視課、審理課、旅具課などである。監視課は、関税法違反を事前に予防するために、保税貨物の移動を監視し取り締まる。保税課は保税区域内での貨物の管理を担当し、審理課は関税法の違反を調査し、処罰する業務を担当する。また、旅具課は旅行者の携帯品を検査し通関する業務を担当している。その他、税関監視船は、スパイや敵の侵入を監視する。空港税関は、安全保証を脅かす物品の搬入を監視するなど、安保監視の業務も担当している。

2 関税関連法
2.1 総説

関税制度の基本法は関税法である。現行関税法は 1949 年 11 月 19 日に制定・公布されて以来、多くの改定を経て現在に至っている。主な内容は、関税の賦課・徴収・免除制度、保税制度、通関手続、関税法の違反に対する罰則と調査方法、行政訴訟制度、運輸機関、税関職員の職権などである。別表として関税率表を定めている。関税法施行令は関税法で委任した事項と、関税法施行に必要な事項を規定した大統領令である。

関税法または同法施行令が委任した事項や、その他必要な事項を規定した関税法施行規則以外に、財政経済部長官令、財政経済部長官告示、関税庁告示などがある。

関税法の関連した法律として、国税徴収法、国税基本法、刑法、刑事訴訟法などがある。国税徴収法は、関税滞納処分手続に関して適用される。国税基本法は、担保がない場合の関税徴収手続と、関税に関する行政訴訟の1つである審判請求

---

[191] 関税法、第26条の2。

第3章　関税法

に関して適用される。また、期間計算を行う場合に民法の規定が準用される場合もある。関税法違反に対する調査と処罰に関しては、原則として関税法で規定はしているが、同法が規定していない部分は刑法と刑事訴訟法が準用される。

関税法の法源となる条約および協定としては、WTO協定、CCCの諸協約、ESCAP協定、ATA Carnet条約、SOFA、AID借款協定、韓米技術援助協定、韓米航空協定、IBRD借款協定、ADB借款協定、韓米救護協定などがある。

WTO協定の特恵関税品目に対しては、特恵関税率を規定している。また、WTOの発展途上国間の貿易協定にも参加して、途上国に対しては特恵関税率を適用している。

CCC(Cusotms Cooperation Council)つまり関税協力理事会は、調和した国際貿易の発展と、公正な貿易取引を推進するために、加入国に、品目分類協定および評価協定の履行を要求している。

ESCAP(Economic and Social Commission for Asia and Pacific)協定はバンコク協定とも言われており、1976年6月17日に発効した。韓国などアジア数カ国間で、特定品目に対して特恵関税率を相互適用することを協定している。この協定に基づいて、韓国は4か国に対して18品目の特恵関税適用を認めて、運用している。

ATA Carnet条約は、一時的な輸入品に対する簡易通関のための国際協定としてCCCが制定したものである。40余か国が参加している。韓国では、1978年7月4日から発効した。

SOFA(Status of Forces Agreement)は、1967年2月9日に発効した韓国に駐屯する米軍とその家族、軍属などの地位に関する韓国と米国間の行政協定である。この協定には、米軍関係者が輸入する物品の通関に関する規定がある。

関税返還特別法(輸出用原材料に対する関税等返還に関する特別法)は、関税返還制度の基本法として1975年7月1日から施行されている。

外資導入法と租税減免規制法では関税に関する免除条項がある。また、「SOFA実施による関税法などの臨時特例に関する法律」(1967年3月3日発効)は、SOFAの実施に必要な通関などの特例を規定している。

臨時輸入賦課税法は、国際収支が悪化して緊急に輸入を抑える必要がある場合、

大統領令の定めに従って、すべての輸入品(無税品と免税品は除外)に対して一律的に課税価格の30%以内での金額を関税として付加できるようにした法である。しかし、今まで発動されたことはない。

輸出自由地域設置法には、輸出自由地域で搬出入する物品に対する課税の減免措置が特例として規定されている。

２.２ 特例法による関税の管理

SOFA(Status of Forces Agreement:大韓民国と米合衆国間の相互防衛条約第4条による施設、区域及び大韓民国での米合衆国軍隊の地位に関する協定)は韓国に駐屯する米軍の地位に関する行政協定として1967年2月9日から発効した。

この協定には、第9条に通関と課税に関する基本規定を、第13条に非課税出資金機関、第15条に招請契約者、第20条に軍事郵便局などに対する課税、免税、通関などに関する規定を置いている。また同協定の円滑な運営のために、最高協議機関として韓米共同委員会が設置されており、関税と税関問題の協議機関として財務分科委員会が設置されている。また免税物品の不正な取引を防ぐための協議機関として、免税物品不正取引に関する臨時分科委員会が設置されている。韓米実務者間に提起された問題は、まず分科委員会で検討される。このあと共同委員会に報告され、そこで最終的に決定、施行される。

米軍の構成員、軍属、その家族らが輸出入する物品は、SOFAの第9条での定めに従って通関処理される。同規定に定めがない事項を規定し、関税法上の規定に対する特例を規定するための法律として臨時特別法である。この臨時特例法にも規定されていない事項については、関税法の規定を適用する[192]。

輸出自由地域[193]は、輸出自由地域設置法に依拠して設置された制度で、関税法

---

[192] SOFA第9条第1項。
[193] 輸出自由地域設置法上輸出自由地域とは建設交通部長官が行政自治部長官の意見を聞いて選定した予定地の中で産業資源部長官が指定した地域で、関税法令の適用が全部または一部排除されたり緩和された保税地域の性格を帯びた地域をいう(同法第2条)。この地域内に導入または輸入(搬入を意味する)された品物はこれを保税状態で保管または使用する(同法第13条)。

輸出自由地域を設ける目的は、この地域内に外国人の投資を誘致することによって輸出

- 90 -

第3章 関税法

上の保税工場制度と類似の制度である[194]。しかし関税法には輸出自由地域の設置・

振興、雇用増大および技術向上を図り国民経済の発展に資することである(同法第1条)。自由貿易地域制度は、香港のように輸出入に対する関税障壁を取り除いてすべての商品の貿易を自由化して、中継貿易の振興を図るためにつくられた制度である。今日、発展途上国では加工貿易の振興のために臨海の特定地域に限って外国から原材料と施設材を関税の負担なしで搬入することができるようにし、輸出品だけを加工・製造することができるようにしている。かつて台湾ではKao-shiungに加工出入口(韓国の輸出自由地域)をつくり、相当な効果を上げるようになり、次第に数を増やし現在Kao-shiung以外にもNantzeとTaichungにも加工区域を置いている。台湾の加工区域では原材料と施設材を無税搬入することができるが、域内で製造した製品の国内販売を許容せずに輸出だけできるようにしている。
　マレーシアも今まで、Penang、Salangor、Malacca、Johoreの4つの地域に自由貿易地域を設けて特定品目を除いたすべての外国貨物をここに無税搬入できるようにしており、この地域内で製造した商品は、輸出を原則とするが、20%までは課税して内需用として販売することを認めている。シンガポールは、もともと、香港のように国家全体が自由港として中継貿易を行ってきたが、今からは中継貿易だけでは経済発展を続けることができないとして、多くの工業地域を作って工業化を指向しながら食品、酒類、タバコ、車輛、電気機器、石油製品など一部品目は、国内産業保護と財政収入を得る目的で輸入関税を賦課する。またJuring、Prsir、Paining、Keppel、Sembawangの5つの地域に自由貿易地域を設け、この地域では上記のような課税品目も無税で搬入し、再び外国へ輸出することができるようにして中継貿易をすると同時に、この地域内に製造加工施設も設置しており、原材料や半製品もここに搬入、加工、輸出できるようにすることによって加工貿易も図っている (張炳徹『関税法』1994, p.68−69)。

[194] 保税工場制度と輸出自由地域制度は、輸出支援制度の1つとして類似な制度である。両制度は原材料を保税状態で工場内に搬入して加工輸出できるようにして資金負担を縮小し、輸出入通関手続を簡素化することによって加工貿易の振興を図ろうとすることで、発展途上国でよく採択されている制度である。特に天然資源が乏しい国では、できる限り業者の負担を少なくし、簡便な手続によって外国から原材料を輸入してこれを加工輸出することによって外貨を獲得すると共に、雇用増加と先進技術導入などの効果を挙げるという点で、非常に有効な制度である。　このように効果面において両制度は似ているが、韓国では両制度の根拠法規は異なっており、従って管理体制や管理方法において多少違いがある。
　第一に、保税工場制度は関税法に根拠を置くのに反し、輸出自由地域については関税法に詳しく規定しておらず、輸出自由地域設置法にその根拠を置くだけである。従ってその管理と監督の主体が異なる。保税工場については管轄する税関長が品物の搬出入に対する管理のみならず、保税貿易の安全管理のために保税工場の設営特許から保税作業と工場の施設に至るすべての管理と監督をする権限を持つ。しかし自由地域については、税関長は物品の搬出入に対する管理監督権を持つだけで、入居した工場に対する管理監督権は産業資源部長官と当該自由地域管理所長にある。
　第二に、搬入できる貨物に違いがある。保税工場とは外国品または外国品と内国品を「原料にしたり材料にして」製造・加工(関税法、第98条1項)する区域で、原材料だけを外国品状態で搬入して作業することができるので、機械のような施設材は課税または免税通関して内国品の状態でのみ搬入が可能である。自由地域はこのような制限規定がないので、施設材も外国貨物の状態で搬入して使用することが可能な所である。
　第三に、管理方法に違いがある。自由地域は関税法の適用が排除されたり制限される地

管理などについて第137条第1項に「輸出自由地域に品物を搬入しようとするときには税関長に申告をし、その免許を受けなければならない」と規定したこと以外には規定がない。この地域での物品の搬出入については、輸出自由地域設置法と同法の施行細則である輸出自由地域搬出入品管理規定(産業資源部告示)によって規定されている。このように輸出自由地域に対する管理には関税行政と密接な関連分野があり、このような税関管理は、関税法の特例として、輸出自由地域設置法の中で規定されている。

3 関税法の概観
3.1 関税法の目的

関税法は「関税の賦課・徴収及び輸出入品物の通関を適正にし、関税輸入を確保することによって国民経済の発展に資することを目的」としている[195]。国民経済発展と関税輸入確保という関税法の目的を達成するためには、関税の賦課、徴収、輸出入品の通関を適正に行わなければならない。よって、関税法上のすべての規定は、関税の賦課、徴収、輸出入通関の適正化を期することを目的として規定されている。

関税法は第1条(目的)で、「関税の賦課、徴収、輸出入品の通関を適正にして…」と規定している。関税法は、租税法つまり国税徴収法の性格を持つと同時に、輸出入品の通関法としての性格を持っている。また関税徴収と通関を適正にするための厳しい許可規定も準備している点で、刑事法的性格も含んでいる。このような性格を持つ関税法は、財政法であると同時に行政法であるので、画一法的性質と強制法的性質を持つ。

域で(輸出自由地域設置法、第2条第1項参照)、関税制度において外国と同じ性格を帯び、関税地域との通関が保税工場の場合より比較的厳しく制限されている。例えば、保税工場からは加工・製造された製品を国内に輸入するのが可能で(内需用保税工場の場合)、余剰品(技術所得分)も内需用として輸入する道が開かれているが、自由地域からは、製品はもちろん廃物、副産物なども原則的に内需用輸入が不可能である(同法第14条第1項)。また保税工場には内国品だけを原料として作業をして内需用で使用するいわゆる内国作業が許容されているが(関税法、第98条第2項)、自由地域ではこれが許容されていない(張炳徹『関税法』1997、p.67-68)。
[195] 関税法、第1条。

第3章　関税法

　第一に、関税法は租税法(国税徴収法)の性格を持っている。関税法はその名称で分かるように、関税の賦課、徴収、減免に関して規定している。関税徴収の確保のために保税制度や運輸機関に対する規制および処罰などを規定している。租税法としての関税法は、実体法と手続法の両面性を持っている。つまり、関税の納税義務など課税要件と減免要件に対する規定は実体法の性格を持ち、その徴収手続と減免手続に関する規定は手続法の性格を持つ。

　第二に、関税法は通関法の性格を持っている。輸入の場合は一般的に徴収と通関が同時に行われるが、輸出の場合は、関税の徴収がなく通関だけの場合が一般的である。通関というのは、対外貿易法上制限を受ける場合に、政府が輸出入を許可または承認した事項と輸出入される物品を確認して、物品が許可(承認)事項と相違点がない場合に、輸出入免許という形式を取って現実的に輸出入を実現する行為である。つまり通関とは貿易管理に関する政府の規制と政策を現場で行なうことで、規制自体は実体法的性格を持っており、通関に関する通関法上の規定は手続法としての性格を持つ。

　第三に、関税法は刑事法の性格を持っている。関税法には罰則と調査および処分に関する規定を置いているが、これを関税刑法ともいう。関税刑法とは、関税徴収と通関を適正に実施するための規定として、処罰に関する規定を置いているところから、このように呼ばれているものである。

3.2　関税法の体系

　関税法は国税の1つの種類であるが、国税に関する基本法である国税基本法や国税徴収法は、関税法で特別に準用することを規定する場合(審判請求および滞納処分の例)以外には、関税行政に関して適用されない。

　11章243条と附則からなる関税法は、課税(第2章)と通関(第6章)以外にも、徴収の確保と通関を適切に行うために、国際関税協力(第2章の2)、運輸機関(第3章)、保税地域(第4章)、運送(第5章)、税関職員の職権(第8章)、罰則(第9章)、調査と処分(第10章)などについても規定している。

　一方、関税法を補完する法規(関税法で準用する法など)としては、国税徴収法(滞納整理の場合)、国税基本法(滞納整理および審判請求の場合)、民法(消滅時効

に関する事項および期間計算の場合)とCCCの品目分類協約、評価協約などが関係する。関税法の規定に対して特例を規定した法規としては、関税など返還特例法、SOFAと臨時特例法、外資導入法(免除特例)、租税特別措置法(減免に対する特例)、関税の減免関係条約および協定、引き下げ税率(大統領令)、GATT特恵税率(ケネディー・ラウンド特恵税率表を含む)、GATT発展途上国間の特恵税率、ESCAP協定特恵税率などが挙げられる。

3.3　用語の定義

　関税法上「輸入」というのは、外国貨物を韓国に搬入し国内で消費または使用すること(韓国の運送手段内での消費または使用を含めて第239条の各号の1に当たる消費または使用を除く)をいう[196]。また、外国貨物の定義からすると、輸入というのは外国品を韓国で取引[197](保税地域からの取引を含む)することもいう。

　従って外国品が保税地域を経由する場合には、保税地域で取引する時に輸入が行われ、保税地域を経由しない場合には韓国で取引する時、つまり韓国の領域にその外国品が入る時に輸入が成立するといえる。しかし、韓国の領域である領海に入ったとしてもその物品が外国船に積載されている時は、まだ輸入されたものとはみなさず、外国船から荷卸(韓国で取引するために)する時に初めて輸入が成立する。航空機で入国する旅客の携帯品は、携帯品の税関検査と通関手続を経て取引される時に輸入が成立する。

　関税法上「輸出」は、内国貨物を「外国へ搬出すること」をいう[198]。内国貨物とは韓国にある物品の中で外国品ではない物と、韓国船舶などによって公海で採捕された水産物と入港前輸入申告が受理された貨物をいう。

　内国貨物を「外国へ搬出」することが輸出であるから、外国へ搬出する行為す

---

[196] 関税法、第2条第1号。
[197] ここでいう「取引」を「関税法上の拘束から外れて自由流通状態に置く」ことと解釈する傾向がある(これは日本の通説で、韓国関税法上輸入の定義にもそのまま適用しようとする主張がある)。正常な輸入免許手続を踏んだ輸入品の場合は、このような解釈が可能であるが、密輸入品とか保税地域で収入免許前に盗まれた外国品は、実際に輸入は行われたが、関税法の拘束から外れて自由通関状態に置かれたとはいえない。この点で、この説は韓国の実情関税法の解釈には適しない(張炳徹、前掲書、p.108)。
[198] 関税法第2条第2号。

第3章　関税法

べてを輸出ということもできる。しかし具体的にどの時点から輸出が成立するかを明らかにする必要がある。

　一般的な輸出の場合は、適法な手続を踏んで船積する時が輸出時点となり、密輸出のように適法な手続を踏まずに外国へ搬出する場合には、外国に向かう船舶または航空機に品物を積載することによって輸出が成立すると解釈される[199]。

　外国貨物は、外国から韓国に到着した貨物で輸入申告される前の物品や、外国船舶などによって公海で狩猟された水産物などのように輸入申告が受理される前のもの、そして輸出申告が受理された物品をいう。

　外国から韓国に到着した貨物で輸入申告が受理される前の物品は、保税地域、船上または他所蔵装場にある。密輸入品は、韓国領域内に入ることによって輸入は成り立つが、輸入申告が受理されていないので外国貨物状態である。

　公海で捕獲された水産物の中で、韓国船舶で捕獲されたものも内国貨物であり、外国船舶で捕獲されたものは外国貨物として取り扱っている。これは外国船舶が公海で捕獲した水産物は、経済的な意味で外国から入る一般貨物と同じ性質を持っているからである。そして水産物とは、外国船舶によって公海で捕獲されたもの以外に、外国の発掘装備によって公海で獲得した天然ガス、石油、鉱物資源も含まれる。

　輸出申告が受理された貨物は、それが韓国内にあるとしても外国貨物として取り扱われる。これは税関が、輸出申告が受理された貨物を厳しく管理するためである。例えば、ソウル税関で輸出申告が受理された貨物を、釜山港で船積みするためにはソウルから釜山まで保税運送しなければならない。また輸出申告が受理されたが、まだ船積みされていない貨物を輸出せずに国内で使うためには、再び

---

[199] 船舶や航空機自体を輸出する場合には、日本の定説は外国の国籍を取得した後、初めて出港した時を輸出の時点と見ている。韓国船舶が公海で狩猟した水産物は内国貨物であるから、これを輸出するためには輸出ライセンスを受けなければならない。しかし、実際は、現地で直接外国へ輸出しその後に輸出申告をするようにしている。この際に具体的に輸出が成り立つ時点はどの時点であるかが問題である。日本では外国へ向かって運送を開始したときまたは外国へ向かって航行する船舶に移積したときだと解釈している。このように関税法上の「輸出」の概念は対外貿易法など他法規の「輸出」の概念と異なるときがある。例えば、保税工場で外国品を原材料としたりまたは外国品と内国品を混ぜて製品を作り、これを外国へ搬出する時、対外貿易法ではこれを輸出というが、関税法ではこれを積み戻しという（張炳徹、前掲書、p.110）。

輸入申告を行わなければならない[200]。

「内国貨物」とは、韓国にある物品として外国貨物でない物と、韓国船舶などによって公海で採集または捕獲された水産物、そして入港前輸入申告が受理された物品などを意味する[201]。韓国に存在する貨物の中で外国品物ではないのは、国内で生産されて輸出申告が受理されていない物と、外国で生産されて韓国に入った貨物の中で外国貨物ではないもので、例えば輸入申告が受理されたものなどである。

韓国船舶によって公海で捕獲された水産物を内国貨物とみなすのは、これが経済的な意味において国内で生産された物品と相違がないからである。

内国貨物は関税法上規制をしないのが原則である。しかし、内国貨物を外国船で運送するとき、輸入申告が受理されて外国品物が内国貨物となって保税地域から搬出されるとき、保税地域内に内国貨物が搬入されるとき、保税工場で内国貨物だけを原材料として作業をするときなどは税関の規制を受ける[202]。

保税地域に貨物が出入りするとき、搬入・搬出という用語を使う。例えば、外国から韓国へ届いた物品が保税工場に入ると搬入とみなす。保税工場で作った製品を国内で使うために、輸入申告が受理されれば輸入となる。

外国から韓国に着いた貨物の輸入申告手続行わず、外国貨物の状態で蔵置して

---

[200] 外国貨物は保税貨物ともいい、税関の厳しい管理と統制を受ける。関税法上のすべての規制下で運送され保管される。市中では「保税物件」と言い、外国品として販売する店舗がある。その販売品の原材料を輸入して製造加工した物品の中で、輸出義務率を履行完了し、残余部分即ち余剰物または技術所得分である場合がある。一般輸出工場からそれが出たらそれ自体が内国品となる。保税工場から出たら輸入申告手続を踏んで関税通関された時に合法的な内国品となり、輸入通関されない場合に不法流出された外国貨物として処罰の対象になる。従って保税貨物という用語は、不法に流出された物品の場合にのみ適用でき、その他の場合は関税法上では規定されていない用語である。
[201] 関税法、第2条第4号。
[202] 輸出用原材料を外国から取り寄せてこれを国内工場で製造・加工し、基準所要量による輸出義務量ほどの製品を輸出して、残った部分を残余物または技術所得という。このような余剰品がどう処理されるかに対して疑問がある場合がある。その製造・加工工場が一般輸出工場である場合は関税返付制施行によってその原材料を輸入する時に関税通関しているので、余剰物も内国貨物として輸出をしようが、内需用として販売をしようが自由である。その工場が保税工場である場合はその余剰品は外国貨物として外国へ輸出(積戻し)することは自由であるが、国内で市販しようとする場合には税関に輸入申告し、輸入申告する際の品物の性質とその数量によって関税を納めなければならない(張炳徹、前掲書、p.112)。

第3章　関税法

から、再び外国へ返すことを積戻し言う。保税工場で外国貨物を原材料として製造した物品を外国へ送るときにも、一般的に輸出と呼んでいるが、関税法上ではこれも積み戻しという。

関税率表上、税率がゼロのときに無税と言い課税されない。関税率表には、有税品または特定の要件に当たる場合にのみ、関税が免じられると記載と記載されている。これを免税という。特定要件に該当するときに、関税の一部を免除することを減税といい、免税と減税を合わせて減免税という。

4．関税法解釈の基準

関税法解釈の基準として、「関税法の解釈・適用においては課税の公平と当該条項の合目的性に照らして納税者の財産権が不当に侵害されないようにしなければならない」と規定している[203]。これは関税法に対する解釈基準を明示したことで関税行政の基本的立場を表明する一種の指導的規定である。

関税法解釈における第一の基準は、課税の公平に照らして納税者の財産権を不当に侵害しないことである。関税を徴収する政府と納税者間に利害が相反されて、紛争が起る可能性が高い。課税の本質上、政府は強制力を持って賦課・徴収するため、権力を持たない納税者の財産権が不当に侵害される恐れがあるからである。これに対しては行政的・司法的救済制度があるが、その手続は非常に複雑で、また事後救済は原状回復が十分に行われないことも多い。このような観点から、納税者の財産権の不当な侵害を防ぐためには、租税の賦課徴収自体が公平性を持たなければならない。

関税法の解釈に対する二番目の基準は、合目的性の原則である。合目的性の原則とは法規の解釈において、法条文の文句解釈にのみ執着するより、法の立法趣旨を考慮してその趣旨に符合するように解釈しなければならないという原則である。また、合目的性原則による法の解釈においては、その法条文が適用される時点での経済的環境、国家政策の方向、納税者側の事情などを総合的に判断しなければない。

---

[203] 関税法、第5条第1項。

5　遡及課税の禁止

　関税法の新しい解釈や慣行はさかのぼって適用されることはない[204]。国民の財産権を侵す租税の賦課・徴収は法律によってのみ可能である。これを租税法律主義という。租税法律主義の概念は、新しい法律の適用を遡及しては行えないという遡及課税立法の禁止までを含む概念である。またその解釈も過去にさかのぼって適用することはできない。

　新しい解釈による遡及関税を禁じるのは、過去の解釈や慣行が一般的に納税者に受け入れられて関税化された後でなければならないという条件付きである。ある解釈が、特定の場合だけに適用されてまだ慣例になっていない場合には、不遡及原則が適用されない。

6　課税要件
6.1　課税物件

　課税物件とは課税の対象となる目的物をいう。関税法第14条は「輸入貨物には関税を賦課する」と定めていて関税の課税物件を輸入品に限定している。韓国は関税率表上に有無税品をすべて記載する、関税包括主義(関税義務主義)制度を取っている。これは原則的にすべての輸入品に対して関税を賦課すること意味する。しかし実際には次のような場合には関税が賦課されない。第一に、関税率表上の無税品と各種免税品の場合である。第二に、特別法優先原則に従って、関税法に対する特別法として租税特別措置法と外資導入法など関税法以外の法令で減免を決める場合である。第三に、２国間や多国間の通商条約や国際協力関税に従い、特定機構や特定国家との取引で関税が免除される場合などである。

　輸入品物は有体物と無体物に分けられる。原則的に有体物として移動可能なものだけが課税客体になり、無体物は課税対象から除外される。ただし、有体物の中でも無価値物は課税対象から除外される。無体物の中でも特許権、商標権、意匠権、その他これと同様の権利を行使するのに必要な代価が、輸入品の価格に含まれているときには、そのような権利の代価も課税価格算出に合算しなければならないので、無形財産も課税対象に含まれる場合がある。

---

[204] 関税法、第5条第2項。

第 3 章 関税法

　課税物件である輸入貨物は、輸出地から輸入地まで長時間かけて移動する。その間、当該貨物の性質と数量に変化が起きる可能性や、国際相場の変動によって価格が変化する可能性もある。そのため、どの時点の貨物を課税対象とするかは重要な問題である。

　課税物件の確定時期は、原則的に輸入申告する時の貨物の性質と数量に賦課する輸入申告時点原則に従う。これは輸入者が当該輸入品に対して輸入申告受理を受けると意思表示をした時点であり、また税関で当該輸入品に対して確認検査ができるもっとも適切な時点であるからである。原料課税品の場合には、輸入申告する時の性質と数量によらず、保税工場に搬入する時点とする。また、事前に検査を受けたときには検査時点の原料の性質と数量による。これを原料課税という。

　以上の原則的時期とは別に、貨物が持つ特殊性のため例外的に輸入申告を省いたり、輸入申告なしで輸入される場合には、特定の事実が発生した時の貨物の性質と数量に関税を賦課する。つまり、ⓐ 船(機)用品を許可どおりに積載せずに課税される場合は積載許可を受けた時、ⓑ 保税地域で貨物が滅失・廃棄されて課税される場合は滅失または滅却された時、ⓒ 保税工場の場外作業の際、作業許可期間が終了して課税される貨物は場外作業許可を受けた時、ⓓ 保税建設場の域外作業許可期間が終了して課税される貨物は域外作業許可を受けた時、ⓔ 保税運送期間が終了して課税される貨物は保税運送届け(承認)を提出した時、ⓕ 外国貨物の消費または使用を輸入とみなして課税される場合は消費または使用された時、ⓖ 郵便で輸入する貨物は通関郵便局に到着した時、ⓗ 盗難または紛失貨物は盗難または紛失した時、ⓘ 売却品は売却された時、その他輸入申告受理を受けずに輸入された貨物は輸入された時などである。

6.2　納税義務者

　政府に対して関税を納めなければならない義務を有する者を納税義務者という。関税は間接税であるから、関税負担者と法律上の負担者が異なるのが一般的である。関税は、物品を購入し最終的に消費する消費者が事実上負担することになる。しかし納税義務者は、その物品の輸入者となるのが一般的である。関税の納税義務者は原則的に貨物の輸入者である。ただし、例外的に連帯納税義務者、

特別納稅義務者、無限責任社員または寡占株主などが納稅義務者になる場合がある。

ここで貨物の輸入者とは、保稅地域内装置品で輸入申告受理前に譲渡したときには非譲渡人、輸入業者が代行輸入する場合には輸入委託者、政府調達貨物の場合には実需要部署長または実需要者、その他の場合には送り状や船荷証券に記載された受荷人などをいう。

輸入者が直接輸入申告をせず、通関士が輸入申告を行い、貨物を引き取った後、何らかの理由で徴収関稅額に不足が生じ、関稅を追徴しなければならない場合がある。このとき、納稅義務者である輸出者の住所が不明で関稅を徴収することができない場合には、輸入申告を代理した通関士などが輸入者と連帯して納稅義務者となるので、その通関士から関稅を徴収する。つまり、連帯納稅義務者にまで納稅義務者が拡張されるということである。

また、輸入される貨物は原則として輸入申告をするときに通関手続も行う。しかし、貨物によっては輸入申告なしに事実上輸入が認められる場合がある。このような場合には、関稅法上、特別納稅義務者が納付義務を負う。関稅法で規定している特別納稅義務者は以下のとおりである。

ⓐ 外国品物である船用品または機用品を許可を受けたとおりに、積載せず関稅が徴収される場合は積載許可を受けた者、ⓑ 保稅工場外作業許可を受けた貨物に対して指定された期間の経過によって関稅が徴収される場合には、その保稅工場設置者、ⓒ 保稅建設場外作業許可期間が経過して徴収される場合には、保稅建設場設置者、ⓓ 保稅運送(承認)期間が終了して徴収される貨物は保稅運送申告者、ⓔ 外国貨物の消費または使用を輸入とみなして関稅を徴収する場合には、消費者または使用人、ⓕ 郵便で輸入される貨物はその受取人、ⓖ 特別保稅地域蔵置中に盗難または紛失した場合には、特別保稅地域設置者、保稅運送中である品物が盗難・紛失された場合は保稅運送申告者、その他、物品が盗難・紛失した場合はその保管責任者または取扱人、ⓗ 関稅法または他の法律の規定によって別に納稅義務者として規定された場合は、その規定された者などがある。

その他にも、納稅義務者が納稅義務を履行しない場合には、本来の納稅義務者から関稅を徴収することができない金額を限度として、補充的に納稅義務を負担

する二次的納税義務者がいる。これは国税基本法を準用したもので、二次的納税義務者の種類は、法人が解散された場合の清算人または残余財産の分配または引き渡しを受けた者、法人の無限責任社員や寡占株主などの出資者、そして事業の譲渡がある場合の譲受人などである。関税の納付期間終了日に、法人の出資者の財産が不足している場合には、その不足金額を限度として二次的納税義務者が義務を負う。

6.3 関税率
6.3.1 税率

　税率とは、税額決定の際に課税標準に対して適用する割合をいう。つまり、課税標準×税率＝税額として賦課される関税額は課税標準と税率によって決まる。

　一方、行政部が環境変化に弾力的に対応するために、関税率をその都度決めて適用する弾力関税率制度もある[205]。また、携帯品、郵便物、託送品、外国での船舶修理用品などに対しては、別に定めた簡易税率を適用する。簡易税率は大統領令で定める[206]。

　この他、関税率は外国との条約によっても決められる。条約による関税率の制定は、2国間または多国間の貿易を促進させることを目的にするので、既存関税率を引き下げる場合が一般的である。

　関税の税率は関税率表に記載されている。原則として、暫定税率は基本税率に優先して適用される[207]。別表である関税率表の品目分類方法と輸入品物に対する税番適用に関しては以下のとおりである。

　従来の韓国関税率表はCCCN(Customs Cooperation Council Nomenclature)方式であった。CCCNはCCC(関税協力理事会)が1950年に制定し、1956年に発効した「関税率表のための品目分類に関する協約」の付属書である。この分類方法は、協定加入国が義務的に関税率表に採択した品目分類方式である。韓国も、1968年同協定に正式加入して1986年末まで使用してきた。

---

[205] 関税法、第10条ー第16条。
[206] 関税法、第81条。
[207] 関税法、第50条第1項。

CCCNは加工段階別分類であり、加工段階別に差異を置くことができるという点から関税率表として有益であるとの長所を持っている。具体的には、移動可能なすべての品目を21部・99類・1011符号に仕分けし、4単位分類制度を基礎としている。5単位以下は各国が任意に分類できる。韓国は、5単位以下をさらに4単位に細分して、全部で8単位として運営してきた。

　しかし、世界の貿易取引量が増大するにつれ、品目分類方式を関税率表に利用するだけでなく統計目的に利用するために、より合理的な分類方式が必要となった。CCCで新しい研究グループを構成して研究した結果、1973年にHS専門委員会を設立して、「簡単で正確な」品目分類方式として「HS」を開発した。1983年6月CCC総会で採択されて、韓国もこの「統一商品名及び符号体系に関する国際協定」に加入し、1988年からこのHS方式による関税率表を施行するようになった。

　HS(Harmonized Commodity Description and Coding Systemまたはこれを約してHarmonized Systemともいう。)は新国際統一商品分類制度である。CCCNを使わなかったアメリカやカナダなどもこれを採択し、名実ともに国際的な商品分類体系となった。HS協定の付属書である品目表は21部96類となっている。4単位までの号数は1,241であるが、6単位までの号数は5,113になる。韓国関税率表は、基本単位6単位以下をさらに4単位まで細分している。

6.3.2　現行関税率の種類

　現在韓国で使用されている関税率の種類は、大きく分けて固定税率と協定税率の2種類がある。

　国定税率とは、韓国政府が独自に設定したもので、基本税率、暫定税率、弾力税率などがある。基本税率とは、関税率表の基本税率を意味する。暫定税率とは、関税率表に基本税率と一緒に表示されているもので、特定品目に対して基本税率とは異なる税率を暫定的に適用するためのものである。暫定税率の制定は、基本税率と同じく国会の承認を得て確定されるが、大統領令でその適用を停止したり税率を変更することができる[208]。弾力税率とは、関税法第10条から第16条まで

---

[208] 関税法、第50条第4項。

第3章　関税法

の規定により大統領令で定めた税率であり、ダンピング防止関税、報復関税、緊急関税、調整関税、農林畜産物に対する特別緊急関税、相殺関税、便益関税、季節関税、割当関税を意味する。また、関税返還制度によって、大部分が輸出用として使われると予想される輸出用原材料に対しては基本税率より安い税率が適用されるのであるが、輸入時にこの引き下げ税率を適用する代わりに、その原材料を持って輸出を履行した後に返還が免除されている。このような品目に適用される税率もある。

　協定関税とは、外国との条約または行政協定によって決められた税率である。これには、2国間協定による場合と多国間協定による場合がある。韓国が他国に特恵供与している現行協定税率は、すべてが多国間協定によるもので次の5種類がある(国際関税機構編参照)。

　まずWTO協定一般譲歩税率である。1967年にGATTに加入して以来ケネディ・ラウンドに至るまで、71品目に対して関税を引き下げてきた。しかし1993年ウルグアイ・ラウンドが妥結されて、1995年にWTOが発足し、すべての加盟国はその関税率を漸次引き下げてきた。

　次にESCAP発展途上国間特恵税率である。国連の機構であるESCAP(アジア太平洋経済社会委員会)の発展途上国間の貿易協定に基づいて、韓国が一部品目に対してインド、バングラデシュ、スリランカ、ラオスに供与した譲歩税率をいう。さらにラオスに対しては、一部品目について特別譲歩関税を採用している。WTO発展途上国間譲歩税率とは、WTO体制下で発展途上国間の協定によって、韓国が6つの品目についてイスラエルなど26か国に対して与えた譲歩税率をいう。発展途上国間貿易特恵制度(GSP)の特恵税率とは、国連の貿易開発会議の発展途上国間貿易特恵制度に関する協定の会員国に対して適用する特恵関税率をいう。特定国家と関税協商による国際協力関税とは、法43条8の規定により、特定国家との関税協定による関税をいう。

　ある輸入品に2つ以上の税率が適用可能の場合に、実際に適用される税率を実行税率という。関税率は次のような手順によって、別表関税率表の税率に優先し

て適用される[209]。第1順位は、ダンピング防止関税、報復関税、緊急関税、農林畜産物に対する特別緊急関税、相殺関税である。第2順位は、便益関税および国際協力関税、第3順位は調整関税、季節関税、割当関税である。第4順位は一般特恵関税、第5順位は農林畜産物に対する特恵関税、第6順位は暫定関税、第7順位は基本関税である。

6.3.3 簡易税率

　輸入品には関税以外に内国税として、特別消費税、酒税、付加価値税など様々な種類の税金が賦課される。実際の税種ごとに税率と課税価格を定めて税額を決めるというのは非常に煩わしいことである。そこで、携帯品、郵便物、託送品などのように頻繁に輸入されながらもその金額が大きくない貨物や、外国での船舶や航空機の修理などに対しては、様々な種類の税率をまとめた1つの税率を適用して迅速かつ簡単に処理しようとしている。これが簡易税率制度である。携帯品、郵便物、託送品、別送品などに対しては実際の取引価格を課税価格とし、外国での船舶や航空機の修理の場合には、修理費用を課税価格として、簡易税率表の税率を適用している[210]。

　携帯品や郵便物は貨物の取引価格(CIF)に基本税率、内国税率などを適用して算出した総税額に匹敵するように簡易税率が定められている。修理船舶や修理航空機はその修理費用を課税価格とし、基本税率や関税減免などを勘案して簡易税率を定めている[211]。

　輸入貨物が複数の品目からなる場合、輸入者の申告によってその税率の中で一番高い税率を適用することができる[212]。これを合意による税率適用といい、簡易税率制度の1つである。

　品目分類の事前開示とは、輸出入品物がどの品目に分類されるか疑問があるものが、関税庁長に事前に質問をして開示を受ける制度である。関税率表上のどの

---

[209] 関税法、第50条。
[210] 関税法、第81条。
[211] 関税法、第81条。
[212] 関税法、第82条。

品目番号に該当するかが明らかではない場合、自分が輸出入しようとする品物の品目分類を前もって明確に使用とする制度である。この目的は、通関の際本人に不利に扱われることがないようにすることと、通関自体を迅速に行うことである。

事前開示の申請者は、品物の品名、規格、製造過程、原産地、用途、従来の通関可否および通関予定税関を記載した申請書と、申請貨物の見本1個およびその他説明書を備えて、関税庁長に当該品物の関税率表上の品目分類に関する開示を申し込むことができる。

品目分類の事前開示申請を受けた関税庁長は、当該物品に適用される品目分類を決定し、これを申請者に知らせなければならない。事前開示を通知した後、税関長は、輸出入申告された品物が、事前開示制度によって申請者に通知した貨物の品目分類が告示した貨物と同じである場合には、その通知または告示した内容によって品目分類をしなければならない。当該品物に対するHS品目分類番号が確定されて輸出入通関する時に、事前開示申請者は言うまでもなく、同一品目を輸出入する全国のすべての者にも告示された品目分類を適用するようになる。これが事前開示の効力である。

7 国際関税協力
7.1 総説

先進国を初めとする各国は、自由貿易を叫びながら、反面、国際収支均衡化、国内産業保護、失業防止などを理由に、関税や非関税措置を通じた貿易障壁を強化する一方、国際関税協力を通じて各国の関税および非関税障壁を把握し、これを打開するための努力を傾けている。WTOの新しい国際貿易環境に弾力的に対応しながら、対外貿易を拡大させ国民経済の発展を図る必要性が高まり、関税行政も伝統的な対内的規制一辺倒から脱皮して、国際的協力体制へ方向を転換する必要性がある。よって、行政部は関税に関する国際協定を積極的に推し進めるため、関税法に国際関税協力に関する章を設けた。

7.2 国際関税協力の類型

国際関税協力は2国間と多者間協力に分けることができる。2国間協力は、2

国間で行われる関税協力を言い、多者間協力はWTO、UNCTAD、OECDなど主に国際機構を通じて行われる。またその内容別には次のように分類することができる。

関税譲歩(tariff concession)は、国家間の関税や貿易に関する協定によって、当事国が特定品目の関税を一定水準以上に賦課しないことを約束することをいう。関税譲歩は、現行関税率を引き下げる関税引き下げ(reduction)、関税をそれ以上引き上げないことを約束する据え置き(binding)、現行税率を引き上げても一定水準以上には上げないという引き上げ限界点設定(ceiling binding)などの形態を取る。

免税協定とは、国際間の友好増進、資本協力、技術協力などの目的で、特定品目に対して関税を減免することを約定する条約や協定をいう。具体的には、韓米技術援助協定、SOFAなどがある。

また、関税制度と関税行政の国際的統一や調和を図り、関税行政の発展のための調査研究を行う国際協力機構としてWCO(世界関税機構)がある。

7.3 関税法上の国際関税協力

政府は、韓国の対外貿易促進のために必要であると認めるときには、特定国家または国際機構と関税に関して協定することができる。これにより、国際経済情勢や貿易環境の変化に対応して、国際的関税協定を締結する権限を行政部に一任した。

特定国家または国際機構に対して、必要であると認められる場合には、関税譲歩を行うことができる。その譲歩限度は基本税率の100分の50とする。関税譲歩を行う場合、行政部が関税率を調整するが、これは原則的に租税法律主義に違反する。しかし、国際的協調の一定範囲内で関税を譲歩することは、変化が激しい国際貿易環境下では、国益のために不可避であることから、法律が行政部に弾力的な運営権を与えていると考えられる。

外国における価格の低落、その他予想できない事情の変化または条約上の義務履行によって特定品の輸入が急増し、これと同種の品目や競争関係にある品目を生産する国内生産者に重大な被害をもたらす場合、政府は譲歩の撤回および修正と、それによる補償措置を取ることができる。

第3章　関税法

　条約によって関税を譲歩している場合には、その条約によって特定品に対する譲歩を撤回または修正して、関税法による税率または修正後の税率によって関税を賦課することができる。

　国内産業保護のために特定品に対して譲歩を撤回または修正する代わりに、その相手国家と協議して他の品目に対して新しい譲歩を行ったり、すでに譲歩した他品目の税率を引き下げる措置を取ることができる。これを補償措置という。このような補償措置は、譲歩の撤回または修正に対する補償として必要な範囲内に限られる。

　外国政府が、韓国の特定輸入品に対して譲歩関税の適用を撤回、修正、その他の措置を行ったりあるいは行おうとする場合には、政府は当該条約によって対抗措置を取ることができる。

　これは報復関税と類似の措置であるが、報復関税は韓国の輸出品や船舶・航空機に対して不利な扱いをする国から輸入される商品に対して、関税を割増賦課する制度であるが、対応措置は韓国商品に対して譲歩を付与した国がその譲歩を撤回するなどの措置をした場合に対抗措置を取るという点で違いがある。

　対抗措置の内容としては、特定品に対して関税法による関税以外にその品物の課税価格に相当額の範囲内で関税を賦課する措置、特定品に対して関税の譲歩をしている場合には、その譲歩の適用を停止し、関税法による税率の範囲内で関税を賦課する措置などがある。

　条約によって関税譲歩した品目に対して、その譲歩を撤回したときには、条約撤回の効力が発生した日から関税法による税率を適用する。譲歩撤回に対する補償で、韓国が新たに譲歩した品目に関しては、その譲歩の効力が発生した日から関税法による税率を適用しない。

　「統一商品名及び符号体系に関する国際的協定」による関税協力理事会の勧告または決定や新しい商品の開発などで、関税率表または品目分類を変更する必要があるときには、その税率を変更することなしに、新たに品目分類を行ったり再分類を行うことができる。

　国際貿易および国家間の交流を促進するために、韓国に対して通関手続の便益を提供する国家から輸入される貨物に対しては、簡易通関手続を適用することが

できる。通関手続きの特例を受けられる国家は施行令で規定する。

7.4　一般特恵関税制度

　一般特恵関税制度（GPS）とは、発展途上国の輸出および工業化の促進のために、農水産品や鉱工業製品などに対して、無関税を適用したり低率の関税を賦課する関税上の特恵待遇制度をいう。韓国は今まで特恵授与国であったが、OECD加入とともに特恵供与国へと転換が必要となり、関税法でGSP制度の導入根拠を設けることとなった。GSPの適用範囲は次のとおりである。ⓐ 特恵対象国を原産地とする物品の中で、特恵対象品に対しては基本税率より低い税率の関税(特恵関税)を賦課することができる。ⓑ 特恵関税を賦課する場合、当該特恵対象品の輸入が国内産業に及ぶ影響などを勘案して、その物品に適用される税率に差を設けたり、特恵対象品物の輸入数量などを限定することができる。ⓒ 国連総会の決議による最貧発展途上国の中で、大統領令が定める国家を原産地とする物品に対しては、他の特恵関税対象国家より優遇して特恵関税を賦課することができる。ⓓ 財政経済部長官は、特定の特恵対象品の輸入が増えて、これと同種の品目または直接的な競争関係にある品目を生産する国内産業に、重大な被害を与えたり与えるおそれがあるなど、特恵関税を賦課するのが適当でないと判断される場合には、当該品目とその原産地国家を指定して特恵関税の適用を中止することができる。ⓔ 財政経済部長官は、特定の特恵対象国の所得水準、韓国の総輸入額の中で特定の特恵対象国からの輸入額が占める割合、その他特定の特恵事情を勘案して、特恵関税を賦課するのが適当でないと判断する場合には、当該国家や品目を指定して特恵関税の適用を中止することができる。

7.5　通関手帳

　通関手帳(ATA Carnet)とは、頻繁に各国の国境を出入りする一時輸入品および再輸出品に対する通関手続きを簡素化するためのものである。具体的には、輸出入申告書と免税申請書書式を国際的に統一し、再輸出条件付き免税による担保提供を、国際的な保証組織を利用して免ずる一時輸入通関証書のことである。

第3章　関税法

７．６　原産地虚偽表示に対する措置

　原産地表示事項を虚偽申告した場合には、関税法に基づいて貨物原価または２千万ウォンの中で高い金額以下の罰金に処する。あるいは税関長は、法令の規定によって原産地を表示しなければならない物品に対して、規定どおりの表示がなされなかった場合、虚偽その他不正な方法で事実と異なるように表示された場合、または原産地表示を行わなかった場合には、当該貨物の通関を許可してはならない。その違反事項が軽微であると場合には、補完・訂正した後で通関することができる。

　税関長は、積み替え貨物の中で、原産地が韓国で虚偽表示された貨物は留め置くことができる。つまり、韓国の港または公海で積み替えられて第三国に輸送される貨物が、韓国を原産地として虚偽表示されたとき、商標法による商標権または著作権法が決める著作権を侵す場合には、税関長は留め置きの措置を取ることができる。

第２節　弾力関税制度
１　弾力関税制度の意義

　弾力関税制度(flexible tariff system)は、授権された範囲内で関税率を変更および調整する権限を行政部に委任する制度である。言い換えれば、行政部が関税率を弾力的に変更・調整して運営することができる関税制度である。租税法律主義によれば、税率の算定・変更権は立法機関である国会だけが行使できる。関税も同様で立法事項の１つである。

　しかし、国際経済や政治状況が日々変動を繰り返す状況では、変化に迅速に対応することによって、国内産業を保護し国際収支の均衡を保ち、国民経済を安定させることができる。このような変化に対応する１つの手段が関税率の調整であり、これを弾力関税制度という。これは、各国の経済政策の手段として一般的に広く使われている。

　弾力関税は基本税率を変更することではなく、臨時的な税率を随時適用することで、税率の変更範囲も法律で定められた限度内で自由に行うことができる。

　弾力関税が発動される状況は、一般的に輸入品物の価格下落による輸入増加か

ら国内産業を保護するために、輸入増加による国際収支の悪化を防ぐため、外国製品から国内産業を保護するため、国内供給が足りず国内価格が暴騰する場合に輸入を増やして物価を安定させるため、産業構造の急撃な変動で品目間の税率調整が必要な場合など、幅広く利用されている。現行関税法上の弾力関税制度には、ダンピング防止関税、報復関税、緊急関税、調整関税、農林畜産物に対する特別緊急関税、相殺関税、便益関税、季節関税、割当関税など９種類がある。ここではすでに扱ったダンピング防止関税と相殺関税を除いた残りの制度について調べてみる。

2　報復関税

外国が特定国家の輸出品、船舶または航空機に対して不利な扱いをする場合に、該当外国から輸入される品物に対して、報復的にその国と品目を指定して関税を割増賦課する制度を報復関税(retaliatory duties)という。１国が報復関税措置を取り、相手国家もこれに対応して報復関税を賦課し、いわゆる関税による戦争状態といえる状況を戦闘関税という。報復関税の発動は各国ともに控えているようであるが、このような制度を採択しているとの事実だけで、他国には十分脅威となり得るだろう。

韓国の関税法では、貿易相対国が韓国の輸出品などに対して、関税または貿易に関する国際協定や両者間関税または貿易協定などに規定された韓国の権益を否認したり制限する場合、韓国に対して不当または差別的な措置を取る場合、このような行為が韓国の貿易利益を侵すときには、その国から輸入される品物に対して被害相当額の範囲内で関税を賦課することができる[213]。

財政経済部長官は、報復関税を賦課する際に必要に応じ、関連国際機構または当事国と事前の協議を行うことができる[214]。また、報復関税の適用に関して必要な事項を調査するため、利害関係者に関係資料の提出や必要な協力を求めることができる。

---

[213] 関税法、第63条第1項。
[214] 関税法、第64条。

第3章　関税法

3　ダンピング防止関税
3.1　総説

　ダンピング防止関税(anti-dumping duties)とは、外国の物品が正常価格以下で輸入(以下、「ダンピング」という。)されて、国内産業が実質的な被害を受けたり受けるおそれがあったり、あるいは国内産業の発展が実質的に遅延(以下、「実質的な被害等」という。)されたのが調査を通じて確認され、国内産業を保護する必要があると認められるときに、その物品と供給者または供給国を指定して、基本関税外に正常価格とダンピング価格との差額(以下、「ダンピング差額」という。)に相当する金額以下の関税(以下、「ダンピング防止関税」という。)を追加して賦課する[215] 関税をいう。

　一般的にダンピング防止関税の賦課は、ダンピングされる商品の国内市場浸透による国内産業の打撃、雇用機会の喪失など経済的な混乱を防ぐことを目的とする。ダンピング防止関税額は、ダンピングの効果を相殺できるように当該品物の課税価格によった基本関税以外に、正常な取引価格とダンピング価格との差額に相当する金額以下の関税を追加した金額である。

3.2　正常価格とダンピング価格

　正常価格とは、輸出国で消費される同種品目の通常取引価格をいう。ただし、同種品目が取り引きされなかったり、特殊な市況によって通常取引価格を適用することができないときには、当該国家から第三国へ輸出される輸出価格の中で、代表的な価格として比較可能な価格、または原産地国での製造原価に合理的な水準の管理費および販売費と利潤を合わせた価格(以下、「構成価格」という。)を正常価格とみなす[216]。

　ここでいう特殊な市況等には、供給国内販売量が同供給国からの輸入量の100分の5未満で、正常価格の基礎として使うには適当でない場合を含める。ただし、供給国内販売量が100分の5未満である場合にも、ダンピング価格と比較できる

---

[215] 関税法、第51条。
[216] 関税法、施行令第58条。

- 111 -

と証明される場合には例外とする[217]。

　また構成価格(constructed value)とは、原産地国で通常の生産過程の中で発生した費用に、販売費および一般管理費と利潤を加算した価格である。この利潤は、原産地国の国内市場で一般的に得られる利潤以内としなければならない[218]。

　物品が原産地国から直接輸入されず第三国を経て輸入される場合には、その第三国の通常取引価格を正常価格とみなす。ただし、貨物が単に第三国で積み替えられた場合や、同種品目の生産実績がない場合、そして当該第三国に通商取引価格として考えられる価格がない場合には、原産地国の通常取引価格を正常価格とみなす[219]。

　また、物品が、統制経済下で市場経済体制が確立していない国家から輸入される場合には、韓国を除いた市場経済国家で消費される同種品目の通常取引価格を正常価格とみなす。または、ある市場経済国家から韓国を含めた第三国への輸出価格または構成価格を正常価格とみなす[220]。この市場経済国家とは、原則的に当該物品を供給した国家と経済発展程度や生産技術水準などが類似の国家を指す[221]。

　ダンピング価格とは、調査が開始された物品に実際に支払われたり、支払うべき価格をいう。ただし、供給者と輸入者または第三者間の約定関係や特殊関係により、通常の価格や支払い関係が存在しない場合には、合理的な基準による価格をいう[222]。ここで「特殊関係」とは、役員または管理者、同業者または雇用関係などをいう[223]。また「合理的な基準による価格」とは、取引に関した費用と適正な利潤などを考慮して算出した価格である[224]。

　正常価格とダンピング価格の比較は、できる限り同一の時期や取引段階(通常的に工場引渡取引段階をいう。)で比較しなければならない。当該物品の物理的特性、販売数量、販売条件、課税上の違い、為替レートの変動などが価格比較に影響を

---

[217] 関税法、施行規則第10条第2項。
[218] 関税法、施行規則第10条第3項。
[219] 関税法、施行令第58条第2項。
[220] 関税法、施行令第58条第3項。
[221] 関税法、施行規則第58条第4項。
[222] 関税法、施行令第58条第4項。
[223] 関税法、施行令第3条の6第1項。
[224] 関税法、施行規則第10条第7項。

第 3 章　関税法

及ぼす場合には、財政経済部令の定めに従い、正常価格およびダンピング価格を調整しなければならない。ダンピング率調査期間は 6 か月以上とする[225]。

3.3　ダンピング防止関税の賦課

　外国の物品がダンピング輸入されて、実質的な被害などを受ける国内産業に利害関係がある者または当該産業を管轄する主務長官は、財政経済部令の定めに従って、財政経済部長官にダンピング防止関税の賦課を求めることができる。この要請に代えて、対外貿易法第 32 条によって設置された貿易委員会に、ダンピング防止関税の賦課に必要な調査申請を行うこともできる[226]。ここで「国内産業に利害関係がある者」とは、実質的な被害などを受けた国内生産者と、彼らを構成員にし利益を代弁する法人や団体および個人などで、財政経済部令が定める者である[227]。

　また「国内産業」とは、当該輸入品と同種品目の国内産業の全部または国内総生産量の相当部分を占める国内生産事業である[228]。ここで「同種品目」とは、当該輸入品と物理的特性、品質、消費者の評価などすべての面で同一とみなされる品目をいう。また、類似品とは同種品目ではないが、当該輸入品と同一の機能、類似の特性および構成要素を有しており、当該輸入品に取り替えられて使用される物品をいう[229]。

3.4　被害調査

　貿易委員会は、ダンピング防止関税の賦課の調査申請を受けると、ダンピングの事実と実質的な被害などに関する調査の開始可否を決定し、調査申請を受けた日から 2 か月以内に、その結果を財政経済部長官に報告しなければならない[230]。

　貿易委員会が調査開始を決定するときには、決定日から 10 日以内に調査開始の

---

[225] 関税法、施行令第58条第5項。
[226] 関税法、施行令第59条第1項。
[227] 関税法、施行令第59条第3項。
[228] 関税法、施行令第59条第2項。
[229] 関税法、施行令第26条。
[230] 関税法、施行令第60条第1項。

決定に関する事項を、調査申請者や当該物品の供給国政府および供給者その他利害関係者に通知し、官報に掲載しなければならない[231]。

調査対象品目または調査対象者の選定にあたっては、利用可能な資料を基礎に、統計的に有効な標本抽出方法を使用することを原則とする[232]。

3.5 被害調査の方法

ダンピングやそれによる被害の調査は、貿易委員会が担当する。貿易委員会は、必要に応じ、行政機関の職員や専門家を調査活動に参加させることができる[233]。

貿易委員会は、ダンピング防止関税の賦課に関する事項と、調査開始の決定に関する事項が官報に掲載された日から3か月以内に、ダンピングやそれによる実質的な被害があると推定できる証拠があるかどうかに関する予備調査をして、その結果を財政経済部長官に報告しなければならない[234]。

財政経済部長官は、予備調査結果が提出された日から1か月以内に、ダンピング防止関税の賦課[235]の必要性および内容について決定しなければならない。ただし、必要ならば、20日間の範囲内でその決定期間を延長することができる[236]。

貿易委員会は、予備調査の結果、ダンピング被害が財政経済部令の基準に達しない場合や、被害が軽微である場合には、本調査を中止しなければならない[237]。財政経済部令が定める基準は、ダンピング差額がダンピング価格の100分の2以上である場合、ダンピング品の輸入量の合計が国内輸入量の100分の7を超える場合をいう[238]。

貿易委員会は、財政経済部令が定める特別な理由がない限り、予備調査結果を提出した日の翌日から本調査を開始しなければならない。そして本調査開始日か

---

[231] 関税法、施行令第60条第3項。
[232] 関税法、施行規則第12条第1項。
[233] 関税法、施行令第61条第1項。
[234] 関税法、施行令第61条第2項。
[235] 関税法、第51条。
[236] 関税法、施行令第61条第3項。
[237] 関税法、施行令第61条第4項。
[238] 関税法、施行規則第12条第2項。

ら3か月以内に、本調査結果を財政経済部長官に報告しなければならない[239]。

3.6　ダンピング防止関税と撤回

　財政経済部長官は、本調査結果の提出を受けた日から1か月以内に、ダンピング防止関税の賦課の可否および内容を定めて、必要な賦課措置を行わなければならない。ただし、必要な場合に限り、20日間の範囲内でその期間を延長することができる[240]。

　ダンピング調査を申し込んだ者が、その申請を撤回する場合には、書面でその内容を貿易委員会に提出しなければならない。貿易委員会は、調査開始決定前に撤回の申請を受けたときには、財政経済部長官および関係の行政機関長と協議して、調査開始可否の決定[241]を取り消すことができる。調査開始決定以後に撤回の申込を受けたときには、財政経済部長官に報告しなければならない[242]。

　財政経済部長官は、撤回報告を受けたときには、貿易委員会および関係行政機関長と協議して、調査を終結させることができる。またすでに暫定措置が取られた場合には、これを撤回することができる[243]。暫定措置を撤回した場合には、暫定措置によって納められた暫定ダンピング防止関税を返還し、提供された担保を解除しなければならない[244]。

3.7　資料協力の要請

　財政経済部長官または貿易委員会は、ダンピング事実の調査およびダンピング防止関税の可否などを決めるために必要な場合には、関係機関、国内生産者、供給者、輸入者、利害関係者などに関連資料の提出など必要な協力を求めることができる[245]。

---

[239] 関税法、施行令第61条第5項。
[240] 関税法、施行令第61条第7項。
[241] 関税法、施行令第62条第1項。
[242] 関税法、施行令第62条第1項。
[243] 関税法、施行令第62条第2項。
[244] 関税法、施行令第62条第3項。
[245] 関税法、施行令第64条第1項。

提出された資料の中で、性質上秘密に取り扱うべきものや、調査申請者や利害関係者が正当な理由を提示して秘密に取り扱うことを求める資料については、資料提出者の明示的な同意なしにはこれを公開してはならない[246]。

　財政経済部長官または貿易委員会は、秘密に取り扱うことを求める資料を提出した者に、当該資料の要約書の提出を求めることができる。この要約書は秘密としては扱われない。要約書を提出することができないときには、その理由を記載した書類を提出しなければならない[247]。

　財政経済部長官または貿易委員会は、利害関係者が関係資料を提出しなかったり貿易委員会の調査を拒否あるいは妨害する場合などの理由で、調査または資料の検証が困難となる場合には、利用可能な資料などを使ってダンピング防止のための措置可否を決定できる[248]。

3.8　ダンピング防止関税賦課手続

　供給者または供給国別にダンピング防止関税率または基準輸入価格を決めて賦課することができる。ただし、正当な理由なしに資料を提出しなかったり、資料を拒否する場合やその他の理由で調査または資料の検証ができない供給者に対しては、単一のダンピング防止関税率または単一基準輸入価格を決めて賦課することができる[249]。

　調査対象とならなかった供給者に対しては、調査対象となった供給者のダンピング防止関税率または基準輸入価格を、加重平均したダンピング防止関税率または基準輸入価格によって、ダンピング防止関税を賦課する[250]。

　供給国を指定してダンピング防止関税を賦課する場合、調査対象期間終了後に輸出する当該供給国の新規供給者が、ダンピング防止関税が賦課される供給者と財政経済部令が決める特殊関係である場合には、新規業者に対しても、その供給者に対するダンピング防止関税率または基準輸入価格を適用してダンピング防止

---

[246] 関税法、施行令第64条第2項。
[247] 関税法、施行令第64条第3項。
[248] 関税法、施行令第64条第5項。
[249] 関税法、施行令第65条第1項。
[250] 関税法、施行令第65条第2項。

関税を賦課する。ただし、新規供給者が特殊関係ではないということを証明する場合には、別のダンピング防止関税率または基準輸入価格を決めて賦課することができる。この場合、財政経済部令の定めに従って、異なった調査方法および調査手続を採用できる[251]。

このように供給国を指定してダンピング防止関税を賦課する場合に、財政経済部長官は、新規供給者のダンピングや実質的な被害を迅速に調べなければならない。実質的な被害の調査は、前述した供給国に対する実質的な被害の調査で替えることができる[252]。

3.9 暫定措置

ダンピング調査期間中でも、発生している被害を防ぐために、ダンピング差額に相当する金額以下の暫定ダンピング防止関税を賦課したり担保の提供を命じる措置(以下、「暫定措置」という。)を取ることができる[253]。

暫定措置は、予備調査[254]の結果、ダンピングと事業被害に対する予備判定がなされた場合に限られる。調査の開始後、60日が経過した日から適用することができる[255]。また暫定措置の適用期間は4か月以内である。ただし、当該品輸入における相当な割合を占める供給者が求める場合には、適用期間を6か月まで延長することができる[256]。

3.10 価額修正と輸出中止

ダンピング防止関税の賦課可否を決めるための調査が開始されて、ダンピングとそれによる産業被害に関する予備調査の結果、肯定判定が下された場合には、当該品の輸出者あるいは財政経済部長官は、ダンピングによる被害が除去できる範囲での価格修正や、ダンピング輸出中止に関する誓約を差し入れたり、差し入

---

[251] 関税法、施行令第65条第3項。
[252] 関税法、施行規則第17条第3項。
[253] 関税法、第53条。
[254] 関税法、施行令第61条。
[255] 関税法、施行令第66条第1項。
[256] 関税法、施行令第66条第2項。

れを要請することができる[257]。

　価格修正またはダンピング輸出の中止誓約が受諾された場合、財政経済部長官は暫定措置またはダンピング防止関税の賦課なしに、調査を中止または終結しなければならない。ただし、財政経済部長官が必要と認めた場合や、輸出者が調査続行を要求する場合には、その調査を続けることができる[258]。

　財政経済部長官は、輸出者が申し入れた誓約の内容が、即時に価格を修正したり誓約日から6か月以内にダンピング輸出を中止する旨の内容である場合には、その誓約を受諾することができる。

3.11　暫定ダンピング防止関税の精算

　暫定措置が取られた物品に対して、ダンピング防止関税の賦課要請が撤回されたりダンピング防止関税賦課の可否が決定したとき、または価格修正やダンピング輸出の中止誓約が受諾された場合には、納付された暫定ダンピング防止関税を返還あるいは提供された担保を解除しなければならない。ただし、ダンピング防止関税額が暫定ダンピング防止関税額を超えるときにはその差額を徴収しないが、それ以下の場合には差額を返還しなければならない[259]。

　暫定措置が適用された物品に、ダンピング防止関税が賦課される場合は、暫定措置[260]が適用された期間中に輸入された物品に対して賦課されるダンピング防止関税額が、暫定ダンピング防止関税と同額であったり多い場合には、その差額を徴収しない。しかし、少ない場合には、その差額に相当する暫定ダンピング防止関税額を返還しなければならない[261]。

3.12　ダンピング防止関税と誓約の再審査

　財政経済部長官は、必要に応じ、ダンピング防止関税の賦課[262]および誓約[263]に

---

[257] 関税法、第54条第1項。
[258] 関税法、第54条第2項。
[259] 関税法、施行令第67条。
[260] 関税法、第53条。
[261] 関税法、第53条第3項。
[262] 関税法、施行令第65条。

関して再審査をすることができる。再審査の結果によっては、ダンピング防止関税の賦課、誓約の内容変更または返還に必要な措置を取ることができる[264]。

　財政経済部長官は、再審査の可否を決定するときに、関係行政機関長および貿易委員会と協議することができる。この再審査は貿易委員会が行う。この場合、貿易委員会は当該再審査の理由となった変更部分に限って調べることができる[265]。

　ダンピング防止関税の賦課または受諾された誓約は、財政経済部令でその適用期限を別に決めた場合を除いて、ダンピング防止関税または誓約の施行日から5年間で効力を失う。ダンピングと産業被害を再審査[266]し、その結果によって内容を変更する場合には、財政経済部令で適用期限を別に定めた場合を除いては、変更された内容の施行日から5年で効力を失う[267]。

　また財政経済部長官は、再審査の結果、誓約の実効性が失われたり失われるおそれがあると判断されるときには、輸出者に誓約の修正を求めることができる。もし輸出者が誓約の修正を拒否するときには、再びダンピング防止措置を取ることができる[268]。

4　相殺関税

　関税法による相殺関税は、輸出国で奨励金や補助金を受けた物品の輸入によって、国内産業が実質的な被害を受けたり受けるおそれがあるとき、このような物品の輸入を抑制させるために、関税以外に当該補助金などの金額以下の関税を追加して賦課することをいう。

　相殺関税の性格はダンピング防止関税と似ており、その調査や課税方法も同じ方法が取られる。韓国の相殺関税に関する規定(関税法、第57条)は、WTOの補助金及び相殺関税措置に関する協定の規定をそのまま適用している。

　外国での生産または輸出に関連して、直接的あるいは間接的に補助金または奨

---

[263] 関税法、第54条。
[264] 関税法、第56条。
[265] 関税法、施行令第70条第4項。
[266] 関税法、第56条第2項。
[267] 関税法、第56条第2項。
[268] 関税法、施行令第70条第8項。

励金(以下、「補助金等」という。)を受けた物品の輸入が原因で、国内産業が実質的な被害を受けたり受けるおそれがあったり、あるいは国内産業の発展が実質的に遅延(以下、「実質的な被害など」という。)することがある。このような事実が調査を通じて確認され、国内産業を保護する必要があると認められる場合には、財政経済部令でその物品と輸出者または輸出国を指定して、物品に対して法第49条(税率)による関税以外に、当該補助金などの金額以下の関税(以下、「相殺関税」という。)を追加して賦課することができる[269]。

財政経済部長官は、相殺関税賦課を決定するための調査が開始されたあと、国内産業に実質的な被害が発生したという十分な証拠(関税法、第60条の規定による約束を撤回したり最善の情報)がある場合で、国内産業を保護するために必要と認められる場合には、調査が終結される前でも、暫定相殺関税の賦課を命じたり担保の提供を命じる措置(いわゆる暫定措置)を取ることができる[270]。

調査が開始され、国内産業被害に対する予備調査の結果、肯定判定が下された場合には、輸出国政府または財政経済部長官は、当該品物に対する補助金などを撤廃または削減したり補助金などの国内産業に対する被害を取り除くための適切な措置に関する誓約を申し入れることができる。また、輸出者は、輸出国政府の同意を得て、国内産業に対する被害が除去できる程度の価格修正を誓約することができる[271]。

このような誓約が受諾された場合、財政経済部長官は調査を中止または終結しなければならない。暫定措置が取られたときには撤回しなければならない。ただし、財政経済部長官は、必要と認める場合や、輸出国政府が被害調査の続行を要求するときには、調査を続けることができる[272]。

ここで述べてきた補助金とは、政府または公共機関の財政支援で特定性を有するものをいう。ただし、財政経済部令が決定する補助金または奨励金は除く[273]。ここで財政経済部令が決定する補助金または奨励金というのは、特定の目的のた

---

[269] 関税法、第13条第1項。
[270] 関税法、第59条第1項。
[271] 関税法、第60条第1項。
[272] 関税法、第60条第2項。
[273] 関税法、施行令第72条第1項。

めではあるが、研究、地域開発、環境関連補助金、奨励金など国際的協定で認めている補助金をいう[274]。特定性とは、補助金などが特定企業や産業、特定企業群や産業郡などに支給される場合をいう。

5　調整関税

調整関税とは、自由貿易政策の結果として発生する問題を是正する目的で、1984年から施行されている制度である。つまり、対外貿易法などによって新たに輸入が自由化されたり、輸入が増えて国内産業に被害をもたらしたり被害を与えるおそれがある場合に、国内産業が十分整備発展する間、税率を上げる制度である。

以下に該当する場合には、100分の100から当該物品の基本税率を引いた率を、基本税率に加算した範囲内で、関税を賦課することができる。ただし、農林畜産物またはこれを原材料にして製造された物品の国内外価額差が、当該物品の課税価格を超える場合には、国内外価額差に相当する率の範囲内で関税を賦課することができる[275]。

調整関税が付加されるのは、産業構造の変動などで品目間の税率が著しく不均衡で是正する必要がある場合、国民保健、環境保全、消費者保護などのために必要な場合、国内で開発された物品の中で一定期間保護が必要な場合、農林水産物など国際競争力が脆弱な物品の輸入増加で国内市場が攪乱されたり産業基盤が崩壊するおそれがある場合などである。

6　緊急関税

緊急関税とは、特定品物の輸入増加によって同種品目または競争関係にある物品を生産する国内産業を保護するために、必要な範囲内で、関税を追加して賦課する制度である。

緊急関税は、貿易委員会の提案に基づいて、30日以内に財政経済部長官が決定する。必要に応じ、再審査することができ、賦課内容を変更することができる。

---

[274] 関税法、施行規則第21条第1項。
[275] 関税法、第69条。

この場合、変更された内容は、最初の措置内容より緩和されなければならない。調査期間中、深刻な被害が発生する場合、調査終結前に被害の救済のために暫定緊急関税を賦課することができる。暫定緊急関税を適用した特定輸入品に緊急関税の賦課が決定した場合、緊急関税額が暫定緊急関税額より少ない場合には、その差額を返還する。調査の結果、国内産業に被害がないと判定されるときには、暫定緊急関税を返還する。

　緊急関税の期間は4年を限度とする。暫定緊急関税は200日を超えて賦課することができない。賦課期間を延長する場合には、その総適用期間は8年を超えることができない。

7　農林畜産物に対する特別緊急関税

　特別緊急関税とは、UR協商によって農産物も例外なく自由化するが、輸入量が急増したり輸入価格が下落した場合には、国内価格との差額を自動的に追加関税として賦課する制度である。これは、農林畜産業の被害を事前に防いで、保護の適時性を確保するようにした制度である。

　政府は、必要と認めるときには、特定国や国際機関加盟の国に対して、関税譲歩をすることができる。この場合、内外価格差に相当する比率で譲歩した農林畜産物の輸入物量が急増したり、輸入価格が急落した場合には、譲歩税率を超過した関税を賦課することができる。その具体的な基準は、当該年度輸入量が基準発動物量を超える場合、ウォン貨で換算した運賃と保険料を含めた物品の輸入価格が、過去3年間の平均輸入価格の10%を超えて下落した場合である。

　ここで「基準発動物量」とは、過去3年間の平均輸入量に基準発動係数を掛けた金額と、過年度の同品目国内消費量の対前年度変化量を合わせた数量のことである。

8　便益関税

　便益関税(beneficial duties)とは、条約によった課税上の恩恵を受けない国で生産された物品が輸入される時、他国と締結された既存の条約によって付与している関税上の恩恵を、当該輸出国についても適用する制度をいう。

第3章　関税法

　貿易に関する条約を締結する時には、最恵国条項を含めるのが一般的である。便益関税も、最も有利な貿易上の恩恵を相手国に付与するというものである。便益関税は最恵国にとっては効果面では類似の制度であるが、最恵国待遇は他国との条約によって便益を付与するのに反して、便益関税はそのような条約の存在はなく、最恵国待遇の範囲内で一方的に便益を供与することである。従って、相手国家は便益を求める権利がない。他国にこのような便益関税を一方的に供与するのは、その国との政治的経済的関係を緊密にしようという目的がある。

　関税法は、大統領令によって、既存の最恵国待遇の範囲内で、関税に関する便益を供与することができる[276]と規定している。

　便益関税を受けられる国家は、関税法施行令別表2に規定されている。またその品目は、WTO協定などによる関税譲歩規定に含まれたものとする。便益関税が受けられる品目分類が、関税率表上、細分化されたり統合されたときにも、同一の便益を受けることができる。また便益関税率は譲歩関税率を適用する。ただし、次の各項の場合には、譲歩関税率表に規定された税率より、以下の税率を優先して適用する。つまり、法による税率が当該譲歩関税率に規定された税率より低い場合、ダンピング防止関税(法、第51条)、報復関税(法、第63条)、緊急関税(法、第65条)、農林畜産物に対する特別緊急関税(法、第68条)および相殺関税(法、第57条)の規定によって、大統領令または財政経済部令で税率を決める場合、便益関税を適用した後に、便益関税の適用で国民経済に重大な影響が招いたり招くおそれがある場合、その他便益関税の適用を停止しなければならない緊急事態がある場合には、国名、品目および期間を指定して便益関税の適用を停止することができる[277]。

9　季節関税

　季節によって価格の変動が激しい品目の国内市場が、海外からの輸入品で撹乱されたり崩壊される危険がある場合には、季節ごとに設定された商品の内外価格

---

[276] 関税法、第74条。
[277] 関税法、施行令第95条。

差に相当する率の範囲内で、基本税率より高い関税率を適用したり、基本税率から100分の40を差し引いた率の範囲内で、基本税率より低く関税を賦課することができる[278]。

これは農産物や自然産品などのように、季節によって価格変動幅が大きい物品の輸入によって国内物価が影響を受けることを、関税率の調整によって、できるだけ緩和しようとする関税制度である。

10 関税割当制度

関税割当制度(tariff quota system)とは、特定の商品の輸入に対してある一定数量までは低率の関税を賦課し、一定範囲を超えてからは高率の関税を適用する制度である。関税割当制度は、特定品の輸入を抑えようとする国内生産者側の要請と、安い価格で消費しようとする需要者側の要求を充足させ、その品目の国内生産不足分を埋めるために利用される制度である。

円滑な物資需給や産業の競争力強化のために、特定品目の輸入を促進させる必要がある場合、輸入価格が急騰した物品や、またはこれを原材料にした製品の国内価格安定のために、輸入の一定数量までは基本税率から課税価格の100分の40を差し引いた率の範囲内で関税を賦課することができる。

また、輸入を抑える必要があるときには、一定の数量を超えて輸入される分に対して[279]、基本税率に課税価格の100分の40を加算した率の範囲内で、関税を賦課することができる。

ただし、農林畜産物の場合には、基本税率に内外価格差に相当な率を加算した率の範囲内で、関税を賦課することができる。

11 関税審議委員会

関税政策に関する重要事項を審議するために、財政経済部に関税審議委員会を置く。関税審議委員会の構成、機能、運営に関して必要な事項は大統領令で定め

---

[278] 関税法、第72条第1項。
[279] 関税法、第71条。

る[280]。

　関税審議委員会(以下、「委員会」という。)は、ダンピング防止関税制度など[281]の運営において財政経済部長官が必要と認める事項、その他関税政策に関して財政経済部長官が必要と認める事項を審議する[282]。

　委員会は、委員長1人を含めた20人以内の委員で構成される。委員長は財政経済部次官が務める。委員は、財政経済部、産業資源部、農林部、保健福祉部、海洋水産部、関税庁所属の次官あるいは一級職の一般職国家公務員、関税および貿易に関して学識と経験がある者の中から、財政経済部長官が委嘱する者から構成される。

　委員会が案件を審議する場合には、委員長は、当該産業に利害関係がある委員に対して、委員会参加を制限することができる。委員長は、必要に応じ、利害関係者や公務員または関係専門家から意見を聴取することができる。委員会に幹事1人を置く。幹事は、財政経済部所属職員の中から委員長が指定する。委員会に出席した公務員以外の委員に対しては、予算の範囲内で手当を支払うことができる。また、委員会の運営に関して必要な事項は、委員会の議決を経て委員長が決定する。

第3節　関税の課税と徴収
1　課税標準と課税価格
1.1　総説

　課税標準とは、税額決定の基準になる課税物件の価格および数量のことである。課税標準に税率を掛けると税額が算出される。関税の課税標準は、輸入品の価格または数量である[283]。物品の価格を課税標準とすることを従価税といい、数量(個数、重量、面積など)を課税標準にすることを従量税という。従って税額算出は次のとおりである。

---

[280] 関税法、第13条。
[281] 関税法、第51条ー第56条。
[282] 関税法、施行令第4条。
[283] 関税法、第15条。

　　　　　従価税　：　価格×税率=税額
　　　　　従量税　：　数量×単位数量税額=税額

　現行関税率表には従量税品目は少なく、ほとんどが従価税品目である。従価税の課税標準になる価格を課税価格という。

　関税の課税価格とは、輸入品の価格を意味する。輸入品の価格と言ってもその形態は様々で、同じ形態の価格でも時間と場所によって変わり、取引数量によって変わることもある。その中からどの価格を課税価格として採択するかの問題や、価格を輸入品物に対して具体的にどう決めるかの問題は重要である。関税率は法令で定める。課税価格は課税物件によって決められるので、関税行政において課税価格決定の問題は非常に重要である。

1.2　課税価格の形態

　課税価格の形態は次のとおりである。①法定価格：課税価格を実取引価格とは関係なく、単一価格で決めてその価格で課税することである。徴税には便利であるが、課税の公平を期し難い等の問題点が多く、適用されることは少ない。②発送価格(FOB価格)：FOB価格を課税価格にすると、近距離輸入品であろうとも長距離輸入品であろうとも同じ条件で課税される。到着地価格を課税価格とする場合に発生する近距離輸入促進の効果が少なくなるが、一方では運賃と保険料に対しては課税しないのでその分税額が少なくなる。③到着価格(CIF価格)：CIF価格を課税価格にすると、運賃と保険料に対しても課税される結果になって、税額がその分増加する。一方では運賃が少ない近距離輸入品は、遠距離輸入品より税額が少なくなるので、近距離輸入が促進される。④国内価格：輸入品の国内取引価格を課税価格にする形態である。ちなみに、アメリカでは、一部の化学工業薬品に対してASP(American's selling price)を基準に課税する場合がある。

1.3　韓国の課税価格

　韓国は従来、CCCの正常到着価格原則を関税法に取り入れて適用していたが、1981年のGATTの新評価協定加入によって、評価制度も大きく変え、1984年7月

第3章 関税法

からは実取引価格を課税価格の基礎とするようになった[284]。従来の課税価格は、輸入申告時に公開市場で取引される「正常価格」を基準としていた。新評価制では、輸入者が実際に支払った実際価格を課税価格にしている。この取引価格には輸入港までの運賃・保険料などの費用を含めているので[285]、到着価格(CIF価格)に当たる。

課税価格の決定とは、課税価格を確定する一連の手続を言う。関税法では、「輸入品の課税価格は韓国に輸出販売される品物に対して購買者が実際に支払ったり支払わなければならない価格に手数料、仲介料、包装費用、権利使用料などの金額を加算した取引価格とする。ただし、金額を加算する場合、客観的に数量化できる資料に基づかなければならない。このような資料がない場合には、この条文に従い課税価格を決めることはできない。」と規定している[286]。原則的には実際の取引価格を課税価格として採択しながら、この取引価格は一定要件を備えなければならないし、当該商品の原価のほかに所定の費用などを含めなければならないと規定している。

1.4 課税価格の決定
1.4.1 取引価格を基礎とした方法(第1方法)

WTO関税評価協定では、課税価格の決定方法を6種類に規定している。つまり、貨物の取引価格を基礎とした方法（第1方法）、同種同質品の取引価格を基礎とした方法（第2方法）、類似品物の取引価格を基礎した価格決定方（第3方法）、国内販売価格を基礎とした方法（第4方法）、算定価格を基礎とした決定方法（第5方法）、合理的基準による決定方法（第6方法）である。

この中で優先的に適用され、その適用範囲が最も大きい課税価格決定方法は、輸入品の取引価格を基礎とする方法である。この方法によれば、輸入品の課税価格は韓国に輸出販売される物品に対して、購買者が実際に支払う価格にいくつか

---

[284] 関税法、第30条。
[285] 関税法、第30条第1項第6号。
[288] 関税法、施行令第30条。

の要素金額を加算したものである[287]。この算定方式適用の要件は以下のとおりである。まず輸入品が韓国への輸出用であることや、輸入品の使用や処分において特別な制限があってはならないこと、価格成立に特殊な条件がないこと、輸出者への利益返還がないこと、特殊関係者間の取引でないこと、などである。

上記で「実際に支払わなければならない価格」というのは、輸入品の代価として購買者が支払うべき総額をいう。そして「支払わなければならない」とは、価格に対する合意は成立しているが実際の支払いが行われていない状態をいう。買主が、輸入品の代価と売主の債務を弁済する金額、買主が売主の債務を弁済する金額、あるいはその他の間接的な支給額もこれに含まれる。

輸入品の取引価格が支払われた後にも、買主が負担すべきある種の金額が輸入品価格に含まれていなかった場合、この金額は支払い金額に加算される。

その他加算金額は、特許権などの使用料、輸入後に得られる利益の中で売主に帰属する事後利益、輸入者が外国生産者に支払った原材料費用、包装にかかる労務費や資材費、購買手数料を除いた販売者が支払う手数料および仲介料、容器の費用、運賃・保険料および運送関連費用などである。

輸入品の課税価格決定基準は輸入港到着時点なので、輸入港到着以後に発生する費用が含まれている場合には、その金額を控除する。その控除対象は、輸入後に行われる当該輸入品の建設・設置・組立・整備・維持または技術支援に必要な費用、輸入港入港後に生じる運賃・保険料その他運送に係わる費用、韓国で輸入品に賦課された関税など諸税やその他公課、輸入品に対する延払い利子などである。

1.4.2 同種同質品の取引価格を基礎とした決定(第2方法)

輸入品の取引価格がない場合や、輸入価格が課税価格として選ばれない場合など、第1方法を適用できないときには、第2方法である同種同質品の取引価格を基礎にして課税価格を決める。同種同質品目とは、当該輸出国で生産された物で物理的特性、品質および消費者評価などを含めたすべての面から、外見上軽微な違いがあるだけで、同一の物品とみなすことができることをいう。

---

[287] 関税法、第30条。

この算定方法採用の条件は以下のとおりである。課税価格として採用されたことがある同種同質品の取引価格が存在し、輸入品が市場条件や商慣行に変動がない期間中に船積みされて韓国に輸入され、取引段階・取引数量・運送距離・運送形態などが当該品と同一でなければならない。また、両者間に違いがある場合には、その違いを価格差として調整することを条件とする。

1.4.3 類似品の取引価格を基礎とした方法（第3方法）

輸入品物の取引価格を第1方法あるいは第2方法で算定できないときには、第3方法である類似品の取引価格を基礎に課税価格を決める。ここで類似品というのは当該輸入物の生産国で生産された物品で、全ての面で同一ではないとしても、同一の機能を有し代替使用が可能である物品を言う。

類似品の取引価格を課税価格として決定するためには、課税価格として認定されたことがある類似品が存在し、当該品が市場条件や取引慣習に変動のない時期に輸入されたものであり、取引段階・取引数量・運送距離・運送形態などが当該品のそれと同一であり、両者間に違いがある場合はそれを価格差として調整した価格でなければならない。

1.4.4 国内販売価格を基礎とした方法（第4方法）

これは第1方法から第3方法のいずれでも決定できない場合に適用する方法で、品物の国内販売価格からいくつか控除要素金額を差し引く方法で課税価格を決める。つまり第2および第3方法と同様に、同質品や類似品を特定して、その国内販売価格を基礎に課税価格を決定する方法である。

国内販売価格から控除しなければならない要素は、手数料または利潤および一般経費に当たる金額、輸入港到着後の運賃・保険料・その他関連費用、租税、その他公課、国内加工による付加価値金額などである。

1.4.5 算定価格を基礎とした方法（第5方法）

これは当該貨物が輸出国で生産されるのに要した費用を算定して、課税価格を決める方法である。外国製造者の原価計算書を検討して課税価格を決めなければ

ならないので、輸出国の製造者が輸入国税関に原価計算書を提出しなければならない。

この課税価格要素としては、当該物品の生産に使われた原材料費、組立その他加工にかかる費用または価額、韓国への輸出による利潤や一般経費に当たる金額、輸入港までの運賃・保険料・その他運送に係わる費用などである。

1.4.6　合理的基準による方法（第6方法）

以上の5つの方式によっても課税価格が決定できない場合には、いずれかの方法を応用した合理的基準に基づいて課税価格を決める。しかし、合理的な基準による方法といっても確定的な方法はなく、5つの方法の中から最も合理性が高いものを選択してその都度使用する。

いずれかの方法を選択する際の基準として、以下の基準価格を適用してはならない。韓国で生産された品物の国内販売価格、2つの選択可能な価格の中で必ず高い価格を課税価格にしなければならないとの基準、輸出国の国内市場価格、同種同質品または類似品の取引価格を基礎とする方法で、生産費用以外の基準で価格が決定している場合、韓国以外の国へ輸出する品物の価格、特定輸入品に対して事前に設定しておいた最低課税基準価格、恣意的または意図的な価格である。

2　税額の確定
2.1　申告納付方式

申告納付方式は、納税者が自律的に税額を決めて税関長に届け出る制度である。税額確定のためには税率と課税標準が決められなければならないが、関税の課税物件である輸入品は種類が多様で新製品も多い。従って、品目税番、税率、課税価格の評価などによって、同一物でも税額が変わる。

納税義務者が税額を自主申告しても、税関ではその税額を再度審査する。申告税額の過不足が分かった場合には、申告者は修正申告をして税額を変更することができる[288]。

---

[288] 関税法、第38条第6項。

第3章　関税法

　申告納付を行う者は、輸入申告をするときに大統領令の定めに従って、税関長に関税の納付に関する申告(以下、「納税申告」という。)つまり課税標準、税率、納付税額を税関長に届け出なければならない[289]。納税申告の対象になる貨物は、原則として賦課告知の対象[290]を除いたすべての輸入品である。

　納付申告者は、納税義務者つまり物品の輸入者であり、輸入申告者(関税法、第241条による輸出、輸入または返送の申告者)とは異なる。輸入申告者は、輸入通関手続を目的にした申告者で、輸入者または通関士などであるが、納税申告者は納税義務者のことである。

　実際には納税義務者は輸入者なので、納税申告者と輸入申告者が同一人となる場合が多い。通関士が輸入申告者である場合には、通関士が納税申告をしたとしても納税申告者を代理するのにすぎない。

　納税申告の時点は輸入の時点であるが、輸入申告は輸入しようとする貨物が保税地域などに蔵置された後に行わなければならない。

　納税申告者は、輸入品に適用する品目番号、税率、税額などを決めて届け出なければならない。しかし、このためには専門知識が必要であるから、申告者が届け出る前に、当該品の関税率表上の品目分類を税関に確認する、税番開示制度がある。税関長は、納税義務者から税番の質問に対しては、これに答えて開示しなければならない。

　納税義務者は申告納付した税額が多すぎると分かった場合には、納税申告した日から1年以内に税額更正を税関長に請求することができる。変更請求を受けた税関長は、請求を受けた日から2か月以内に、税額の修正に応じる通知や拒絶の通知を請求者に送付する。この制度は1997年の関税法改定の際に新しく導入されたもので、修正申告の短所を補完するための制度である。従来、関税額が足りないときには修正申告して関税庁長が関税債権を確保したが、申告納付した税額が多すぎたときには、納税義務者が自ら変更を請求する制度がなかった。

　税関長は、納税義務者が申告納付した税額または納税申告した税額または変更

---

[289] 関税法、第38条第1項。
[290] 関税法、第17条の2第1項。

請求した税額を審査した結果、税額に過不足があった場合には修正しなければならない。修正とは、税関長が申告納付した税額に過不足があると分かった際に、職権で税額を訂正することである。修正は修正申告によっても行うことができる。修正申告なしに税関長の職権で修正を行うことも可能である。修正期間は制限がなく、納付前後いつでも可能で、一度修正したものを再修正することも可能で、回数には制限がない。修正時には不足税額の 10%を加算税として徴収するが、これは再修正の場合にも同じである。一方、納付期限は納付告知書を受けた日から 15 日以内である。

2.2 賦課告知方式

　賦課告知方式は、税関長が税額を告知する制度である。納税義務者は、告知を受けた日から所定の期日（15 日）内に告知された税額を納めなければならない。韓国では申告納付方式による関税徴収を原則としているので、一部例外的な輸入品に対してのみ賦課告知方式を適用している。賦課告知の対象は、課税価格決定に関する資料が不充分な無為替輸入品や、弾力関税制度を適用する品物など特殊な場合に限定されている。このような物品に対しては納税義務者が正確な税額決定をすることは困難であるという点から導入されている制度である。対象は、郵便物、盗難・紛失物、売却物、旅行者や乗務員の携帯品および別送品、その他納税義務者による納税申告が不適当な場合などである[291]。

　納税告知を受けた者は、告知を受けた日から 15 日以内に告知税額を税関長に納めなければならない。納期が経過すると加算金が賦課される。税関長は、課税標準、税率、関税の減免税に関する規定などの運用上の誤りやその他の理由で、既に徴収した金額に不足分があった場合にはその不足額を徴収する。

　加算税とは、関税を納付期限まで納めなかったときに徴収する金額のことで、申告納付した場合には輸入申告が受理された日、賦課告知の場合には賦課告知を受けた日から 15 日内に納めなければ加算税が徴収される。期間計算に初日は算入されず、納期など期間満了日が公休日であるときにはその翌日まで延長される。

---

[291] 関税法、第39条。

その他期間の計算に関して関税法に特別な規定がある場合を除いては、民法の規定が準用される。このような加算税徴収制度は、関税を所定の納付期限内に納めるようにするためである。

3 関税の徴収手続

3.1 徴収機関と受納機関

　関税を徴収するためには、書面で申告納付書または納税告知書を発付するのが原則である。申告納付書や納税告知書を発行する機関を徴収機関といい、予算会計法上では税入徴収官という。関税の税入徴収官は税関長または分任税入徴収官（税関出張所長）になる。

　一方、関税の納付は受納機関によって行われるが、予算会計法の徴収機関が受納機関を兼ねるのは原則的に禁止されている。そのため、税関長以外の公務員が出納公務員として任命され、関税の受納機関には、出納公務員以外の韓国銀行や情報通信官署がなる。

　韓国銀行の本店では、各税関長の税入金勘定を設けて関税をその勘定に入金するようにしている。韓国銀行は、一般都市銀行を国庫または国庫受納代理店に指定して、国庫金の受納を代行するよう委任している。関税は、一般的に税関の近所にある韓国銀行またはその国庫受納代理店銀行に納め、領収書を税関の出納公務員に提示する。

　このような正規の徴収手続以外に、旅行者の携帯品、遭難船舶から陸揚げした物品として保税地域ではない場所に搬入された貨物に対しては、現場で関税を受納する制度（現場受納制度）もある[292]。

3.2 任意徴収と強制徴収

　関税の申告納付書または納税告知書に従って、納税義務者が自発的に受納機関に関税を納めることを任意徴収という。一般的に輸入品は関税を納めれば輸入申告が受理され、輸入申告の時に受理されなければその物品を搬出して使うことが

---

[292] 関税法、第43条。

できないので、輸入申告受理時の関税徴収は一般的に任意徴収になる。

　任意徴収ができない場合は強制徴収をする。強制徴収の法的性格は一種の財政権力作用であり、強制ができるという特徴がある。つまり、関税債権の行使において納税義務者が任意に関税を(債務履行)納めない場合には、税関長が関税法上の債務履行を強制的に実現させることができる。

　関税の強制徴収方法は次の３つの方法で分けられる。

　関税を納付しなければならない貨物が、輸入申告が受理されなかった状態(大体は保税地域内にある)にある場合の徴収方法である。輸入申告をし、申告納付書または納税告知書が発付されたが輸入者が関税を納めず、輸入申告の受理がなされなかった貨物が保税地域にそのまま残っている場合には、所定の蔵置期間が経つと税関長が公告した後、その貨物を売却することができる[293]。売却代金を関税に充てる。

　関税の担保が提供された場合の徴収方法である。関税の減免または分割納付を受ける場合、輸入申告受理前搬出承認を受ける場合、他所装置する場合、保税運送をする場合、保税工場での作業をする場合などには、税関長の要求に従って関税の担保を提供する場合は、納付期限内に当該関税を納付しなかったときには、その担保物を関税に充てることができる[294]。

　関税の担保などがない場合の徴収方法である。担保の提供なしに条件付き減免税を受ける場合、分割納付の承認を受けた物品を用途以外に使う場合、納付期間内に納めなくて関税を徴収する場合、輸入申告が受理された後に減免税、率適用、評価などの誤りを見つけて不足税額を追徴する場合、国税基本法と国税徴収法に規定された滞納処分手続によって、納税義務者の財産を差し押さえて売却した代金を関税に充てる[295]。

3.3　告知書の送付

　関税の納税告知書は、納税義務者に直接交付する場合を除いて、郵便で送付し

---

[283] 関税法、第208条第1項。
[284] 関税法、第25条第1項。
[285] 関税法、第26条。

第 3 章　関税法

なければならない。申告納付では、納税申告者が納付書を自ら通関システムで出力する。この出力時期は、通関システムに申告受理を登録した後であればいつでも構わないので、納付書の送付時期に関する問題はない。ところが賦課告知の場合には、納付告知書を納税義務者に交付することになり、納付告知書が送付により納税義務が発生し、納付期間の計算が始まり、関税の徴収時効期間が起算される。このため、送付時期の問題は重要な意味を持つ。行政解釈は、賦課告知の場合、納税義務者は納付告知を受けた日から 15 日以内に当該税額を納めるように規定して、到達主義を採択している。郵便で送付する場合には受領した日が問題になるので、配達証明書によって手渡された日を受領日と解釈することができる。一方、納付告知書を納税義務者に直接交付する場合には、納付告知書の送付と受領が同時に行われるので問題はない。

　税関長は、納税義務者の住所、営業所または事務所が明らかではないときは、当該税関の掲示板やその他の適切な場所に、納税告知事項を公示することができる。これを公示送付と言う。この場合には公示した日から 10 日が経ったときには、納税義務者に納税告知書が送付されたとみなす。従って納期は公示日から 10 日が経った日から 15 日以内となる。

3.4　関税の現場徴収

　関税の徴収は原則として申告納付書や納税告知書を交付受けた後、納税義務者が受納期間内に納付しなければならない。しかし例外的に、その物品を検査した税関職員が現場で直接徴収する制度がある。これが現場徴収制度である。

　これは、旅行者の携帯品、遭難船舶から陸揚げされ保税地域外に蔵置された物品などに適用される。しかし、現場徴収は極めて例外的に利用されるもので、旅行者の携帯品の場合にも、一般的には告知書を発付して受納期間に直接納める方法が使われている。

4　関税債権の確保
4.1　総説

　納税義務者が自発的に納税義務を履行しない場合には、関税債権を確保するこ

とができる。租税関係法規では、租税債権を確保するために、司法上の債権・債務関係とは別に国家に特権を付与しているが、関税法にもこれに関する様々な種類の特権が付与されている。

関税の徴収には、自力執行権と優先徴収権が保障されている。自力執行権とは裁判所の力を借りず自ら強制執行手続を取ることができる権限を意味しており、優先要求権とは他のすべての債権に優先して関税を徴収することができる権限を意味する。

また関税法には関税債権の確保のための様々な種類の規定を設けている。第一に、関税を納付すべき物品については他の租税や公課および債権に優先して徴収することができる[296]。また担保提供がない場合、関税徴収の優先順位は国税基本法による国税と同一順位とする[297]。これを関税求権の優先という。

第二に保税制度である。外国貨物は、原則としてすべて保税地域に搬入後に通関手続きを行わなければならないし、税関長の承認なしには保税地域から貨物の搬出ができない。これにより関税の徴収が容易になる。

第三に、保税運送[298]、申告受理前搬出[299]、場外作業[300] などのために、外国貨物が保税地域を離れたり減免税条件付きで輸入通関が行われる場合に、税関長は貨物の関税債権を確保することができる。

第四に、関税担保がない状態で関税を追徴する際に、納税義務者が自発的に納付しなければ、連帯納付義務者や第二次納税義務者に納税義務を拡張していることである[301]。

4.2 関税徴収権の優先

関税は、他の租税や公課および債権に優先して徴収する[302]。これは、関税を納

---

[296] 関税法、第3条第1項。
[297] 関税法、第3条第2項。
[298] 関税法、第218条。
[299] 関税法、第253条第1項。
[300] 関税法、第187条第2項。
[301] 関税法、第19条。
[302] 関税法、第3条第1項。

第3章　関税法

付しない場合には、他の租税や公課金が賦課されたりあるいは司法上の債務がある場合に、その他の債権に優先して、関税が徴収されなければならないということである。

例えば、関税を未納した輸入品に対して、他の内国税が滞納されたり抵当権が設定された場合、税関長はその品物を差し押さえた後、その売却代金から関税分を充当し、残金を他の債権者に交付することができる。また、他の債権者が貨物を差し押さえて強制執行を行う場合にも、税関長は交付請求または差し押さえによって関税徴収の優先権を申し立てることができる。

次に、滞納処分の対象が当該関税を納付すべき貨物ではない財産であるときには、関税徴収の優先順位は国税基本法による国税と同順位とする[303]。

担保の提供なしに免税輸入した貨物に対して、関税の追徴が必要になったり、輸入申告が受理された後に、税率適用の誤り、評価の誤り、減免税適用の誤りなどの理由で追徴が必要になった場合には、納税義務者が納付しないときには、国税基本法と国税徴収法の規定による滞納処分手続に従って、強制的に徴収しなければならない[304]。このとき、滞納処分の対象である物品が、関税を納付すべきである財産の場合には、関税が最も優先して徴収されるが、関税の納付対象品ではない場合には、関税は国税と同順位の優先権がある。ちなみに、国税基本法の規定によれば、国税や加算金または滞納処分費は、他の公課金や債権に優先して徴収することになっている[305]。

4.3　納税の担保

関税債権を確保するために、関税法では担保制度を設けている。関税法上の担保制度は、国家が特定の品物に対する担保物件を確保した後、納税義務者が関税を納めない場合にその担保物を処分して関税債務を弁済するようにする公法上の担保制度の1つである。

納税担保には一般担保と特別担保の2つの種類がある。一般担保は、関税納付

---

[303] 関税法、第3条第2項。
[304] 関税法、第26条。
[305] 国税基本法、第35条。

品自体を意味し、特別担保は税関長の担保提供要求に応じて提供される担保物を意味する。関税法では、他の租税や公課および債権に対する関税の優先徴収規定[306]に従って、関税未納品に対する関税徴収の優先権を認定しているので、関税未納の貨物は実際的に関税担保物になる。このように関税徴収の優先権によって、自動的に担保権が設定される関税未納品を関税の一般担保という。法的には、自動的に設定される担保物という意味で法定担保ともいう。

特別担保とは、一般担保物が減免税を受けたり、税関長の管理下にある保税地域などから搬出される場合、減免税または分割納付の場合[307]、保税地域外に蔵置するの場合[308]、特別保税地域に搬入する場合[309]、保税工場で作業する場合[310]、保税建設場の域外作業の場合[311]、保税運送の場合[312]および輸入申告前搬出の場合[313]における関税徴収権の確保のために、税関長が別に求める担保物を意味する。関税徴収の対象品が外国貨物の状態で保税地域内にある間は、その貨物は税関長の搬出承認によってのみ搬出できるので関税の徴収が容易であるが、保税地域を離れると関税債権の確保が難しいので、債権確保のために別途の担保を求めるようになる。これは税関長と納税義務者間の特別な法律行為によって設定されるものであるから、約定担保ともいう[314]。

関税法上の担保物の種類には、金銭、国家または地方自治団体が発行した債券および証券、銀行保証、韓国証券取引所に上場され大統領が指定する証券、納税保証保険証券、信用保証基金法の規定による信用保証、新技術事業金融支援に関する法律の規定による信用保証、不動産、登記または登録された船舶、航空機および重機で保険に加入されたもの、大統領令が定める保証人の保証、関税庁長が

---

[306] 関税法、第3条第1項。
[307] 関税法、第108条第1項。
[308] 関税法、第156条。
[309] 関税法、第181条。
[310] 関税法、第185条。
[311] 関税法、第195条。
[312] 関税法、第213条。
[313] 関税法、第252条。
[314] 張炳徹、前掲書、p.218。

認める者が発行または保証する約束手形などがある[315]。

このような担保が輸入通関の際に要求されることは、輸入者には大きな負担となるので、関税滞納のおそれがない信用ある業者に対しては、関税法上要求される担保の提供を免じる制度がある。これを信用担保という。信用担保を認める条件は以下のとおりである。つまり、最近3年以上輸出入実績があるメーカーで関税滞納がなく、最近2年間関税法違反事実がなく、最近2年続けて利益が発生した業者である。ただし、過去2年間続けて利益が発生しなかった業者でも、韓国証券取引所上場法人として10年以上製造業を営んだ業者には、信用担保が認められる。

その他の納税義務者は、関税法の規定によって、継続的に担保を提供しなければならない。理由がある場合には、関税庁長の定めによって一定期間に提供すべき担保を、包括してあらかじめ税関長に提供することができ[316]、包括担保制度という。これは、継続的で頻繁に輸入する貿易業者が、その都度かかる時間と経費を節約できるように、一度提供された担保物を繰り返し利用する制度である。

4.4 関税担保がない場合の徴収

担保提供がないときや徴収金額が足りない場合は、関税法に規定がある時を除いて、国税基本法と国税徴収法の規定に従う[317]。また、税関長は、関税の滞納処分をするときには、財産の差し押え、保管、運送などにかかる費用に相当する金額を、滞納処分費として徴収することができる[318]。

減免税を受けた貨物を用途外に使用して課税の対象となったが担保がない場合、輸入申告が受理された後、税率適用の誤り、課税標準適用の誤り、減免税適用の誤りなどで関税を追徴する場合および自主納付が行われない場合には、国税の優先権を定めている国税基本法と国税の滞納処分の手続き[319]を定めている国税徴収法によって徴収することになる。しかし、貨物が保税地域に蔵置中であり納付期

---

[315] 関税法、第24条第1項。
[316] 関税法、第24条第4項。
[317] 関税法、第26条第1項。
[318] 関税法、第26条第2項。
[319] 国税徴収法、第21～第84条。

限まで関税を納めない場合、その貨物自体が担保になるので滞納処分の対象にはならない

関税のは徴収猶予制度は、返還特例法による輸出用原材料の徴収猶予制度以外は、関税法に規定がない。国税徴収法（第17条滞納額などの徴収猶予）には、納税者が災害または盗難で財産に大きな損失を被った場合、事業に顕著な損失を被った場合、事業が重大な危機に瀕した場合などには、納付期日を再び定めるなど、徴収を猶予することができると規定している。しかし、担保がない場合の関税の徴収を国税徴収法によって行う場合に、関税の滞納もこの規定による徴収猶予が可能であるかについては、積極的に認める解釈論と消極的な解釈論に二分されている。

積極的な解釈論の根拠は、関税法第23条（関税担保などがない場合の徴収）には担保がない場合の関税徴収は、国税徴収法を適用するようにしており、納税者を保護しながら徴収するのが徴収の実効を上げられるということから、滞納関税の徴収猶予が可能だということである[320]。

かたや消極的な解釈論の根拠は、滞納ではないときには徴収猶予は認められないと言う一方で、滞納者には徴収猶予を許すことは公平に反しており、国税徴収法の適用は滞納処分規定のみ準用することができるにすぎず、徴収猶予は不可能だとする[321]。

関税法第23条第1項で「この法に規定があることを除いては国税基本法と国税徴収法の規定による」としている。しかし関税徴収の確保のため、関税法に規定がないという理由で、関税とは性格が異なる内国税に適用される国税徴収法の規定全般を、関税徴収に適用するのは適当とはいえない。例えば、全般的な適用が可能ならば、国税徴収法で定めている納期前徴収制度[322]などの多くの規定をすべて関税徴収にも適用すべきである。関税徴収における国税徴収法の適用は、滞納処分手続に限定させる消極的な解釈論の方が合理的だと思われる[323]。

---

[320] 張炳徹、前掲書、p.227－228。
[321] 張炳徹、前掲書、p.228。
[322] 国税徴収法、第14条。
[323] 張炳徹、前掲書、p.228。

第 3 章　関税法

　欠損処分とは、一定の理由で、納税義務者に賦課した租税を徴収することができないと認める場合に、納税義務を消滅させる課税債権者の行政処分をいう。税関長は、納税義務者に、関税徴収権の消滅時効が完成されたとき、滞納処分が終結されて滞納額に充当された分配金額がその滞納額に足りないとき、滞納処分貨物である総財産の算定価額が、滞納処分費に当てて残余が出る余地がないとき、滞納者の行方が不明であったり、財産がないということが判明されて滞納額を徴収する見込みがないときなど、当該関税に関する欠損処分をすることができる。

　税関長が欠損処分をするときには、地方行政機関または金融機関に対して滞納者の行方やその財産の有無を調査しなければならない。税関長は、滞納者の財産を発見することができないため欠損処分をした後、他に差し押さえできる財産が発見された場合には、遅滞なくにその処分を取り消して滞納処分をしなければならない。欠損処分を取り消すとは、徴収権を復活させて関税債権を確保することである。欠損処分時点で財産の存在が明確になった場合には、欠損処分の取消が可能であるが、処分以後につくられた財産の場合には、欠損処分を取り消すことができない。

　欠損処分を行う場合には、滞納者の財産がその時点で存在しないことを調査し確認した上で、税関の関税滞納整理委員会(5 人以上 7 人以内の委員で構成)の審議を経なければならない。

5　関税の時効

　時効制度は消滅時効と取得時効からなる。これは一定の事実状態が長期間続く場合、その事実状態をそのまま尊重することによって、権利関係として認める制度である。つまり、真の法律関係がどうであろうと、一定の期間続いた事実を尊重することによって、法律生活の安定を図るのを目的とする司法制度である。

　公法上の時効制度としては、予算会計法に公法上の金銭債権の消滅時効に関する一般規定を置いている外にも、各特別法に特別規定を置いている。関税法にも関税徴収権及び返付請求権の消滅時効[324]と、時効の中断[325]に関して規定を設ける

---

[324] 関税法、第22条。

ことによって、予算会計法上の時効制度に関する一般規定の適用を排除している。

　予算会計法は、国家を当事者とする公法上の金銭債権の時効期間を原則として5年と規定している[326]。 しかし関税法では原則として2年と短い[327]。これは輸入品の特殊性を勘案して、商取引の安定を図るためである。つまり輸入品は短期間に何回も流通される場合が多く、関税は商品の流通によって価格に含まれて転嫁されるので、長期間経過後に再び関税を賦課することになれば、取引秩序に混乱をもたらすことがあるからである。

　ところが、このような関税の消滅時効制度は、不正な方法で関税を脱税し返還を受ける場合または正当な理由なしに関税を納付しなかった場合[328]には適用できない。このような不正行為の場合には、一般公法上の金銭債権と同じく消滅時効期間を5年と定めて関税債権の確保を図っている。

　時効の中断とは、時効の基礎になる事実状態と相反される一定の事実が起きた場合に時効の完成を阻止することをいう。つまり、時効が進む途中、ある理由によってその進行が中止されることをいう。時効中断制度は、徴収権の確保および返還請求権の確保など権利者の保護にその目的がある。時効中断理由が発生すると、既に進行した時効期間はその効力を失い、当該中断事由が終わった日からまた時効が進行する。当該事由が終った翌日が時効の起算日となる。

　納税告知書が納税義務者に送付された際に時効が中断し、納付の期限が経過したときに時効は再び進行し、更正処分が納税義務者に送付されたときに、当該更正と係わる部分の徴収権の消滅時効は中断され、当該納付期限が経過されれば再び時効が進む場合などが、時効中断の事由である。

6　内国税などの賦課・徴収

　輸入品に対して税関長が賦課・徴収する付加価値税、特別消費税、酒税、教育税、交通税、農漁村特別税(以下、「内国税など」というが、内国税の加算金・加算税

---

[325] 関税法、第23条。
[326] 予算会計法、第71条。
[327] 関税法、第21条第1項。
[328] 関税法、第21条第1項。

第3章　関税法

および滞納処分費を含める。)の賦課、徴収、返還、欠損処分などに関して、各関係税法と関税法の規定が異なる場合には、関税法の規定を優先的に適用する[329]。

国税基本法第3条には、国税賦課の原則・納税義務の承継・連帯納税義務者・納税担保・管轄官庁・補則などに対して各税法上に特別規定がある場合、その税法の規定を優先適用するように規定している。国税徴収法第2条には、税関長が賦課・徴収する内国税などに関しては、この国税基本法と国税徴収法の規定にもかかわらず、各税法上に特別規定がある場合を除いては、関税法の規定を優先して適用するように定めている。

7 減免税制度
7.1 関税の減免税制度

関税の減免税とは、一定の要件を備えた場合に、無条件または一定条件下で関税の納付義務を一部または全部を免除することをいう。関税の減税は、納税義務を一部免除して関税額を軽減することを意味し、関税の免税とは税額を免じることをいう。

このような減免税制度は、経済政策、文化政策、社会政策などの様々な種類の政策的目標を実現する手段として利用されている。具体的には、外交的な慣例、基幹産業の育成、資源開発の促進、特定産業の保護、学術研究の促進、社会政策の遂行、加工貿易の推進、貿易の増大、消費者保護、物価の安定などの目的で活用されている。

減免税制度は無条件減免税と条件付き減免税の2種類に分けられる。無条件減免税とは、輸入する際の特定の事実に基づいて免税し、その後の事後管理をしないことである。政府使用品に対する免税[330]、再輸入減免税[331]、外交官および準外交官免税などで[332]、特定のいくつかの品目を除いたすべての品目が無条件減免税に該当する。

---

[329] 関税法、第4条第1項。
[330] 関税法、第92条。
[331] 関税法、第99条。
[332] 関税法、第88条。

条件付き減免税は、解除条件をつけて減免を行うことで、もし解除条件が満たされると免税を取り消すことである。例えば、特定の用途にのみ使うことを条件で減免税を適用した物品について、もし他の用途に使う場合には、減免税処分を取り消して関税を徴収する。

　条件付き減免税品物に対しては、減免税条件の履行を確かめるために事後管理をしている。条件付き減免税には、航空機製造用原料品減免税[333]、学術研究用品減免税[334]、特定品減免税[335]、環境汚染防止品などに対する減免税[336]、再輸出免税[337]、再輸出減免税[338]などがある。

7.2　外交官免税

　外交官の免税特権は国際的な慣例として認められている。韓国に駐在する外交官らは、相互条件によって関税の免税を受けている。このように外交使節に対して免税特権を含めた治外法権を付与するのは伝統的な慣例で、国際法上初めて規定されたのは1961年の「外交関係に関するウイーン条約」である。この条約では外交公館の公用品のみならず外交官およびその家族の使用品に対しても、関税と内国税の免税特権を認めている。

　関税法第88条では、原則として、外国公館の公用品と公館員およびその家族が自家使用を目的で輸入するすべての輸入品に対して無条件で免税を認めている。ただし、特定のいくつかの品目に対しては、免税品の譲渡を制限して、用途外に使うときには譲受者から関税を徴収するように定めている。

　外国公館用品や外交官用品に対する免税手続きは、自動車[339]のような特定の品

---

[333] 関税法、第89条。
[334] 関税法、第90条。
[335] 関税法、第93条。
[336] 関税法、第95条。
[337] 関税法、第97条。
[338] 関税法、第97条。
[339] 外交官用自動車の免税通関手続を見ると、輸入申告時に外務部（日本の外務省）長官の免税通関依頼書と送り状を添付して税関に差し出す。税関では輸入申告済証の備考欄に「本車両は免税された車両として輸入申告受理日から5年以内には税関長の承認なしには譲渡・譲り受けることができない」と捺印して免税通関する。

- 144 -

第3章　関税法

目を除いては、通関手続とともに簡易手続(簡易通関要領)に従っており、特に外国公館用は現品検査を略している。

7.3　航空機製造用原材料に対する減免税

防衛産業用品減免税制度(1977年末までの時限的運用)と、航空機など製造用原材料減免税制度は、製造用原材料減免税制度に属する。これは完成品を輸入する代わりに、部品や原材料を輸入して国内で組立・加工することによって、外貨を節約し国内の雇用を増加させると同時に、技術を向上させて経済基盤の強化に寄与するためである。

部品や原材料に対する関税が減免されて輸入した後、用途どおりに使っていることを管理するために、税関長が指定した工場で製造・加工する場合にのみ減免できるように定めている[340]。これを指定工場制度という[341]。

7.4　学術研究用品の減免税

学術研究用品減免制度は、教育と学術の振興および研究・開発を促進するために輸入される物品に対して適用される減免税制度[342]である。該当する品目としては、政府または地方自治団体が教育および学術振興のために、学校または訓練院で使う目的で輸入する学術研究用品・教育用品・実験実習用品として総理令が決める品目、学校・公共医療機関・公共職業訓練院・博物館、その他これに準じると総理令が定める機関で使う見本・参考品・図書・レコード・録音されたテープ・録画されたスライド・撮影されたフィルム・その他これと類似の品目や資料、学校・公共医療

---

[340] 関税法、第89条。
[341] この指定工場制度は、関税未納の原材料を税関長が指定した工場に搬入・生産して国内で使うという点で内需用保税工場制度と似ている点が多い。しかし内需用保税工場では輸入原資材を保税状態、つまり通関されてない外国貨物状態で保税工場に搬入して税関の管理下で物品を製造した後、輸入申告して課税通関(その物品が免税対象ならば免税を申請して免税を受けることもありうる。)することによって内需用として使える。これに反して指定工場では原材料を減免税受けて輸入通関した後、指定工場に搬入して製造する過程で製造完了報告等の関税の管理を受けるが、その製造された品物は輸入通関手続きなしに内需用として使うことができる。
[342] 関税法、第90条。

機関・公共職業訓練院・博物館などの機関で使う学術研究用品・教育用品および実験実習用品として外国から寄贈される品目(ただし総理令が定める品目は除く)、総理令が定める機関が科学技術の研究・開発に供するために輸入する物品の中で外国から寄贈されるものなどである。

学術研究用品減免税を受ける物品は、関税庁長が定める期間内には、本来の用途外に使用したり譲渡(賃貸を含む)することはできない[343]。

7.5　特定品の減免税

特定品減免税とは、宗教用品・慈善救護用品・環境汚染防止用品・運動競技用品・農魚村住宅改良事業用品・開拓地開発用品など、社会および文化政策上の必要によって関税を減免する制度[344]である。この適用を受ける品目としては教会、寺院など宗教団体の礼拝用品や式典用品として外国から寄贈される物品、慈善または救護の目的で寄贈される給与品および総理令で定めた慈善・救護施設または社会福祉施設に寄贈される物品として当該用途に直接供する物品、または国際親善活動のために寄贈する物品、家族計画事業に使うための物品(製造用原料品を含める。)として総理令が定める品目、視覚・聴覚及び言語障害者、遅滞障害者、人工透析などのための用途で特殊制作または製造された品物の中で総理令が定める品目、動植物の繁殖・食糧および種子改良のための物品の中で総理令が定める品目、国際オリンピックおよびアジア競技種目に当たる運動用具(部分品を含める)として総理令が定める者が輸入する品目、博覧会その他これに準じる行事に使うためにその行事に参加する者が輸入する物品の中で総理令が定める品目、航空機の発着および航行の安全に必要な機械器具およびその部品と地上整備用機械・器具の中で、国内で制作するのが困難である物として総理令が定める品目、韓国船舶が外国政府の許可を受けて外国の領海で採捕した水産物、核事故または放射能緊急事態時その復旧支援および救護の目的で外国から寄贈される物品として総理令が定める品目、韓国船舶が外国の船舶と協力して総理令が定める方法で採捕した水産物(これ

---

[343] 関税法、第102条。
[344] 関税法、第93条。

を原料として韓国船舶で製造・加工された物を含める。)として水産庁長が推薦する品目、水産庁長の許可を受けた者が総理令で定める要件に適するように外国人と合作して採捕した水産物の中で水産庁長が推薦する品目、韓国船舶などによって採捕された水産物および水産物の包装に使用された物品として再使用が不可能な物の中で総理令が定める品目などがある。

7.6　環境汚染防止品などに対する減免税

　環境汚染防止品などに対する減免税制度は、汚染物質の排出防止または処理、器具などと廃棄物処理(リサイクル含む)のための機械・器具などが輸入される場合に、関税を減免、韓国の環境汚染を防ぐために設けた制度[345]である。これに該当する品目としては、汚染物質(騒音・振動を含める)の排出防止または処理のため使う機械・器具・施設・装備、廃棄物処理(リサイクルの場合を含める)のために使う機械・器具、産業災害または職業病の予防に直接使う機械・器具、機械・電子技術または情報処理技術を応用した工場自動化機械・器具・設備(その構成機器を含める。)および物品の核心部品などである。

7.7　再輸出免税

　再輸出免税は、輸入品を短期間内に再輸出することを条件とした免税制度である。関税法[346]では再輸出免税に関して、総理令が定める品目として輸入申告受理日から1年の範囲内で、大統領令の定めに従って税関長が定める期間内に再び輸出する物品に対しては、その関税を免じることができると定めている。

　このように再輸出免税制度[347]の対象品目は、短期間内に再輸出される物品である輸出入品の包装用品、一時入国者の携帯品および取材用品、船舶乗組員用品、

---

[345] 関税法、第95条。
[346] 関税法、第97条。
[347] 関税法上再輸出免税に関する制度は2種類ある。1つは法第29条の再輸出免税で、これは再輸出期間を原則として短期間である1年にしてその期間内再輸出される品物に対して全額を免税する制度である。もう1つは法第29条の2に規定された再輸出減免税制度で、これは再輸出期間を原則として長期間である2年(特定の場合は4年)にして賃貸借契約または請負契約によって一時輸入される物品に対して関税を一部軽減する制度である。

学術研究用品、一時入国者の乗用車、輸出用品運送車両、展覧会用品など総理令で定める品目である。再輸出期間は原則的に1年以内で税関長が決定するが、やむを得ない事情があるときには、1年の範囲内で期間の延長が可能である。

7.8 再輸出減免税

再輸出減免税は、工事用機械・器具や修理・加工用機械・器具を、賃貸借契約や請負契約によって国内で一時的に使い途中で再び返したり、外国から船舶を用船してきて使用し途中で再び返す場合など、その輸入に対する関税を減免する制度をいう。

このような物品は、国内での使用期間が比較的長期間なので、再輸出免税[348]の期間より(1年以内)よりもっと長い2年または4年の再輸出期間を認めている[349]。一方、その物品が国内で使われる間、価値が減少される点を勘案して、税額免除するのではなく一部だけを軽減している。

外国との条約や協定などによって輸入するときには、相互条件によってその関税を全額免除している[350]。国際間の賃貸借品に対しては、相互的に免税輸入するとの条約を締結した場合には、関税の全額を免じることになる。これは国際間リース産業を支援するためのものである。

7.9 政府用品などに対する免税

政府用品などの免税は、政府地方自治体に対する寄贈品・政府輸入軍需品・外国首脳および旅行者の携帯品・解体船舶などの解体財、記録文書、非常通信用品などに対して免税する制度である。これは輸入される物品が、財政収入や国内産業保護に大きな影響を及ぼさないと認定されるためである。政府用品などの免税は、無条件免税に該当するために、免税条件の履行可否に対する事後管理や追徴などは起こらない[351]。

---

[348] 関税法、第97条。
[349] 関税法、第98条第1項。
[350] 関税法、第98条第1項。
[351] 関税法、第92条。

7.10 準外交官などに対する免税

準外交官などに対する免税は、政府との事業契約をした外国人の事業契約遂行に必要な事務用品、国際機構および外国政府から政府に派遣された関係者などが使う物品などに対して、外交官に準じる免税を付与する制度[352]である。準外交官などが免税を受ける品目も外交官免税の場合と同じく無条件免税である。しかし乗用車など特定品目は5年以内に用途外に使う者への譲渡を禁じており、これを譲渡した場合には関税が追徴される。

7.11 輸出用原資材などの減免税および返還

関税法第104条には、輸出用原資材などの減免税および返還制度が規定されている。輸出用原材料に対する関税および返還に関して特別法(1975年7月1日成立)では、特に規定していないので、この規定は事実上死文化している。従って関税など返還に関する臨時特例法によって、関税および返還制度が施行されている。ここで返還とは、輸出用原材料が輸入される時に納めた関税が、輸出を履行した後に返還される制度をいう。

7.12 損傷減税

損傷減税とは、輸入申告した物品が輸入申告が受理される前に、変質または損傷を生じたとき[353]、価値の減少分を[354]減税扱いするものである。これは、追徴関税にも適用される。ここで変質とは、化学的変化によって品物の価値が減少することをいい、損傷とは物理的変化によって品物の価値が減少することをいう。

7.13 再輸入免税

再輸入免税とは、輸出された物品がある事情によって再び輸入される場合に、その関税を免じることである。輸出された品物が国内産である場合や、輸入した物品であっても輸入時に既に関税を納めた場合、この物品がまた輸入されて関税

---

[352] 関税法、第88条。
[353] 関税法、第100条第1項。
[354] 関税法、第100条第2項。

を賦課するのは不合理であるから、この物品に対しては関税を免じている。

　加工または修理する目的で輸出した後再び輸入される物品や、短期間内（1年ないし2年）に再輸入される物品および輸出品の包装容器として再輸入される物品などに対しては免税をする[355]。ただし、輸出された物品が、外国で加工または修理などにより付加価値がついて再輸入される場合には、物品の価値上昇分に対してのみ課税をし、当初輸出された時点の物品の価値は免税される。

　加工または修理用品の再輸入期限は1年で、一般輸出は1年または2年と制限しており、輸出用品容器に対しては制限を設けていない。その外、携帯品に対しては再輸入免税をしている。携帯搬出した物品を再輸入する場合には、入国の際に携帯搬出の証明を提示して免税を受けることができる。

7.14　関税減免品の減免継続

　条件付き減免を受けた物品または用途税率の適用を受けた物品を、一定期間内に本来の用途外に使用したり、他用途に使う者に譲渡する場合には、減免された関税を譲渡人から直ちに徴収する。譲渡人から徴収することができないときには、譲受人（賃借人含む）から徴収する。しかし、他用途の使用や譲渡が減免税になる用途ならば、関税を追徴せずに関税減免を継続する。これが関税減免の継続である。

　また、関税減免品を中小企業に譲渡（賃貸）する場合にも、減免継続を認められる。つまり、関税減免を受けた者が、系列化中小企業に譲渡する場合には、減免対象外の譲渡でも、減免継続を認め、中小企業を支援しようとすることである。

　新しい用途によって減免する関税の金額が、当初減免された関税の金額より少ない場合には、その差額を徴収する。

7.15　事後管理

　関税の減免と分割納付制度は、国家の政策的必要によって一種の特恵を付与することなので、その政策的目的である特定産業保護、先端産業開発、学術研究促

---

[355] 関税法、第99条。

進などを達成するためには、一定の条件と義務を付与する同時に、これに伴う条件と義務履行可否を確かめることとなる。事後管理とは、関税の減免や分割納付承認を受けて輸入申告受理をした物品に対して、条件通りに使用しているか、または税関長の承認を受けずに無断譲渡をしていないかなどを、税関で確認または管理することである。このような事後管理は、関税政策面で減免税や分割納付の目的を達成する一方、用途外使用や無断譲渡を防いで、関税徴収を適切に確保するのを目的とする。

事後管理方法は、現物管理と書面管理の2種類の方法があるが、書面管理が一般的である。関税の減免を受けた物品を、税関長の承認を得て輸出したときには、用途外使用とみなさず、事後管理を終結する。ただし、関税の減免を受けた物品を、加工または修理を目的に輸出した後再び輸入したり、海外試験および研究目的で輸出した後再び輸入して、再輸入免税の規定による減免を受けた場合には、事後管理を継続する。

7.16 他法令による減免品の関税徴収

関税法以外の法令や条約・協定などによって関税が減免された物品を、その輸入申告受理日から5年以内に、用途外に使用したり用途外に使う者に譲渡しようとするときには、特別な規定がある場合を除いて、税関長の確認を受けなければならない[356]。

関税法以外の法令の中で、関税の減免規定を置いている法には外資導入法がある。関税の減免規定を持つ条約または協定としては、SOFA、韓国ドイツ技術援助協定、韓米技術援助協助、韓米救護協定、AID借款協定、IBRD借款協定、韓米航空協定などの行政協定がある。このような法令や条約または協定に依拠して関税を減免する場合には、一般的に減免を受ける物品を特定用途に使うことを条件に減免している。しかし当該法令や条約または協定では、条件を履行しない場合にも関税を追徴するように規定していない場合が多いので、関税の追徴ができるようにこの規定を設けている。ただし、当該法令や条約または協定などに用途外に

---

[356] 関税法、第109条第1項。

使っても関税を追徴しないという規定があれば、関税法による追徴は行われないし、用途外使用に関する税関長の確認も受ける必要がない。

　税関長の確認を受けなければならない物品に対しては、その用途外に使用した者またはその譲渡をした者から、免除された関税を直ちに徴収しなければならない。譲渡人から徴収することができないときには、譲受人から減免された関税を直ちに徴収する。ただし、その物品が災害その他やむを得ない事情で、滅失したりあらかじめ税関長の承認を得て滅却したときには例外とする[357]。

7.17　関税の返還

　関税の返還は、関税法の規定による過誤納金の場合、違約品の関税返還の場合、返還特例法による輸出用原資材に対する場合に行われる。

　過誤納金の返還とは、錯誤により過大な税額が納付されたことを事後に発見して、税関長が納税者に余剰分を返還することである。過誤納とは、誤って国家が不当利得を取得することをいう。納税義務者はこのような不当利得の返還請求をする権利がある。過誤納金の返還請求権は、公法上の不当利得返還請求権だということができる。過誤納金に対する返還請求権は、これが行使できる日から2年で時効が成立する。

　税関長は、過誤納金の返還の際、対象者が税関に納付すべき関税等があるときには、これを関税などに充当することができる。納税義務者は、過誤納金に関する権利を第三者に譲渡することができる。税関長は、過多返還が発生した場合には徴収しなければならない。この際、過多返還時（返還日の翌日）から徴収決定日までの返還加算金を過多返還額に付加する。

　このような返還加算金制度は、国家が不当に徴収した税金などを返還する場合に利子性格の金額を追加で支給することによって、納税者の被害を補正しようとする意図がある。逆に、過多返還時の加算金制度は、過多返還による国家の被害を補うことにその意図がある。

　違約品物の関税返還は、輸入申告が受理された物品が契約内容と異なっている

---

[357] 関税法、第109条第2項。

ため、全部または一部を再輸出する場合[358]、契約内容と相異している輸入品を滅却または廃棄する場合[359]、輸入申告が受理された物品が指定保税地域内にある間、災害によって滅失・変質または損傷した場合[360]に行われ、徴収猶予または分割納付中にある違約品には関税徴収が取り消される[361]。

違約品に対する関税返還制度は、その物品が輸入されても輸入の効果がなくなるので徴収した関税を返還することである。徴収猶予中あるいは分割納付中である関税は、関税の賦課自体を取り消す。

輸入申告が受理された品物が契約内容と不一致であるため、輸入申告当時の性質または形が変更されていない物品を、輸入申告受理日から1年内に保税地域に搬入して輸出したときには、その関税を返還する。

輸入申告が受理された物品が契約内容と異なり、輸入申告受理当時の性質または形が変更されてない物品を廃棄することがやむを得ない場合には、物品の輸入申告受理日から1年以内に保税地域に搬入して、税関長の承認を得て廃棄したときには、その関税を返還する。

輸入申告が受理された物品が、輸入申告受理後続けて指定保税地域に蔵置されている間に、災害によって滅失されたり変質または損傷によってその価値が減少したときには、その関税の全部または一部を返還する。ここで滅失とは焼失または遺失などの場合をいい、変質または損傷とは化学的・物理的変化によって価値が減少することをいう。従って紛失や人為的滅失行為による価値減少は対象にはならない。

7.18 関税の分割納付

関税の分割納付とは、施設機械類・基礎設備品、政府または地方自治団体が直接輸入する特定品、学校・職業訓練院・非営利法人が輸入する特定品、医療機関など社会福祉機関および施設が輸入する特定品、企業付設研究所・非営利研究機関が輸

---

[358] 関税法、第106条第2項。
[359] 関税法、第106条第3項。
[360] 関税法、第106条第4項。
[361] 関税法、第106条第5項。

入する研究用品・特定の中小メーカーが使う物品などに対して、1年を超えない期間を定めて関税の分割納付を認める制度である[362]。この制度は、産業施設機械や基礎設備品の輸入にかかる莫大な資金上の負担を軽くすることによって重要施設産業を支援し、政府・地方自治団体・学校・職業訓練院・非営利法人などの予算事情を考慮して、資金負担を軽減するために設けられた。

関税の分割納付承認を得た物品を、同一の用途に使う者に譲渡したときには、その譲受人が、用途外に使う者に譲渡したときにはその譲渡人が関税を納付しなければならない。譲渡人から当該関税を徴収することができないときには、その譲受人から徴収する。関税の分割納付承認を得た法人が合併されたときには、合併によって設立される法人または合併後存続する法人が、関税を納めなければならない。また関税の分割納付承認を得た者が、破産宣告を受けたときには、その破産管財人が関税を納め、関税の分割納付承認を得た法人が解散したときには、その清算人が関税を納めなければならない。

7.19　担保の提供と事後管理

税関長は必要と認めるときには、大統領令が定める基準内で、関税庁長の定めに従って、関税法その他法律または条約によって関税の減免または分割納付の承認を受けた物品に対して、関税額に相当する担保を提供するように求めることができる[363]。

関税債権の確保のために担保が要求されるのは、関税法上減免または分割納付の承認を受けた品物に限定される。減免品の中でも、無条件免税[364]、外交官免税[365]、準外交官免税[366]の場合には、担保は不要で、条件付き減免税の場合と分割納付承認の場合に担保提供を求めることができる。担保提供を要求できる場合であっても、税関長が必要だと認める場合にのみ担保提供を求めており、実際には特別な場合を除いては担保の提供を求めない。

---

[362] 関税法、第107条。
[363] 関税法、第108条第1項。
[364] 関税法、第92条。
[365] 関税法、第88条。
[366] 関税法、第88条。

特定の用途に使用または特定の行為をすることを条件にして関税の減免または分割納付を承認した場合には、関税の減免または分割納付承認の目的を達成するために、これらの条件履行可否を、輸入申告が受理された以後にも調査し管理する事後管理が行われる。事後管理は、無条件減免の場合に行われず、条件付き減免品と分割納付承認品に対してのみ行われる。

関税法およびその他の法律または条約によって関税の減免または分割納付の承認を受けた者は、大統領令の定めに従って、当該条件の履行の確認に必要な書類を税関長に提出しなければならない[367]。

事後管理は、一定期間、賦課された条件の履行可否を管理することである。もし当該期間内に用途外に使うなど、当該条件履行をしなかった場合には、減免または分割納付を承認した関税を直ちに納付しなければならない。

事後管理の方法としては、現物管理と書面管理の2種類があるが、関税法では条件履行を確かめるのに必要な書類を税関長に提出することを規定しており[368]、書面管理を原則としている。

第4節　輸出入品の管理
1　運輸手段
1.1　船舶と航空機

関税法上、運輸手段とは、船舶、航空機、車両を意味する。このような運輸手段の中で関税法上規制の対象は、主に外国貿易船と外国貿易機である。外国貿易船(機)は貿易のために韓国と外国を往来する船舶(航空機)をいう[369]。韓国国籍を持った外国貿易船(機)を内国籍外国貿易船(機)、外国の国籍を持った外国貿易船(機)を外国的外国貿易船(機)という。

関税法で外国貿易船(機)を規制する理由は、これら運輸手段が外国貨物を運送しているため、密輸出入発生の可能性があり、外国貨物に対する関税徴収および通関秩序の確保が難しくなるからである。関税法による外国貿易船(機)に対する

---

[367] 関税法、第108条第2項。
[368] 関税法、第108条第2項。
[369] 関税法、第2条第5項、第6項。

規制内容は次の通りである。

①外国貿易船(機)は、許可なしには不開港の出入りが禁じられる[370]。②外国貿易船は、開港に入港する際に税関長に入港報告書および積荷目録などを提出しなければならない[371]。③出港時には税関長に出港報告をし、出港許可を受けなければならない[372]。④荷役をするためには、税関長に申告して確認を受け、指定通路を通行し税関の監視が容易になるようする[373]。⑤外国貿易船(機)に旅客または乗組員以外の者が乗船(機)しようとする場合には、税関長に申告し税関職員の確認を受けなければならない[374]。⑥外国貿易船が港外荷役をするためには、税関長の許可を受けなければならない[375]。⑦船(機)用品を外国貿易船(機)に荷役したり積替えようとするときには、税関長の許可を受けなければならない[376]。違反者は追徴される[377]。⑧保税運送業者、港湾荷役業者、開港場内用役業者などは税関に登録しなければならない[378]。

開港[379]は外国貿易船(機)が往来する港または空港で、大統領令で指定されている所をいう[380]。開港には、税関、出入国管理事務所、検疫所など外国貿易船(機)と海外旅行者の入出港管理事務を担当する国家機関が駐在する。開港ではない港または空港を不開港という。

外国貿易船または外国貿易機は、開港を通らなければ往来できない[381]。不開港には税関がないため、外国品に対する監視と管理ができないためである。税関な

---

[370] 関税法、第134条第1項。
[371] 関税法、第135条。
[372] 関税法、第136条。
[373] 関税法、第140条。
[374] 関税法、第141条。
[375] 関税法、第142条。
[376] 関税法、第143条第1項。
[377] 関税法、第143条第4項。
[378] 関税法、第222条第1項。
[379] 関税法第133条による開港は次のとおりである（大統領令、第171664号）。仁川港、釜山港、馬山港、麗水港、木浦港、群山港、濟州港、墨湖港、蔚山港、統營港、三千浦港、ザンスン浦港、浦項港、張項港、玉浦港、東海港、平澤港、デサン港、三陟港、鎭海港、莞島港、仁川空港、金浦空港、金海空港、済州空港、清州空港。
[380] 関税法、第133条。
[381] 関税法、第134条第1項。

ど出入港管理機関が常駐する開港にだけ、外国貿易船(機)が出入りできるようにすることによって、集中的な管理が可能となる。

しかしやむを得ない事情で不開港に出入りしなければならない場合には、税関長の不開港出入許可を受けなければならない[382]。移動が困難な巨大貨物を不開港で荷役または積載する場合、活鮮魚の輸出の際に開港まで行かず現地漁港から直接外国へ出港する場合、船舶を修理したり船用品を積載する場合などは、不開港出入許可を受けることとなる。

外国貿易船または外国貿易機に貨物を積載あるいは荷卸することを業にする者(荷役業者)、保税運送を業にする者(保税運送業者)、外国貿易船または外国貿易機に船用品、機用品または用役を供給することを業にする者(開港場内用役業者)、保税地域で外国人に物品または用役を供給することを業にする者は、各々主務部署に登録している業者である。彼らはすべて保税品を取り扱ったり、保税地域または外航船(機)に出入りする業者として、税関長の監視と指揮監督を受けなければならない。そのため各主務部署に対する登録とは別に、税関にも登録しなければならない。これにより、以上の業者に対する税関長の監視と監督が効率的に行われる[383]。

1.2　車両

関税法(第148条-第153条)では、陸地の国境を出入りする車両に対する規制事項を規定している。現在、韓国は南北が分断されていて、事実上国境は閉鎖状態にあるので、この車両に関する条項は南北統一後に適用する規定である。

国境を出入りする車両は関税通路を経由しなければならず、通関駅または通関場で停車しなければならない[384]。

関税通路とは、陸接国境から通関駅に至る一般輸送用鉄道と、陸接国境から通関場に至る陸路または水路として税関長が指定した通路のことをいう。通関駅は、国外と連結され国境に近接した一般輸送用鉄道駅の中から関税庁長が指定したと

---

[382] 関税法、第134条第1項ただし書き。
[383] 関税法、第222条第1項。
[384] 関税法、第148条。

ころである。また通関場は、関税通路に接続した場所の中から税関長が指定する。

駅長は、鉄道車両が外国から通関駅に着いたときには、遅滞なくその積載貨物の目録を税関長に提出しなければならない[385]。鉄道車両が外国に向かって発車しようとするときには、税関長にその列車に関する事項を報告して発車許可を受けなければならない[386]。通関駅または通関場で、外国貨物を積載したり荷卸しようとする者は、税関長に届け出て税関職員の確認を受けなければならない[387]。

2 保税制度
2.1 保税制度の概念

保税を一般的には「関税留保」または「関税未納」の意味で解釈しているが、関税の賦課対象ではない無税品も輸入通関前には保税品または保税貨物と呼んでいるので、保税の意味を厳格に解釈すれば「輸入許可未済状態」ということができる。

従って「保税地域」は、外国品が輸入免許未済状態で搬入される区域をいい、「保税運送」は、外国品物が輸入免許未済状態で国内運送されることをいう。いわゆる「保税貨物」を「税金が留保された貨物」と解釈する場合が多いが、免税状態で通関される貨物は税金徴収が留保されているにもかかわらず保税貨物とはいわない。一方、税金が留保されていなくても、無税品が輸入許可を受けていない状態では保税貨物と呼ばれる。このように見れば、保税貨物とは外国貨物と見ることができる。

保税制度は保税地域制度と保税運送制度に分けられる。保税地域とは保税貨物を搬入、蔵置、加工、建設、展示、販売する地域をいい、保税運送は保税貨物を国内で運送するこという[388]。

---

[385] 関税法、第149条。
[386] 関税法、第150条。
[387] 関税法、第151条。
[388] 保税地域と似ている制度として自由貿易地域(free trade zone)、自由港(free port)または輸出自由地域(export free zone)などのような自由地域制度がある。保税地域と自由地域は、外国品が保税状態でその域内に搬入することができるという点では同じである。しかし保税地域内では税関の厳しい統制を受けて域内に搬入する物品の種類も制限される

- 158 -

第3章　関税法

２．２　保税制度の機能

　保税制度の第一の機能は、関税徴収権を確保することができることである。保税地域は厳しい税関管理下に置かれていて、輸入しようとする外国品は関税を納付し輸入許可を受けて、保税地域から搬出することができる。このような制度により、関税徴収権を確保できる。保税運送も税関が統制することによって、国内での運送過程での保税貨物の流出を防ぎ、流出された場合には関税徴収が容易にできるようにしている。

　第二に、通関秩序の確立に寄与する。すべての輸入品と輸出品は、保税地域を経由して通関されるのが原則である。無税品も保税地域を経由して輸入または輸出される。輸出品のように税金と関係のない外国品も保税運送しなければならないのは、無許可輸出入を防ぎ、輸出入の許可を要する事項に対しては税関の現物検査を受けるようにして不正輸出を防ぐためである。

　第三に、税関業務の効率性を高めることができる。税関の監視と取り締まりが容易な場所だけを保税地域として指定して、税関がすべての外国品と通関品の搬出入監視、輸出入の検査、保税作業、保税建設などに対する監視と管理を効率的にできるようにしている。

　第四に、輸出支援の機能がある。保税地域の１つとして保税工場がある。保税工場は内需用保税工場と輸出用保税工場に分けられる。輸出用保税工場の場合、保税状態で外国品である原材料を使って製造・加工した後輸出するという点で、関税など輸入諸税の負担を軽くするだけでなく、原材料の輸入通関や製品の輸出通関のような煩わしい手続きが省略されるという点で便利である。このような理由で、原材料を外国に依存する国では保税工場制度が輸出支援策の１つとしてよく利用されている。

―――――――――――――――――――――――――――――――――

(例:保税工場には原材料のみ外国品状態で搬入することができ、施設財は内国品のみ搬入することができる。)。保税地域の設置目的は保税貨物の加工輸出である場合(輸出用保税工場)以外に、輸出入通関をする品物の蔵置、外国品の建設、展示、販売などその目的が様々である。これに反して、自由地域は関税法の適用が原則的に排除されるので、税関の統制も外郭管理と品物の搬出入を監視するのに留まり、域内には原材料のみならず施設財も外国貨物状態で搬入される。またその設置目的は主に輸出品の加工や中継貿易商品の蔵置などにあるという点などで保税地域とは異なる(張炳徹、前掲書p. 354)。

保税制度のこのような機能が発揮されるためには、第一に、すべての保税貨物と輸出入通関をしようとする物品は、保税地域に搬入し蔵置されなければならない。第二に、保税地域に対する税関の規制が確立していなければならない。ただし、輸出入の増加に比べて税関職員が足りなり実情であるから、大幅に保税地域設置者に委任されて自律的な管理制度が行われている。つまり、指定保税地域または特別保税地域の中で、貨物の管理や税関監視に支障がないと認めて、税関長が指定する保税地域を自律管理保税地域という。この制度は、保税貨物の増加に比べて税関職員数が不足しているという点に勘案し、保税地域管理人が専門的な保税貨物管理担当者を雇って自律的に管理することをいう。

2.3　保税地域に対する税関の監督

　やむを得ない理由で臨時に臨蔵置した物品以外の、すべての外国品や輸出許可を受けようとする貨物は、保税地域以外に蔵置することができない[389]。保税地域に物品を搬入・搬出するときには、原則的として税関長に申告しなければならない。必要に応じて、税関職員を立ち会わせることができる[390]。保税地域に蔵置された貨物に対しては、現状維持に必要な程度の補修作業をすることができる[391]。保税地域に蔵置された貨物を腐敗あるいは損傷などの理由で滅却しようとするときには、税関長の承認を得なければならない。蔵置された外国貨物が滅失・滅却されたときにも原則的に関税を徴収する。保税地域内にあった外国品が、やむを得ない理由以外で滅失されたり、税関長の承認を受けずに滅却した場合、さらには盗まれた場合には、直ちに該当関税を徴収する。このとき、時納税義務者は特別保税地域である場合はその設営人、その他の場合は保管人(貨物管理人または貨物所有者)になる[392]。

　このように滅失・滅却・紛失・盗難などの場合にも関税を徴収する理論的根拠としては、それが輸入と同じ効果があると見る見解(輸入擬制説)と、それによって

---

[389] 関税法、第155条。
[390] 関税法、第157条。
[391] 関税法、第158条。
[392] 関税法、第160条。

第 3 章　関税法

関税債権が侵害されたという見解(債権侵害説)がある[393]。

　保税地域蔵置品の見本を搬出するためには、税関長の許可を受けなければならない[394]。保税地域利用者と他所蔵置品取扱者は、税関長の命令を遵守し、税関職員の指示を受けなければならない[395]。税関長は、保税地域に税関職員を派遣し税関事務の一部を処理させることができる[396]。

　特別保税地域を設置するには、税関長の特別許可を受けて手数料を納めなければならない[397]。蔵置品に対する関税の納付能力がなかったり、設置者とその従業員が税関長の命令に不服であったり、施設が不備な場合などには、特別保税地域への貨物搬入を停止させたり、保税建設・保税販売・保税展示などを停止させることができる[398]。保税地域設置者の廃業、設営人の死亡、期間の満了、特別許可の取消などの場合には、保税地域設営の特別許可は喪失される[399]。税関長は、設営人を監督し報告を受け、税関職員に設営状況を検査させることができる[400]。税関長は、自家用保税蔵地場・自家用保税倉庫・保税展示場・保税建設場および保税販売場に、蔵置品に対する担保の提供を要求できる[401]。税関長は、特別保税地域の運営に必要な施設・機械・器具の設備を命じることができる[402]。

2.4　保税地域の種類

　保税地域は、指定保税地域、特別保税地域、総合保税地域に分けられる。指定保税地域には指定蔵置場と税関検査場があり、特別保税地域には保税蔵置場、保税倉庫、保税工場、保税展示場、保税建設場、保税販売場などがある[403]。

　指定保税地域とは、税関長が指定した保税地域で、指定された一定区域内で特

---

[393] 張炳徹、前掲書、p. 370。
[394] 関税法、第161条第1項。
[395] 関税法、第162条。
[396] 関税法、第163条。
[397] 関税法、第174条。
[398] 関税法、第78条。
[399] 関税法、第179条。
[400] 関税法、第180条。
[401] 関税法、第181条。
[402] 関税法、第180条第3項。
[403] 関税法、第154条。

定品の蔵置や輸入品の検査をする場所である。特別保税地域とは、税関長が個人に許可した保税地域である。総合保税地域とは、特別保税地域が持つ複数の機能を総合的に指定した地域である。

　指定蔵置場は、通関しようとする品物を一時蔵置するための場所で、税関長が指定した保税地域をいう。税関長が、国家、地方自治団体、公共団体の営造物または土地に対して指定するものである。空港や埠頭のように輸出入貨物が必ず通過し、保管や運送が便利な地域を指定して、一般の便宜を図ることを目的とする。指定蔵置場の蔵置期間は貨物搬入日から3か月である。ただし、税関長が特別な理由があると認めるときには、2か月の範囲内で期間を延長することができる。蔵置される貨物は、輸入および積戻し申告受理を受けようとする外国貨物であり、内国貨物の搬入は許されていない。通関目的外に、一部検査を受けようとする貨物も蔵置できる。

　税関検査場は、通関しようとする貨物を検査するための場所として、税関長が指定した保税地域で、消極的保税地域のひとつである。具体的には、税関や国際空港の携帯品検査場などがある。搬入対象貨物は、通関品の中で検査を目的とするものである。税関長は、検査を受ける貨物の全部または一部を、税関検査場に搬入して検査をすることができる。税関検査場に搬入された品物にかかる費用は荷主が負担する。

　保税蔵置場とは、通関するための貨物を蔵置するために、私人が許可を受けて設営する地域を言う。ここに蔵置される貨物は、外国品と内国運送の承認を受けようとする内国貨物である。保税蔵置場の許可期間はは10年以内である。また貨物の蔵置期間は1年を超えない範囲で関税庁長が決定する。例えば、釜山港、仁川港の場合は搬入日から2か月、その他の地域は搬入日から3か月としている。通関貨物の取扱を阻害しない範囲で、内国貨物の蔵置も可能である。これは保税蔵置場の有効利用を目的としている。保税蔵置場に6か月以上内国貨物だけを蔵置する場合には、設置者は税関長の承認を受けなければならない。

　保税倉庫とは、外国貨物を保管するために、私人が許可を受けて設置する保税地域を言う。関税を徴収していない外国貨物を長期間にわたり保管しながら、商機を見て国内に輸入したり外国へ返送する場合などに使用される。目的は国内取

第3章　関税法

引の円滑化と中継貿易の振興である。保税倉庫の設置期限は10年以内であるが更新ができる。貨物の蔵置期間は搬入してから2年であり、必要な場合には1年の延長が可能である。内国貨物の保管期間は、外国貨物の期間より短い。ただし、政府備蓄用品、防衛産業用品、輸出用原材料、輸出品補修用品として総理令が定める貨物は必要な期間を装置期間とする。

　保税工場とは、外国貨物または外国貨物と内国貨物を原材料にして製造・加工を行うための区域をいう。目的は、関税未済の外国貨物を使用して製品を製造加工した後、輸出あるいは輸入ができるようにして、加工貿易を振興させることである。保税工場の種類には、輸出用保税工場、内需用保税工場、内需輸出兼用保税工場、特別保税工場などがある。輸出用保税工場は、外国貨物または内外国貨物を原材料として製造・加工した品物を外国に輸出する工場をいう。このようにして作られた製品を外国に輸出することを関税法では積戻しという。保税工場の本来の趣旨は輸出用保税工場であり、今でも発展途上国では輸出支援策のひとつとして利用されている。内需用保税工場は輸入する品物を製造・加工することを目的とする保税工場をいい、製造・加工の後に輸入通関して国内で使用することを目的とする。内需輸出兼用保税工場は、輸出品と輸入品すべてを製造・加工することを目的にする保税工場である。特別保税工場は、原材料の製造・加工による損耗率が安定していて、監視が容易であると認められ、税関手続きの一部を省いたり簡単な方法で行うように指定した工場をいう。保税工場で製造・加工した製品を輸入する場合には、製品に対して課税するいわゆる製品課税が原則である[404]。特別に総理令で定める原材料の場合には、保税工場搬入時に検査を受けるようにしており、検査の際、原材料の性質と数量によって課税するようになる。これを原料課税という。これは、製品税率より低い原料税率を適用したり、内外国品混用の場合、外国品である原料に対してのみ課税することによって、特定業界を保護するのことを目的とする。原料課税の対象品目は、現在、電子器機および同部品、加工用の宝石や貴金属などである。

---

[404] この時の関税額の算出は次のような算式による。
　関税額=(製品価格×外国原材料価格)/(外国原材料価格+内国原材料価格)×税率×課税原率

保税建設場とは、産業施設の建設にかかる外国品である機械設備品または工事用装備を装備・使用して建設工事を行う区域をいう。大規模重化学産業施設を建設する場合、多くの外国設備品や機械類が必要となる。このような物品は、未組立状態の部品や素材状態で分割船積みされて輸入される。ところが、この部品を１つずつ輸入通関しようとすれば非常に煩わしく通関に時間がかかる。従って、このような部品を外国貨物状態で保税建設場に搬入して建設工事に投入し、工事の進行とともに施設が組み立てられ、１つの課税単位となった際に輸入通関するのが保税建設場制度である。保税建設場は、外国貨物を使用して保税作業（工事）を行い、組み立てられた製品を輸入通関するという点で、内需用保税工場と似ている制度である。しかし、第一に、許可対象である保税工場は特定品を繰り返し生産する工場であるのに対して、保税建設場は建設されるプラント自体が保税地域となるという点で両者は異なる。第二に、輸入申告時点が保税工場では製品が完成された後であるが、保税建設場では使用（工事投入）前という点でも両者は異なる。

　許可期間は、当該建設工事の期間を考慮して税関長が決定し延長できる。蔵置期間は許可期間と同じである。

　保税展示場とは、博覧会や展示会などの運営のために、外国貨物の蔵置や展示または使用をする地域で、積極的保税地域に該当する。博覧会などの場合、輸入通関をするが再輸出条件付き申告受理を受けて展示する一時輸入方法、輸入通関せずに保税状態のまま展示する方法の２つがある。この制度は貿易振興と文化向上を目的とする。保税展示場の設置許可期間は、当該展覧会などの会期を考慮して税関長が決めており、蔵置期間も許可期間と同じである。博覧会などの運営のための外国品使用とは、外国品の性質または形に変形を加えたり、博覧会の主催者、出品者、観覧者がその保税展示場内で消費する行為も含まれる。

　保税販売場とは、外交官免税権者が使う物品や外国へ搬出する物品を販売する区域で、税関長の許可を受けた所である。保税販売場は２種類に分けられる。第一は外国へ搬出する外国品を販売する場所で、国際空港にあるいわゆる免税店がその代表的な例である。第二は、駐韓外国公館の外交官に免税品を販売する売場がその代表的な例である。国際空港の出国人専用売店（免税店）は、出国手続きを

第3章　関税法

終えた出国旅客のみ利用できる場所に設けられ、そこで販売された品物は輸入通関手続なしに国内に搬入できず、外国品をそのまま販売できるようにしている。また出国場以外の場所である市内などに免税店(これを「市内出国人専用売店」という。)を設けて、出国する外国人がそこで商品交換権を買い入れて、それを持って出国する際、出国場の引き渡し場で現物と交換できるようにしている。駐韓外交官使用品販売場(これを「外交官専用売店」という。)は、輸入外国品を売場に搬入、それを免税権者である駐韓外国公館の外交官らに販売した後、簡単な手続に従って免税通関手続を行う制度である。

2.5　総合保税地域

　総合保税地域とは、特別保税地域のそれぞれの保税機能を総合的に利用できるようにした地域をいう。これは外国人投資地域制度の導入し、国際的な生産拠点や物流拠点を整備することを目的としている。

　関税庁長は、独自にまたは関係中央行政機関長や地方自治団体長の要請によって、貿易振興の寄与程度や外国品の搬出入量などを考慮して、一定の地域を総合保税地域として指定することができる。

　総合保税地域は、ⓐ 外国人投資促進法による外国人投資地域、ⓑ 産業立地および開発に関する法律による産業団地、ⓒ 公害排除および工場設立に関する法律の規定による外国人投資企業専用産業団地、ⓓ 流通産業発展法による集配送センターおよび共同集配送団地、ⓔ その他総合保税地域に指定することによって外国人投資促進や輸出増大または物流促進などの効果があると予想される地域である。関税庁長は総合保税地域として指定する必要があると認める地域を、その指定対象とする。

　総合保税地域では、特別保税地域で搬出入できるすべての物品を取り扱うことができる。ただし、施設財など地域内で使う物品は通関してから使わなければならない。また、国民の健康や環境保護などに悪影響を与える物品や業種の搬入および入居は制限されている。

　税関長は、総合保税地域の効率的な運営のために、出入りする人員や車両などを統制したり、携帯または搬入される品物を検査することができる。また税関長

は、総合保税地域に搬出入される貨物の状況や使用または処分などを確かめるために、設置者に帳簿または電算装置を利用した記録の提出を要求し検査することができる。

2.6 特別保税地域の管理

　特別保税地域を設置しようとする者は、法で定める設置者の欠格事由に当たらない者でなければならない。また、滞納された関税や内国税がないこと、危険品を装置・製造・展示または販売する場合に、危険品の種類によって関係行政機関の許可または承認を受けること、関税庁長の定めに従って保税貨物の保管および管理に必要な資本金・輸出入規模および設置面積などに関する要件を備えることなどの要件を充足して、税関長の許可を受けなければならない。

　税関長は、特別保税地域の設置者が、蔵置品に対して関税を納める資格がないと認定される場合または関税法による命令を違反する場合には、期間を定めて保税地域への貨物搬入を停止させたり、保税建設、保税販売、保税展示などを停止させることができる。

　許可は、特別な理由がない限り、その期間内に効力を持つが、一定の事実や行政処分がある場合には効力を失う。効力喪失は遡及しない。

　保税蔵置場設置の許可が消滅したときには、その地域に蔵置された残存外国貨物の性質を考慮して、税関長が指定する間はその区域を保税蔵置場とみなす。ただし、その期間は6か月を超えることができない。

　留置制度は、旅行者や韓国と外国を往来する運輸手段に従事する乗組員の携帯品の中で、必要な条件が具備されていない物品を、税関長が留置できるようにする制度である。ここで留置とは、携帯品の輸出入通関を一時保留し、税関で管理する場所にその物品を保管することをいう。留置の事由としては、輸出入承認を受けなかった場合、法令で求める条件書類を備えなかった場合、通関が可能な物品の関税などを納めなかった場合などである。

　預置制度とは、旅行者または韓国と外国を往来する運輸手段に従事する乗組員の携帯品の中で、輸入する意思がない物品を税関長に申告して一時預置させることができる制度である。ここで預置とは、韓国を一時旅行する者が携帯品を税関

に一時保管しておくことを言う。従って預置は、輸入する意思がない物品の一時保管という点で留置とは異なる。

　留置または預置された物品は、税関長が管理する場所に保管する。蔵置期間内に、その物品を輸出、輸入あるいは積み戻ししなければ、装置期間経過品の売却規定に従い売却し、売却代金を税額などに充当した残額は一定期間経過した後荷主に交付する。売却されなかった物品は国庫に帰属する。また、留置・預置された物品が、生命や財産を害するおそれがあるなど特定の場合は、装置期間が経過しなくても税関長はこれを廃棄することができる。

　一方、税関長は、留置および預置貨物に対し搬出通告を行う。もし、留置書や預置書に記載された装置期間が経過するまで輸出、輸入あるいは積み戻ししなかったときには、滞貨公売されるという旨を通告する。

2.7　滞貨物の売却

　税関長は、保税地域に搬入された外国品の蔵置期間が経過したときには、公告した後、売却することができる。蔵置期間が経過した貨物を滞貨物という。滞貨物は公売処理するのが原則である。これは、保税地域での滞貨物を防止して地域の有効活用を促進し、関税などの早期徴収を図って関税収入を適期に確保し、さらには円滑な物流を実現することを目的とする。公売の対象は外国貨物に限っており、内国貨物は蔵置期間経過後10日以内に、荷主の責任で搬出されなければならない。

　蔵置期間経過品の売却は、一般競争入札、指名競争入札、随意契約、競買および委託販売によらなければならない。売却方法は、競争入札(3回)または委託販売(例外的)、競買または随意契約、委託販売を順次適用する。

　税関長は、売却代金を関税など諸税に充当し、残金があるときには荷主に交付する。残金を荷主に交付する前に、その質権や留置権によって担保となった債権の金額を質権者または留置権者に交付する。荷主に残金を交付するに際に、関税庁長の定めによってその交付を一時保有することができる。

2.8 国庫帰属

装置期間が経過した外国貨物を売却するため公売を行なったが、売却されない場合には、蔵置場所から貨物を搬出する機会を荷主に与える。しかし、搬出されない場合には、貨物の所有権を国庫に帰属させることができる。

2.9 蔵置品の廃棄

税関長は、保税地域に蔵置された物品、他所蔵置した物品、災害その他やむを得ない事由で臨時蔵置した物品、検疫を受けるために検疫場所に蔵置した検疫品などの中で、腐敗したり人の生命を害するおそれがあるものは廃棄処分することができる。これは品物の性質上、続けて蔵置すると他の貨物に被害を与えることになり、また保税地域の効率的運用を阻害する可能性があるからである。

廃棄公告は事前に行うのが原則であるが、緊迫な事情がある場合には事後にすることもできる。廃棄公告にあたっては、荷主などの住所が不明であったりその他の理由によって通告できないときには、公告でこれに代えることができる。

税関長が蔵置品を廃棄したり、あるいは荷主が廃棄または積み戻した場合には、その費用は荷主負担となる。これは一種の行政代執行制度である。

2.10 保税地域搬入命令

関税庁長または税関長は、輸出申告が受理されて外国へ搬出される前の貨物と、輸入申告が受理されて搬出された貨物で、関税法の規定による義務事項を違反したり国民の健康を害するおそれがある場合には、保税地域に搬入することを命じることができる。搬入命令を受けた者は、貨物を指定保税地域に搬入しなければならない。この命令は、輸出入品の増加に伴い、迅速な通関によって発生する不法品の搬出入と国内流通を迅速に防止するために導入された制度である。

関税庁長または税関長は、輸出入申告が受理されて搬出された物品に、ⓐ 原産地表示が適法に表示されなかったり輸出入申告受理当時と異なるように表示されている場合、ⓑ 輸入申告受理当時税関が付与した条件(義務履行の要求)を違反した物品の場合、ⓒ 商標権および著作権を侵害した場合など、保税地域に搬入するよう命じることができる。ただし、貨物が搬出後3か月が経過したり、関連法令

第3章　関税法

によって関係行政機関長の是正措置がある場合には命令対象とならない。

　搬入命令制度は、当該貨物と関わる商取引秩序を速やかに安定させるために、搬入命令の発動が可能な期間を搬出後3か月までとしている。搬入命令は、搬入期限、搬入する保税地域などを指定して、荷主または輸出入申告者に搬入命令書を伝達することである。

　税関長は、命令を受けた者に、貨物の積み戻しや廃棄を命じたり、補習や修理の後搬出するように命じることができる。積み戻しや廃棄にかかる費用は、搬入命令を受けた者が負担する。搬入した品物が積み戻しまたは廃棄された場合には、当初の輸出入申告受理は取り消されたとみなして、納付した関税は返還される。

3　保税運送

　保税運送とは、外国貨物にまま保税地域の間を運送することである。外国貨物を国内で運送する際には、輸入関税徴収確保、輸入申告受理前搬出の防止などのために保税運送の発送地と到着地を限定し、開港、保税区域、他所蔵置場、税関、通関駅および通関場所間にのみ保税運送できるようにしている。必要な場合には、保税運送担保を提供するように要求することができる。

　保税運送は、貿易業者の経費節減や迅速通関など輸出入業者支援のほか、保税地域の効率的利用の面からも、その利用を拡大させる必要がある。一方で、保税貨物の移動に伴う監視の困難さのために、制限すべきであるとの意見もある。税関は、保税貨物が税関の管理や統制から離脱するので、関税債権の確保などのために担保を要求したり、到着地保税地域設置者の搬入申告を要求している。

　保税運送業者には、保税運送品の検査を省いたり、担保提供が免除される一般簡易保税運送業者、"Door to Door Service"の提供をすることができる総合簡易保税運送業者、管理対象貨物など特定品物を保税運送することができる特定品簡易保税運送業者の区別がある。

　輸出品の場合、原則的に保税運送制度を廃止し、代わりに船積地保税地域に輸出申告受理日から30日以内に搬入することを許可している。また、入港前事前保税運送申告を許して、積荷目録(manifest)が正確に税関に提出された貨物は、入港してすぐに埠頭を保税運送できるようにしている。これを埠頭保税運送という。

税関長は、管理の必要上、運送経路を指定することができる。運送は指定期間内に終了しなければならない。指定期間内に保税運送が終らなかったときは、直ちに関税を徴収する。これは運送期間内に到着していない場合には、物品が不法流出されて国内で消費されたとみなすためである。また税関長の承認なしに滅却した場合にも、関税を直ちに徴収する。

　保税運送品の検査は、一般輸入品の検査と同じく、原則的には指定蔵置場または税関検査場で行い、その他の場所で検査を受ける場合には許可を受けなくてはならない。その場合には、荷主は出張検査手数料を納めなければならない。保税運送申告は、一般輸出入申告と同じく、正当な理由がある場合に限って、税関長の承認を受けて取り下げることができる。保税運送の申告を受理した後、申告取り下げが認められた場合は、保税運送申告の効力は喪失する。

第5節　通関

1　総説

1.1　輸出入通関の意義

　通関とは、関税法の規定に従い貨物を輸出、輸入、積み戻しすることをいう。貿易取引は書類上の手続が中心であるから、輸出入通関段階で実物との一致を確かめる税関長の行為である。通関は輸出、輸入、積み戻しされた貨物に対して、各種法令上の規定を確認、執行する制度である。このような通関は税関行政の中心であり、適正な通関の遂行を通じて、財政収入の確保と国家経済政策上必要な各種事項に対する実効性を確保することが通関制度の意義である。以前には通関と関税徴収が一連の過程で行われていたが、現行関税法では、信用担保や包括担保を提供すれば、貨物を搬出することができる。このように、関税を事後に納めることができるようにして、徴収手続と通関手続を区別している。

　通関は、対象貨物の移動経路や性質によって、輸出、輸入、積み戻し、簡易通関に分けられている。簡易通関とは、旅行者の携帯品や郵便物などを簡易な手続きで通関することをいう。また決済方式によって有為替と無為替通関に分けられ、関税の賦課方式によって申告納付と賦課告知方式に分けられる。

　広義の通関手続とは、貨物が保税地域に搬入されてから搬出される時までの一

連の手続きをいう。また狭義の通関手続きとは、貨物の輸入申告から申告受理時までの手続を意味する。通関の対象とは、通関手続に充当される貨物であり、特に関税法上は原則的に外国貨物に限られる。

1.2 輸出入の禁止

貨物の輸出入に関しては、関税法以外に、対外貿易法、外国為替管理法、特別法などで様々な規制をしている。

関税法で規定した事項は、いかなる場合にも輸出入を禁じる絶対的輸出入禁止事項であり、対外貿易法など他法令で規制する事項は一般的禁止事項であり、特定の場合にはその禁止を解除することができる相対的禁止事項である。このような関税法上の輸出入禁止は、国家の安保と善良な風俗を害する物品、経済流通秩序を乱す偽造有価証券などの輸出入を禁じることによって国家と社会の安全を図ろうとすることにその目的がある。

輸出入禁止の対象品目としては、ⓐ国憲を乱したり公安または風俗を害する書籍・刊行物・図書・映画・レコード・彫刻物その他これに準じる品目、ⓑ政府の機密を漏らしたり諜報に供する品目、ⓒ貨幣・紙幣・銀行券・債券その他有価証券の偽造品・変造品または摸造品などである。

1.3 輸入ではない消費

輸入貨物に対しては関税が賦課されるのが原則であるが、物品が事実上国内に搬入されたとみることができない場合や、貨物の搬入が行われたがこれを関税法上の輸入とみて、関税を賦課するのが不合理な場合がある。

つまり、形式的には輸入の形態を備えているが、実質的には輸入の効果が出ない場合、言い換えれば、輸入が行われる過程で使用、消費または滅失などの結果をもたらす場合には輸入とみなさず、輸入通関手続きと課税などを要しない。

輸入ではない消費として認められるのは以下の場合である。ⓐ船用品・機用品を運輸手段内で消費または使用する場合、ⓑ旅行者が携帯品を関税通路や運輸手段内で消費または使用する場合、ⓒ関税法の規定によって消費または使用する場合で、保税地域に蔵置された外国貨物が災害その他やむを得ない理由で滅失した

り、税関長の承認を得て滅却した場合などが該当する。

1.4 輸出入の擬制

外国貨物は、原則的に輸入通関手続を踏んで内国貨物となり、国内流通や消費が自由に行われる。逆に、内国貨物は原則的に輸出通関手続を踏んで外国貨物となり、外国へ搬出することができる。ところが、形式的には輸出入の通関を受けずに、所定の手続きを経て適法に搬入したり外国へ搬出する貨物については、通関を受けたことと認める。関税法ではこれを輸出入の擬制と言う。

輸入申告受理の擬制対象としては、ⓐ 国庫に帰属された物品、ⓑ 通告処分で納付された物品、ⓒ 売却された物品、ⓓ 郵政事業所が受取人に交付した郵便物、ⓔ 没収に替えて追徴された物品、ⓕ 没収された物品などである。この場合には関税法の規定によって適法に輸入されたとみなし、関税などは徴収しない。

輸出および積み戻し申告の擬制対象としては郵便物があるが、郵政事業所が外国に発送した郵便物は、関税法の規定によって適法に輸出または積み戻しが行われたとみる。これは郵便物の簡易通関手続によって、外国搬出を合理化することであると考えられる。

2 関税法上の知的財産権保護
2.1 総説

WTO の知的財産権協定は、知的財産権を特に定義せず、著作権および著作隣接権、商標権、地理的表示権、意匠権、特許権、半導体回路の配置設計権、営業秘密権を知的財産権の例として挙げている。

著作隣接権は、実演家、レコード制作者、放送事業者のために認定される権利で、国際条約としては「著作隣接権に関するローマ協定」つまりローマ協定(TRIPs)がある。この著作隣接権は、伝統的な著作物を利用して成立するので、原著作物とはまったく異なる要素、つまり実演家の技量や音盤制作者および放送事業者の技術的な要素が加味されるので独自の保護が必要である。

WTO の知的財産権協定の基本方針は、既存の関連国際協定を最低の権利保護水準として、さらに内容を強化していることである。また、TRIPs 協定が WTO 協定

の一部として含まれることによって、WTO の一般協定に調印する会員国は、自動的に TRIPs 協定を受け入れることになる。

　TRIPs は3種類の理念に立脚している。一番目の理念は技術革新の促進である。知的財産権制度を通じて権利者に独占権を付与する主な理由は、技術開発を促進するためであるといえる。多くの時間と費用がかかる知的財産の場合、投資費用を回収する制度が設けられなければ、誰も時間や費用を投資しようとはしないであろう。TRIPs の二番目の理念は、技術移転と伝播の促進である。技術開発を通して社会発展に、ひいては人類の発展に寄与するためには、これを公開して適切に伝播させなければならない。TRIPs の三番目の理念は、技術・知識に対する生産者と利用者間の相互利益の増進である。

　知的財産権は個人あるいは法人の所属する権利であることを認めて、偽造商品の国際間交易を抑えている。また、開発および技術開発を含めて、その施行において最大限の融通性を確保しなければならないという最貧国の要求を最大限反映している。このような主要目的を達成するために、GATT など関連国際協定と世界知的財産権機構(WIPO)との相互協力を推進するよう定めている。

　知的財産権侵害品の輸出入は、国際市場で韓国製品に対する信頼度を低下させ、国際通商摩擦の要因になっている。消費者保護側面でも不正経済行為といえる。知的財産権侵害品は市場に流通されると、その取り締まりが非常に難しい。効率的な取り締まりのためには、貿易取引の最前線で輸出入通関業務を遂行する税関の役割が重要である。

　今までは、商標権や著作権侵害品が輸出入される場合には、税関が取り締まる法的根拠が脆弱であった。しかし、WTO の会員国になり WTO の一般協定の一部である TRIPs を受け入れて、知的財産権を侵す貨物の取り締まり根拠を設け、消費者保護の実効性を高めることになった。

２．２　知的財産権保護の内容

　知的財産権には、商標権、特許権、著作権、実用新案権など様々であるが、韓国関税法はこの中で商標権と著作権だけを保護の対象にしている。これは税関が知的財産権に対する専門機関ではないので、比較的侵害可否の判定が容易である

商標権と著作権だけを対象にして通関上の摩擦を減らす一方、過度な取り締まりのよる通関遅延を防ぐことを目的としているためである。

関税庁長は、商標権を侵す貨物の効率的な取り締まりのために、必要な場合は商標権を登録した者が一定の事項を記載した申告書を税関長に提出するようにしている。つまり、ⓐ 商標権を使うことができる権利者、ⓑ 商標権利内容および範囲、ⓒ 侵害可能性がある輸出入者または輸出入国、ⓓ 侵害事実を確かめるために必要な事項などを記載して税関長に申告書を提出するようにしている。

税関長に申告した商標権に対しては、商標権侵害事実が明白な偽造品である場合にのみ税関長が職権で通関を保留することができる。その他の場合で、税関長は税関に申告された商標権を侵害するおそれがあると認める場合には、商標権申告人に当該品の輸出入申告事実を通報しなければならない。通報を受けた商標権申告者は税関長に、担保を提供し輸出入申告された貨物の通関保留を求めることができる。

税関長は、輸出入申告された貨物が、通関保留が要請された商標権侵害品だと認定される場合には、当該貨物の通関を保留しなければならない。ただし、商標権者が当該貨物の通関に同意する場合には通関を許すことができる。

原則的に、輸出入通関の保留期間は、保留要請人が保留事実を通報した日から10日までである。しかし保留要請人が保留事実を通報した後10日(休日および公休日は除く)以内に裁判所に訴えた事実を立証したり、輸出入申告受理の保留を続けるようにする裁判所の仮処分決定事実を通報した場合には、輸出入申告受理の保留を続けることができる。この場合、通関保留を求めた者がやむを得ない理由で10日以内に裁判所に訴えることができないときには、上記立証期間を10日間まで延ばすことができる。

通関の保留が裁判所の仮保護措置によって施行される状態であったり継続される場合、通関の保留期間は、ⓐ 裁判所で仮保護措置期間を明示したときにはその最後の日、ⓑ 裁判所で仮保護措置期間を明示しなかったときには仮保護措置開始日から31日までとする。

輸出入申告者が通関保留された貨物に対して、通関を求めようとする場合には、申請書および知的財産権を侵さなかったことを証明する資料などを税関長に提出

しなければならない。要請を受けた税関長は、その要請事実を遅滞なく通関の保留を求めた者に通報しなければならない。その通報を受けた者は、侵害と関わる証拠資料を税関長に差し出すことができる。

通関要請を受けた税関長は、当該貨物の通関許容可否を通関要請日から15日以内に決定しなければならない。この場合、税関長は関係機関と協議し、また専門家の意見を聞いて決定することができる。

WTO会員国は、旅行者の個人携帯品または郵便物など個人用途に使うために少量輸出入される貨物に対しては、商標権侵害品輸出入禁止条項の適用を排除する。

3　輸入通関

3．1 総説

輸入通関とは、貨物を輸入しようとする者が税関に申告し、税関長は輸入申告が適法に行われた場合に遅滞なく輸入申告を受理して、貨物が搬出できるようにする一連の過程を言う。

3．2　輸入申告

輸入申告は、通関士、通関士法人、通関取扱法人または輸入荷主の名義で行なうことができる。貨物を輸入しようとする者は、品名、規格、数量、価格、その他大統領令が定める事項を税関長に申告しなければならない。輸入申告は、輸入しようとする意思を税関に表示することで、これによって適用法令と課税物件納税義務者が確定される。

申告の時期は、出港前輸入申告、入港前輸入申告、入港後保税地域到着前輸入申告、保税地域蔵置後申告の中から、必要によって選択することができる。

輸入申告は、原則的に貨物を通関しようとする税関に申告しなければならない。出港前・入港前申告は入港予定地を管轄する税関長に、入港後保税地域到着前申告は保税地域を管轄する税関長に、保税地域蔵置後申告は貨物が蔵置された保税地域管轄税関長に申告しなければならない。

輸入申告期間については、物品を指定蔵置場または保税蔵置場に搬入したり、他所蔵置の許可を受けて保税地域ではない場所に蔵置した者は、その搬入日また

は許可日から30日以内に輸入申告をしなければならない。税関長は、指定蔵置場、保税蔵置場の搬入日または他所蔵置の許可日から30日が経過した後輸入申告された貨物に対しては、貨物の課税価格の100分の2に相当する金額の範囲内で加算税を徴収する。

3.3 輸入検査と貨物自動選別システム

税関職員は、輸入申告書に記載されている品目と現品との同一性を確かめるために、輸入申告された物品を検査することができる。また税関長は輸入申告をしなかった貨物に対しては、関税庁長の定めに従って、職権でこれを検査することができる。このような輸入検査は貨物が蔵置されている保税地域で行うのが原則であるが、他所蔵置されている場合にはその場所で行う。

貨物自動選別システム(Cargo Selectivity)とは、輸出入される物品の中でコンピューターに登録された基準に従い違反可能性が高いと予測される物品を選んで、集中的に検査することによって、検査の効率性を高めようとする検査技法である。貨物自動選別システム（C/S制度）は、制限された検査人員で、通関貨物に対する検査割合を低下させる一方で、摘発割合を高めることを目的にしている。

C/S制度の根拠条文として関税法第140条(品物の検査)第1項は、「税関職員は輸入しようとする貨物に対して検査することができる」と規定している。同条の第2項には「関税庁長は検査の効率を高めるために検査対象・検査範囲・検査方法など必要な基準を決めることができる」と規定している。

C/Sを適用しない貨物は、ⓐ旅行者または乗組員の携帯品、ⓑ郵便物、引越貨物、ⓒSOFAに対する免税対象品物、ⓓ外交官用品などである。

C/Sの検査対象は、選別システムに登録された選別検査基準に基づいて指定された品目をいう。税関長は必要な場合に電算検査対象として選別されていない品目に対しても現品検査をすることができる。

税関長は電算検査対象として指定された輸入貨物の中で、一定の事由によって検査の必要性がないと認められる場合には、検査を省くことができる。

第3章　関税法

3．4　輸入申告受理

　税関長は、輸入申告が関税法の規定に従い正当に行われた場合には、これを遅滞なく受理して申告人に申告済証を交付する。輸入申告をした者は、申告受理前には関税法上の蔵置場所または運輸手段または関税通路から申告された物品を搬出することはできない。

　税関長は、関税を納めなければならない貨物に対しては、大統領令が定める基準に従って、申告受理前に関税相当分の担保を提供するよう要求できる。ただし、ⓐ 関税法その他法律または条約によって関税の減免・徴収期間延長または分割納付を承認するときに、担保提供を受けない場合、ⓑ 関税庁長の定めに従って、旅行者携帯品を納税告知と同時に検査現場で搬出承認する場合、ⓒ 納めるべき関税を既に納めた場合、ⓓ 政府機関・地方自治体または政府投資機関が、輸入する貨物や学術用品減免税対象品目の中で、一部機関が輸入する貨物などのように、担保提供を受けなくても関税の納付に支障がないと大統領令が定めている場合などは、担保を提供しなくてもよい。

　輸入申告をした者は、輸入申告受理前に、運輸手段・関税通路または関税法に規定された蔵置場所から、申告された貨物を搬出することはできない。しかし、輸入申告をした貨物を税関長の申告受理前に、蔵置場から搬出しようとする者は、納付予定の関税額に相当する担保を提供して税関長の承認を得て搬出することができる。これを申告受理前搬出という。

　申告受理前搬出をしようとする者は、担保を提供しなければならない。しかし、ⓐ 政府・地方自治体または政府投資機関が輸入する物品、ⓑ 学校、公共医療機関などが輸入する物品、ⓒ 最近2年間関税法違反事実がない輸出入者または信用評価機関から信用度が高いと評価された者が輸入する物品、ⓓ 輸出用原材料など輸入品物の性質・搬入事由などを考慮して、関税債権確保に支障がないと関税庁長が指定した物品、などに対しては担保提供を省くことができる。

　申告受理前搬出事由としては、ⓐ 完成品の税番で輸入申告受理を受けようとする物品が、未組立状態で分割輸入された場合、ⓑ 調達基金法による備蓄物資で申告された物品として、実需要者が決められなかった場合、ⓒ 事前税額審査対象品（賦課告知品含む。）として、税額決定に長時間かかる場合などである。

申告受理前搬出規定によって、搬出された物品は内国品とみなす。申告受理前搬出が承認された物品は、通関可否が確定された状態であり、単に税額が決定されていないだけである。徴収すべき税額も現金担保などによって確保しているので、申告受理前搬出時点で事実上申告受理要件が確定されている。また申告受理前搬出した物品の自由な流通や使用を保障する必要もあるからである。

3.5　申告の取り下げ

　申告の取り下げとは、申告人の要請によって申告事項を取り消すことを言う。申告は、正当な理由がある場合に限って、税関長の承認を得て取り下げることができる。ただし、輸入または積み戻しの場合には、運送手段・関税通路または関税法で規定された蔵置場所から物品を搬出した後には、取り下げることはできない。

　輸入申告を行なったにもかかわらず、輸入者の事情によって輸入しがたい状況が発生した場合には、税関長に正当な理由を立証した後、税関長の承認を得て輸入申告を取り下げることができる。その理由には、ⓐ 輸入品の違約・誤送・変質・損傷などで海外供給者などに積み戻すことに合意したとき、ⓑ 災害その他やむを得ない理由で、輸入品が滅失したり税関長の承認を得て滅却しようとする場合、ⓒ 申告税関を誤って記載したとき、またはやむを得ない理由で申告税関または担当部署を変更しようとする場合、ⓓ その他正当な理由があると認められる場合などである。

　輸入申告を取り下げられる時期は、輸入申告の後にそれが受理されるまでは言うまでもなく、受理以降でも可能である。しかし、輸入申告受理を受けて蔵置場から物品を搬出した後は取り下げできない。輸入申告の取り下げが承認されたときには、輸入申告受理の効力が喪失され、輸入申告受理で内国貨物となった物品が再び外国貨物となる。

3.6　申告の却下

　申告の取り下げは申告人の申請を税関長が承認して申告を取り消すことであり、申告の却下とは、税関長が職権で当該申告を断ったり取り消すことである。

　申告要件を備えなかったり、詐欺やその他不正な方法による場合には、当該輸

入申告を却下することができる。却下の具体的な事由としては、ⓐ 賦課告知品物を申告納付品として申告した場合、ⓑ 申告納付品を賦課告知として申告した場合、ⓒ 詐欺など不正な方法で申告した場合、 ⓓ その他輸入申告の形式的要件が備えられなかった場合などである。

3．7　即時搬出制度

輸入しようとする物品を、輸入申告前に運輸手段・関税通路または関税法で規定された蔵置場所から即時に搬出しようとする者は、税関長に搬出申告をしなければならない。税関長は、関税に相当する担保を提供するように要求することができる。またこのように搬出された物品は内国貨物と見なす。

即時搬出の適用対象は、ⓐ 関税などの滞納がなく、最近3年間輸出入実績がある製造業者または外国人投資家が輸入する施設材または原材料および副材料、ⓑ 関税法で担保提供が省略された物品、ⓒ その他関税滞納の恐れがなく、法令の規定による具備条件の確認に支障がない場合で、関税庁長が定める物品などである。

3．8　EDI 輸入通関

EDI(Electronic Data Interchange)とは、コンピュータ相互間に標準化されたメッセージを利用して、資料を伝送する電子文書交換システムである。

関税庁は、迅速な通関のための関税行政の効率性はもちろん、輸出入業界の金融費用および物流コスト節減を図って対外競争力を強めるために、EDIによる書類のない通関手続きの導入を推し進め、94年に EDI 輸出通関システムを開発した。1996年には EDI 輸入通関システムを開発して、本格的な書類なき貿易自動化時代が開かれるようになった。

EDI 輸入通関システムは、取引相手との業務処理において従来の書類に替わり、必要情報を送受信する EDI 電算技術を輸入通関業務に適用したことである。輸入業者、通関士、国庫納入金融機関など輸入関連機関と税関をコンピューターでつないで、EDI 方式により輸入申告を行なう方式である。申告受理結果を自分のオフィスで直接受信して見ることができるし、徴収、保税運送、C/S、貿易統計などにも利用されている。

通関士や輸入申告人は、荷主からB/Lの写し、価格申告書など輸入申告書類を引き受けた後、輸入申告書作成用S/Wを利用して必要事項をコンピューター入力する。

通関士など輸入申告人は、輸入申告書を作成した後に、輸入申告電子文書をKTNETシステムの関税庁M/Bへ伝送する。KTNETは関税庁システムで輸入申告電子文書を伝送する。関税庁システムは、受信した輸入申告電子文書内容が輸入申告書作成規則に合わせて作成されたことを確かめて、誤りがある場合はその内容を輸入申告人に通報する。通報を受けた輸入申告人は、当初の手続きで輸入申告電子文書を関税庁に再電送すればよい。

関税庁システムは、受信した輸入申告件に対する検査の有無を決定し、申告者に対して納付告知書番号を与える。また、税関管理者が登録した審査員配付基準に基づいて審査担当者を決めた後、輸入申告人に検査可否、納付書番号、審査員符号などを通報する。

通関士など輸入申告人は、受付通知を受けた後、申告書を出力した後、添付書類とともに受付結果を税関審査担当者に提出する。受付結果通報内容に審査員符号がない場合には、税関受付担当者に提出する。もし申告書処理期間が経過したときには、申告そのものが却下される。

税関審査担当者は、申告書類および審査画面を通して輸入申告内容を審査し、賦課告知の場合は税額計算をする。また輸入申告が検査対象である場合、現物検査を実施した後検査結果をシステムに登録する。税関では輸入申告資料および検査情報資料を参考にして、検査対象を検査省略に、または検査省略を検査対象に変更することができる。

通関審査が終了した輸入申告は、税関内部の決済後、審査および決裁事項をシステムに登録する。輸入申告が事後納付で申告した場合は、決裁と同時に輸入申告受理となり、事前納付で申告した場合は国庫受納銀行が送信した領収済み通知電子文書を、関税庁システムから受信して異常がなければ輸入申告受理をする。税関収納担当者は、輸入申告受理可否を問い合せた後、輸入申告済み証を関税士など輸入申告者に交付する

通関士など輸入申告者が、税額納付前に当初申告した税額に過不足があること

を知ったときには、修正申告書を作成して税関審査担当者に提出する。ただし、修正申告税額を当日納めなければ、税関で修正申告取消措置をとる。

EDI システム障害で、通関士など輸入申告者が関税庁システムで輸入申告書を伝送することができない場合は、輸入申告者は輸入申告書類と輸入申告内容を入れたディスケットを税関に提出する。税関受付担当者は、まず障害時使用画面である輸入申告書入力画面を通じて提出された輸入申告事項を関税庁システムに登録し、審査結果異常がないときは、一般輸入通関手続と同様の処理をする。

4 輸出通関

貨物を輸出しようとする者が、税関長に申告し、輸出申告が適法に行われた場合には、税関長がこれを遅滞なく受理して貨物を搬出できるようにするための一連の手続を輸出通関という。輸出申告は荷主、通関士、通関士法人、通関取扱法人、完成品供給者の名義で行なうことができる。

貨物を輸出しようとするときには、品名、規格、目的地、原産地、船積地などとその他参考事項などを申告しなければならない。申告後輸出検査が行われる。輸出検査とは、偽装輸出の防止や不法輸出の防止の目的で、輸出申告書上の貨物目録と実際の輸出品の規格、数量などを確かめることを言う。検査場所は当該貨物が蔵置されている場所で行う。

税関長は、輸出申告が関税法の規定に従い正当に行われた場合には、これを遅滞なく受理して申告者に申告済み証を交付する。輸出申告が受理された物品は、輸出申告受理日から 30 日以内に船積みしなければならない。

輸出申告の取り下げは、正当な理由がある場合に限り、税関長の承認を受けることで認められる。輸出の取り下げは、輸出申告以後から当該貨物を積載した船舶が出港する前まで可能である。

税関長は、輸出申告が要件を備えなかったり、詐欺その他不正方法で行われた場合には、輸出申告を却下することができる。

税関長は、輸出申告が受理された貨物が、輸出申告受理日から 30 日以内に船積みされない場合には、輸出申告の受理を取り消すことができる。ただし、ⓐ 申告取り下げ承認の申請が正当な理由があると認定されるとき、ⓑ 船積期間延長承認

の申請が正当な事由があると認定される場合、ⓒ その他税関長が船積期間内の船積みが困難であった場合などは、これを取り消さない。

5 積み戻し通関

　積み戻しとは、韓国に到着した物品を一定の事情によって輸出申告受理を受けずに再び外部に搬出することである。これは外国貨物をそのまま搬出するという点で、内国貨物を外国に搬出する輸出と区分される。また積み戻し通関とは、物品を積み戻そうとする者が税関に申告し、税関長は申告が適法に行われた場合には、遅滞なく申告を受理して、貨物が搬出できるようにする一連の過程のことである。

　物品を積み戻そうとするときには、貨物の品名・規格・数量およびその他大統領令が定める事項を税関長に申告しなければならない。積み戻そうとする物品を他所蔵置場または保税蔵置場に搬入したり、他所蔵置の許可を受けて保税地域以外の場所に搬入した者は、搬入日または許可日から30日以内に積み戻し申告をしなければならない。税関長は、積み戻そうとする者が、保税地域搬入日または他所蔵置許可日から30日以内に積み戻し申告をしない場合には、課税価格の100分の2に相当する金額の範囲内で加算税を徴収する。積み戻し申告は、当該貨物が関税法で規定している蔵置場所(保税地域または他所蔵置場)に蔵置されている場合に限っている。また積み戻し申告は、荷主または通関士の名義で行う。

　税関長は、積み戻しの申告した貨物に対して、申告事項や申告書類に異常がないときには申告を受理する。また、現品検査をする場合には、申告事項と現物が一致すると確認できた時に申告を受理する。

　積み戻し申告の受理を受けた者は、積戻し申告受理前に、運輸手段、関税通路または関税法で規定された蔵置場所から貨物を搬出してはいけない。

　積み戻し申告は、正当な理由がある場合に限って、税関長の承認を得て取り下げることができる。積み戻しの場合、運輸手段、関税通路または関税法で規定された蔵置場所から貨物を搬出した後では、取り下げることができない。税関長は、積み戻し申告が、要件を備えずまたは詐欺その他不正な方法で行われた場合には、積み戻しの申告を却下することができる。

第3章　関税法

6　簡易通関

　旅行者の携帯品や託送品、郵便物などのように少量でしかも頻繁に輸入される物品と、再輸出免税および政府用品などの免税品に対して、一般的な輸入通関手続をするように要求するのは荷主の負担が大きいし、関税行政の効率も悪い。このような場合に、輸入申告を省いたり簡易な方式で輸入通関することを簡易通関という。

　簡易通関が認められるのは、旅行者携帯品（税関長が適当と認める範囲内）、乗組員携帯品（税関長が適当と認める範囲内）、郵便物（輸出入承認を得た郵便物やその他の基準で申告する場合は除く。）、その他書類、小額免税品など迅速な通関のために必要だと認めて関税庁長が定める託送品または別送品などである。再輸出免税および政府用品など免税対象品の中で、関税が免除されたり無税である物品に対しては、検査終了時に輸入申告が受理されたとみなす。

7　郵便物

　郵便物とは、郵便路線を通じて郵送される貨物を言う。実務上では小包（20kg以下）、速達、通商（2kg以下）郵便物と分類されている。郵便物は簡易通関手続によって輸出入され、保税地域に搬入する必要はない。郵便物の中で、輸入承認免税品は輸入申告なしに郵便物目録によって輸入申告受理手続が行われている。

　輸出入または積み戻そうとする郵便物（信書は除外）は、通関郵便局を経由しなければならない。これは国際郵便物を通関郵便局に集中させて、そこに税関職員を派遣し税関検査を効率的に行い、外国品である郵便物の管理を合理的に行おうとするのが目的である。信書は除外されるが、これは商品価値がなく税関検査や課税対象にならないからである。通関郵便局は郵政事業所の中から関税庁長が指定する。

　通関郵便局が郵便物を受け付けたときには、税関長に郵便物目録を提出し検査を受ける。関税庁長が定める郵便物は検査を省くことができる。税関職員が郵便物の包装を開き検査する必要があると認めるときには、通関郵便局はその郵便物の包装を開いてからまた包装しなければならない。

　通関郵便局は、税関長が郵便物に対して輸出入または積み戻すことができない

と決定したときには、その郵便物を発送したり受取人に交付することができない。郵便物が対外貿易法の規定による輸出入の承認を得た物である場合や、その他大統領令が定める基準に当たる場合には、当該郵便物の受取人または発送人は関税法の規定による申告をしなければならない。

税関長は郵便物通関に対する決定をしたときには、その決定事項を、関税を徴収しようとするときには、その額を、通関郵便局に通知しなければならない。通知を受けた通関郵便局は、郵便物の受取人または発送人にその決定事項を通知しなければならない。

第6節　関税行政
1　審査と審判
1.1　行政争訴訟制度

行政措置の瑕疵を是正する方法としては、下級官庁に対する上級官庁の行政監督による方法と、権利または利益が侵害された者が争訟を起こすことによって救済する方法などがある。争訟による方法は、行政機関内部で行われる争訟と司法的手続による争訟に分けられる。行政機関内部で行われる争訟を、行政上争訟または行政救済制度という。行政上争訟とは行政権の違法または不当な処分によって権利または利益が侵害された者が、行政機関に争訟を起こし、処分をした行政官庁またはその監督機関がその処分の正当性可否を再審査・決定することを意味する[405]。

---

[405] 行政争訟は行政機関が違法した処分その他に公権力の行使・不行使などによる国民の権利または利益の侵害を救済し、公法上の権利関係または法適用に関する争いを解決する訴訟手続である(行政訴訟法、第1条)。これに関しては行政訴訟制度がある。行政訴訟制度は行政作用が法規に違反したり公益を害する場合に、公正な手続によって救済しなくてはならないという法治主義要請によって成り立つ制度である。この類型には行政国家と司法国家の両形態がある。韓国は後者を採択している。訴訟の種類には違法した行政行為に対してその取消または変更を求める抗告訴訟と、対等に対立している当事者間に公法上の権利関係に紛争があるとき、裁判所に対してその解決を求める当事者訴訟、具体的に権利や利益の侵害を受けなかったとしても、客観的な行政法規の違法適用を是正するために一般選挙人や一般住民が提起することができる民衆争訟、行政機関相互間に主管争議などがある場合にその解決を求める機関訴訟がある。行政上争訟は行政訴訟のような司法的争訟とはいくつかの面で異なる。その差異点を見ると、第一に、行政上争訟の審議決定機関が行政機

第3章 関税法

　行政権の公権力行使による個人の権利侵害がある場合に、これを最も確実に救済することができる制度は行政訴訟だといえる。しかし行政訴訟法では行政訴訟の前審手続きとして一般的に、行政上争訟の一種である訴願を経るようにしている。また訴願を提起するためには、一般的に異議申請手続きを先に経るようにしている。このように、行政訴訟以前に行政上の争訟を経るようにしたのは、行政訴訟をするには相当な時間と費用がかかるため、行政行為を執行した行政官庁やその監督機関による再審を通じて、迅速な是正または救済を図るためである[406]。
　従って、訴願に関する一般法として訴願法があり、異議申請は一般的に各個別法規ごとに手続を定めている。関税に関する行政上の争訟は、関税の特別な性質上、一般法人訴願法の適用を受けずに、関税法上で訴願に当たる審査請求に関する手続を別に規定することによって、内国税と同じく審判請求ができるようにしている。
　関税法には行政上の争訟制度として、異議申請[407]、審査請求および審判請求の

関であるのに反して、司法的争訟は裁判所の判決によって決められ、第二に、行政上争訟の場合は、争訟提起対象としては行政行為の違法・不当または行政官庁の不作為まで広範囲に認定されるのに反して、司法的争訟は単に行政行為の違法のみを争訟の対象にしている。特に、行政争訟の対象として違法な行政行為のみならず不当な行政行為まで認めるのは、行政の合法性のみならず行政の合目的性を確保することによって個人の権利を最大限に保障するためである。
[406] 行政審判前置主義は、行政訴訟提起における前審として行政審判など行政手続を経由することを要することに注意すべきである。つまり、行政処分に対して、法律の規定によって行政庁に対する行政審判など不服申請ができるようになっている場合に、まずこれに対する裁決などを経た後でなければ、訴訟を起こすことができない制度である。韓国の行政訴訟法も、この原則を採択している(行政訴訟法、第18条第1項)。これは事件の簡易・迅速な処理を図るとともに、裁判所の負担を軽減させようとする配慮からできたのである。例外的に行政審判の提起日から2か月が経ったとき、行政審判の裁決を経由することによって重大な損害が出るおそれがあるとき、その他正当な理由があるときには、行政審判の裁決を経らずに、訴訟を起こすことができる(行政訴訟法、第18条第3項)。このような行政審判前置主義の妥当性可否に対しては多くの論議がある。
[407] 処分の変更とは、行われた行政行為の内容を変動させるときと、行政行為の内容に欠点があるときと、当初は欠点がなかったが事後の事情変更によって変更するときがある。これは上級監督庁によって行われる。行政訴訟法第4条は「…処分の取消または変更」と規定しているが、権力分立と関連して、裁判所は行政行為の積極的変更をすることはできず、「一部取消」という意味での変更をするのに留まると見るのが通説である。行政行為の変更が、欠点による場合でも法的生活の安定を図るという意味で一定の限界がある。

3つが規定されている。異議申請は処分を行う税関長に処分の取消・変更[408]または処分の要求をする争訟をいい、審査請求は税関長に対する監督機関である関税庁長に処分を取消・変更するようにしたり、または必要な処分をするように求める争訟をいう。審判請求とは審査請求決定に不服であったり、決定を受け入れることができなかった場合に、国税審判所に異議申し立てを提起する争訟である。

関税法では、異議申請なしに審査請求ができるようにする理由は、異議申請は処分官庁に対する不服の申請であるから、行政救済制度だけでは不充分で事実上救済の事例も極めてまれで、むしろ行政を煩雑にするため、直接関税庁長に訴願をするようにして迅速な権利救済を図ることができるようにしたからである。関税についても国税審判所に対して審判請求ができるようにしている。

1.2　不服の申請[409]

関税法やその他関税に関する法律または条約に反した処分を受けたり、必要な処分を受けることができずに権利または利益の侵害を受けた者は、関税法上の規定(第2章第4節)による審査請求を行なって、その処分の取消や変更または必要な処分を請求することができる[410]。

---

[408] 異議申請は行政法上違法または不当な行政処分の再審査を処分庁に対して請求する行為をいう。地方自治法(62)、国会議員選挙法(22)などにその例がある外、再調査の請求(地税58)も同じ性質である。審理手続には特別な規定がある外には訴願の場合に準じる。異議の申込には、通常自分の権利または利益が侵害されたことを必要とするが、例外もある。

[409] 不服申請は①行政処分が違法または不当だとしてその取消または変更を求めるため、権限を持った行政庁に対して再審査を請求する行為の総称として、実定法上異議申請・再調査の請求・行政審判などの言葉が使われる。略式の争訟手続きによってこれを裁決または決定する。行政処分の取消または変更の提起は、原則としてその処分に対して法令による不服申請ができるときは、その裁決決定を経由しなければいけない(行政訴訟法、第18条)。②民事訴訟法上の規定上、原審裁判または事実行為(例:執行行為、書記官の処分)によって不利益を受けた者が、同一または下級裁判所に取消・変更の裁判を求める申請または原審裁判の効力を喪失するようにする申請、例えば控訴・上告・抗告・再抗告、その他各種異議(受命裁判官及び受託判事の裁判・支給命令・仮差押命令などに対する異議、上告判決に対する異議、執行方法に関する異議、書記官の処分に対する異議等)などのようなことである。その方式は訴訟、上訴または異議の申請によらなければならないし、裁決を必要とする場合と裁判をせず目的を遂げる場合(例:民事訴訟法第439条)がある。③刑事訴訟法でも民事訴訟法と同じ意味の控訴・上告・抗告・再審などがある。

[410] 関税法、第119条第1項。

第 3 章　関税法

　このように審査請求の要件は、違法または不当な処分が存在したり、必要な処分を受けなかった事実が存在し、これによって権利または利益が侵害された事実が存在することである。関税に関する処分は、税関長の処分以外に関税庁長・財政経済部長官・その他行政機関のすべての処分を対象にすることができる。異議申請では、税関長以外の行政官庁の処分を対象にすることができず、また審査請求では関税庁長と税関長以外の行政官庁の処分を対象にすることができない。しかし審判請求では、関税に関するすべての行政官庁の処分を対象にすることができる。

　上記でいう違法処分とは、法律に違背する処分として合法性が欠如した処分を意味する。不当処分とは法律に違反してはいないが、行政官庁の裁量権を逸脱した処分として合目的性が欠けている処分をいう[411]。また処分とは一般的に行政庁の公権力発動としての行為、つまり行政行為をいう。必要な処分を受けなかった場合にも、審査請求の対象として認めている。これを不作為または拒否処分という。この不作為には処分の請求に対する不作為と、処分の請求なしにも行政庁の職権で行わなければならない処分を行わなかった場合を含む。侵害には、財産権の侵害以外に権利利益の侵害も含む。違法で不当な処分または行政官庁の不作為は、権利利益の侵害と直接的関係がなければならない。

1.3　行政訴訟法との関係

　関税法上の審査請求をする場合には、行政審判に関する一般法人行政審判法を適用せず、関税法に規定された審査請求に関する特例規定を適用するようになっている[412]。つまり訴願法の適用が排除されている。また関税法上行政争訟の最終段階である審判請求の後にも不服である者は、行政訴訟を起こすことができる[413]。行政訴訟は違法な処分に対してのみ申し立てることができ、訴訟は被告（処分庁）

---

[411] 違法処分によって自分の権利が侵害された者は、行政訴訟またはその他の法律の定めに従って、異議申請や訴訟の申し立て等、行政上の不服申請ができる外にも、裁判所にその変更または取消の訴を申し立てることができる。しかし、不当処分に過ぎない場合は異議申請、訴願などを申し立てることができるが、行政訴訟は申し立てることはできない（行政訴訟法、第1条）。
[412] 関税法、第120条第1項。
[413] 関税法、第120条第2項。

の所在地を管轄する高等裁判所に申し立てなければならない。

1．4　審査請求と執行

　異議申請や審査請求または審判請求は、法令に特別な規定がある場合を除いては当該処分の執行に効力が及ばない。ただし、当該裁決庁[414]が必要と認めるときには、その処分の執行を中止させることができる[415]。原則として、審査請求は処分の執行を停止させることができない。例えば、追徴告知になって納付期限が到来する前に審査請求をしても、納付期限が経過すれば加算金が付き、滞納処分手続も進行されるとの意味である。行政処分は公正力を持っているので、当該処分の瑕疵が重大かつ明白であり、当初から当該処分が無効であると判断される場合を除いては、争訟手続や職権で取り消されるまでは適法性が推定される。しかし提起された請求に相当な理由があり、取消が予想される場合や、執行を停止しなければ回復できない損害をかけるおそれがある場合として必要な場合には、処分の執行を停止することができる。

1．5　決定

　決定とは、審査請求に対して審議によって関税庁長が行う最後の決定である。審査請求に対する決定は、却下、棄却、容認の3種類からなる[416]。
　却下とは、審査請求が所定の提起期間後に提起されたり、提起が所定期間内に行われても審査請求した後補正ができないときに、当該請求を差し戻す決定である。提出された請求書の形式要件（期間経過可否）のみ審査し、内容は審査せずに

---

[414] 裁決は、行政庁が異議申請、裁決の申請または行政審判の請求などに対して争訟手続きによって判断を与える処分で、実証法上裁決など用語は一致してはいないがその性質には違いがない。裁決は、普通文書で行い、その理由を添付しなければならない（行政審判法、第35条）。裁決に不服なときにも、再度、審判請求を申し立てることができず（行政審判法、第39条）、裁決が違法な場合には裁判所に申し立てることができる（行政訴訟法、第19条の但し書き）。特に行政処分の取消・変更を求める争訴は、行政審判を請求してその裁決を経なければ、行政訴訟を申し立てることができない（行政訴訟法、第18条第1項）。裁決は判決に準じて裁判的行為としての諸効力、すなわち拘束力・確定力を持ち、当事者および関係者のみならず下級行政庁を拘束する（行政審判法、第37条）。
[415] 関税法、第125条。
[416] 関税法、第128条第1項。

第3章　関税法

差し戻すことである。

　審査請求に理由がないと認定されるときには、当該請求を棄却する決定をする。これは請求の内容を審査して、訴願人の主張が正しくないと判断し、訴願人の主張を拒否することである。

　容認とは、審査請求の理由があると認めるときに、当該請求の対象になった処分の取消、決定または必要な処分を決定することをいう。

　異議申請の決定権者(税関長)と請求の裁決庁(関税庁長)は、当該処分を職権で取り消したりまたは新しい処分を行うようにすることができる立場にある。従って、異議申請や審査請求に対しては新しい処分を行なうこともできるし、一部取消または変更の決定を下すこともできる。しかし審判請求の決定は、独立した準司法的機関である国税審判所の国税審判官会議が行い、不告不利の原則が適用されるために、請求した処分より請求人に不利益な変更や処分をすることができない[417]。

1．6　審判請求

　審査請求をした後、その請求に対する決定に異議があったり決定を受けられなかった場合には、国税審判所に審判請求をすることができる。この際、審判請求の手続は国税基本法(第7章第3節)の規定による。

　審判請求は、その処分をする税関長と関税庁長を経て、国税審判所長に提出する[418]。国税審判所長は、審判請求を受けたときには国税審判官会議の議決に従って決定する。国税審判官会議は、単純な審議機関ではなく議決機関として審判請求に対する最終決定を下す準司法的機能を持つ。

　審判請求に対する決定は審査請求の場合と同じく、却下、棄却、容認に分類される[419]。その内容は審査請求の場合と同じである。審判請求に対する決定をする場合、不告不利の原則が適用されるので、審判請求をした処分より請求人に不利

---

[417] 国税基本法、第79条。
[418] 国税基本法、第69条および第70条。
[419] 国税基本法、第65条。

益な変更をすることはできない[420]。また審判請求に対する決定があるときには、当該行政庁は決定の趣旨に従って直ちに必要な処分をしなければならない[421]。

1.7 異議申請

関税法上、異議申請は、例外的な行政上の争訟制度で、手続は審査請求に関する規定に準じる。異議申請は大統領令の定めに従って、不服の理由を備えて当該処分をする税関長に行う[422]。

2 税関職員の職権
2.1 税関長の職権

第一に、運輸手段の出発または進行を禁止することができる。関税庁長または税関長は、関税法または関税法による命令を執行するために必要と認めるときには、運輸手段の出発を中止させたりその進行を停止させることができる。

第二に、保税地域への搬入命令を下すことができる。関税庁長または税関長は、輸出申告が受理されて外国へ搬出される以前の貨物と、輸入申告が受理されて搬出された貨物で、関税法の義務事項を違反したり国民健康を害するおそれがある場合には、貨物を保税地域に搬入することを命じることができる。搬入命令を受けた者は、当該貨物を指定された保税地域に搬入しなければならない。

第三に、通関を保留させることができる。税関長は、輸出入または積戻し申告書の記載事項または申告時の提出書類が揃っておらず補完が必要な場合、関税法の規定による義務事項を違反したり国民健康を害するおそれがある場合、その他関税法の規定によって必要な事項を確かめる必要があると認める場合、当該物品の通関を保留することができる。

第四に、書類の提出または報告などの命令を下すことができる。関税庁長または税関長は、関税法または関税法による命令を執行するために必要と認めるときには、物品や運輸手段または蔵置場所に関する書類の提出、報告、その他必要な

---

[420] 国税基本法、第79条。
[421] 国税基本法、第80条。
[422] 関税法、第132条第1項。

事項を命じたり、税関職員が、輸出入者、販売者、その他関係者に対する関係資料を直接調べられるようにすることができる。

　第五に、所属職員に対する銃器携帯を指示することができる。関税庁長または税関長は、職務を執行するために必要と認めるときには、その所属職員に銃器を携帯するようにすることができる。

2.2　税関職員の職権

　第一に、貨物、運輸手段、蔵置場所、帳簿、書類の審査をすることができる。税関職員は、関税法または関税法による命令に違反した行為を防ぐために必要と認めるときには、必要書類を検査したり封鎖やその他必要な措置を取ることができる。

　第二に、帳簿または資料の提出などを求めることができる。税関職員は関税法に規定された職務を執行するために必要と認めるときには、輸出入業者、販売業者その他関係業者に対して帳簿その他資料を調べたり、提示または提出を求めることができる。常設販売場を備えて外国で生産された品物を販売する者として財政経済部令が定める基準に該当する者は、当該物品に関して付加価値税法による税金計算書または輸入事実などを証明する資料を準備して、当該販売場に備えなければならない。

　第三に、輸出入関連資料の保管を求めることができる。輸出入や積み戻し申告をした者は、申告に関する資料を輸入申告受理日から５年間保管しなければならない。

　第四に、銃器を使うことができる。税関職員は職務執行において、自分または他人の生命や身体の保護と、公務執行に対する妨害または抵抗の抑制のために相当な理由があるときに、やむを得ないと判断される場合には銃器を使うことができる。

　第五に、海洋警察官署長などに援助を求めることができる。税関職員は海上で職務を執行するために必要と認めるときには、陸軍、海軍、空軍の各部隊長、警察、海洋警察官署長の協力を求めることができる。

3 罰則
3.1 総説

関税法は、輸入関税の確保と適正輸出入通関の維持を目的にしているので、荷主または各種利害当事者に様々な義務を賦課し、義務規定を違反した場合には、処罰してその実効性を確保している。関税法上義務違反に対する制裁として加える刑罰を、関税行政罰という。

関税法上の罰則の種類には、関税刑罰と関税行政秩序罰の2種類がある。関税刑罰は刑法第41条で規定している死刑、懲役、禁錮、資格喪失、罰金、拘留、科料、没収などの刑罰が加えられことであり、関税行政秩序罰は、関税法上の義務違反が関税刑罰より軽微な場合に適用されるもので、過怠金が賦課される場合である。

3.2 罰則の賦課
3.2.1 両罰規定

関税法の規制対象に関わる業務を行なう者の使用人が、その業務を遂行する際に行った行為が関税法による処罰の対象になる場合には、その使用人を処罰すると共に業務主体である本人も処罰する。使用人の行為に対して業務主体の責任を認定する目的は、使用人の行為による利益が業務主体に帰属されるだけでなく、使用人は業務主体の指揮監督を受ける立場にあるので、使用人の違法行為に対する業務主体の過失責任を認定することによって、業務主体の監督義務を付与して、犯罪を未然に防ぐことである。ただし、過怠金に当たる場合には例外とする。

このような両罰規定の適用対象は、特別保税地域設置者、輸出入または運送を業とする者、通関士、港湾内配達業者などである。

業務主体である本人に対する刑罰は、他人の違法行為に対する過失責任を問うことであるから、故意犯に対して加えられる処罰を加えることができず、財産刑である罰金刑を加える。使用人である法人から没収または追徴をする場合には、業務主体の本人を法人とみなし、業務主体の本人から没収または追徴する。

3.2.2　法人処罰

　法人の役員、職員、使用人が法人の業務に関して関税法で規定した罰則に違反した行為をしたときには、その行為者を処罰する外に法人も処罰する。ただし、過怠金に該当する場合は例外とする。また法人が業務を執行する役員、職員、使用人に対して、違反行為を防ぐ方法がなかったことを証明できる場合には処罰しない。

　教唆犯、従犯、予備犯および未遂犯などに対する処罰は、一般刑法の場合と類似した処罰をするように規定されている。懲役と罰金が同時に加えられる場合は、密輸出入罪、不正輸出入罪、教唆犯、従犯、予備犯、未遂犯、密輸品取得罪などである。

　また、関税法上の輸出入罪に当たる物品や、犯人が所有または占有する物品、密輸出入罪、不正輸出入罪、密輸品取得罪の該当物品などを没収する。

　このように没収すべき物品の全部または一部を没収することができないときには、その品物の国内卸売価格に相当する金額を追徴する。

3.2.3　密輸専用運搬器具の没収

　関税法では、密輸入罪および不正輸出入罪に専用される船舶や自動車その他運搬具は、一定の条件のもとに没収する。これを密輸専用運搬具没収制度という。

　密輸専用運搬具が没収されるのは、ⓐ 犯罪品を積載したり積載しようとしたとき、または積載した事実があるとき、ⓑ 権限を持つ公務員の停止命令を受けながら停止しなかったり積載された犯罪品を海上から投棄、破壊または毀損したとき、ⓒ 犯罪品を海上で取得したり取得しようとしたとき、ⓓ 犯罪品を運んだとき、などである。

3.3　密輸出入罪

　関税法は、輸出入禁止品を輸出したり輸入した者は、10年以下の懲役または2000万ウォン以下の罰金に処すると規定している。

　上記の処罰以外に、その貨物も没収される。貨物が没収できないときには、犯行当時の国内卸売価格に相当する金額を追徴する。一般関税法の違反による犯罪

と同様に、情状によって懲役と罰金刑を併科することができる。また、本罪の行為を教唆したり手助けした者は正犯に準じ、本罪を犯す目的で準備した者と未遂犯は本罪に準じて処罰する。

　関税法では、ⓐ 輸出・輸入・積み戻しの申告、簡易申告、入港前輸入申告の規定による申告を行なわずに物品を輸入した者、ⓑ 輸出・輸入・積み戻しの申告、簡易申告、入港前輸入申告の規定による申告をしたが、当該輸入品と異なる物品を申告して輸入した者に対しては、5年以下の懲役または関税額の10倍と、貨物原価のうちで高い金額以下の罰金に処す。

　また、ⓐ 輸出・輸入・積み戻しの申告、簡易申告、入港前輸入申告の規定による申告をせずに品物を輸出したり積み戻した者、ⓑ 輸出・輸入・積み戻しの申告、簡易申告、入港前輸入申告の規定による申告をしたが当該輸出品または積み戻し品とは異なる物品で申告した者に対して、3年以下の懲役または貨物原価以下に相当する罰金が課せられる。

　密輸入した者は、5年以下の懲役、関税額の10倍と貨物原価の中で高い金額以下の罰金に処し、また密輸出または積み戻しをした者は、3年以下の懲役または貨物原価以下に相当する罰金に処する。また、当該密輸出入品の中で、法人が所有または占有する物品は没収し、没収できないときには犯行当時の国内卸売価格に相当する金額を追徴する。情状によって懲役と罰金を併科することができる。この点を知りながら、本罪の行為を教唆したり手助けした者は、正犯に準じて処罰し、本罪を犯す目的で準備した者と未遂犯は本罪に準じて処罰する。

3.4　不正輸出入罪

　輸出・輸入・積み戻しの申告、簡易申告、入港前輸入申告の規定による輸入申告を行なった者の中で、ⓐ 税額決定に影響を及ぼすために、課税価格または関税率などを虚偽で申告したり申告せずに輸入した者、ⓑ 法令によって輸入に必要な許可・承認・推薦・証明その他条件を揃えなかったり詐欺その他不正な方法で輸入した者、ⓒ 法令によって輸入が限られた事項を回避する目的で部品として輸入したり、主要特性を揃えた未完成・不完全な物品または完成品を部品に分解して輸入した者などに対しては、3年以下の懲役または脱税した関税額の5倍と貨物原価の

中で高い金額以下に相当する罰金に処する。
　輸出入申告および簡易申告規定による輸出申告をした者の中で、法令によって輸出に必要な許可・承認・推薦・証明その他条件を満たさなかったり、詐欺その他不正な方法で輸出した者は、1年以下の懲役または貨物原価以下に相当する罰金に処する。
　詐欺その他不正な方法で関税の減免を受けたり、関税の徴収を免れた者は3年以下の懲役または減免された関税額の5倍に相当する罰金に処する。
　詐欺その他の不正な方法で関税の返還を受けた者は、3年以下の懲役または返還を受けた税額の5倍以下に相当する罰金に処する。この場合、税関長は詐欺その他の不正な方法で返還を受けた税額を直ちに徴収する。
　以上の処罰の際、情状によって懲役と罰金を併科することができ、その点を知りながら本罪の行為を教唆したり手助けした者は正犯に準じて処罰し、本罪を犯す目的で準備した者と未遂犯は本罪に準じて処罰する。

3.5　密輸品取得罪

　密輸出入罪対象品目または不正輸出入罪対象品目の中で、特定品を取得、譲与、運搬、保管、斡旋、鑑定した者は、3年以下の懲役またはその貨物原価以下に相当する罰金に処する。
　密輸品取得罪の処罰では、ⓐ 予備をした者と未遂犯は本罪に準じて処罰し、ⓑ 罪を犯した者は情状によって懲役と罰金を併科することができ、ⓒ 使用人が本人または法人の業務に関してこの罪を行ったときには、その行為者を処罰する外に本人と法人も処罰し、ⓓ 犯人が所有または占有する品物を没収する。また没収する品物の全部または一部を没収することができないときには、その没収できない物品の犯行当時の国内卸売価格に相当する金額を犯人から追徴する。

3.6　関税秩序罰

　関税秩序罰は、関税法上の義務違反に対する制裁であって、刑法上に刑名がない過怠金を賦課することである。これは直接的に関税行政の目的を侵すことではなく、一定の報告・申告・登録などの義務を怠ることによって、間接的に行政目的

の達成に障害を及ぼす危険性がある行為、つまり軽微な関税行政秩序の違反行為に対して刑罰である罰金の代わりに、行政秩序罰である過怠金で処罰して科罰の均衡を図ろうとするものである。

過怠金は、税関長が賦課・徴収する。刑法上の刑罰ではない過怠金を賦課す関税秩序罰に対しては、刑法総則や刑法理論が適用されない。過怠金処分に不服の者はその処分の告知を受けた日から 30 日以内に税関長に異議を申し立てることができる。過怠金処分を受けた者が異議を申し立てるときには、税関長は遅滞なく管轄裁判所にその事実を通報しなければならない。その通報を受けた管轄裁判所は、非訴訟事件手続による過怠金の裁判を開設する。関税秩序罰に両罰規定と法人処罰の規定は適用されない。

4　調査と処分
4．1　調査

税関職員は、関税犯に関する調査処分を行い、犯人調査などの証拠調査をすることができる。犯人逮捕の際、遅滞なく税関職員に引き続がなければならない。関税庁長の関税犯に対する告発がなければ、原則的に訴訟を申し立てることができない。関税庁長や税関長、税関職員が関税犯に対する調査と処分を専担している。これは関税法違反発生の際、関税行政に精通した税関職員が迅速に調査して、行政処分で財産刑を加えることにより、煩わしい司法手続の代わりに実質的な懲罰効果によって、侵害された財政収入権を速やかに回復することがその目的である。

関税法上の調査とは、通告処分または告発処分するための準備行為で、犯罪事実を確認し証拠を集める行為である。調査方法としては、被疑者の承諾を得て行う任意調査と強制的に行う強制調査がある。任意調査の方法としては、尋問、召還、出席、同行、臨検などがあり、強制調査には被疑者の拘束と押収、捜索などがある。緊急強制調査は令状なしでできる強制処分で、現行犯の逮捕、緊急拘束、令状なしの押収、捜索がある。

第3章　関税法

4．2　処分

　通告処分とは、税関職員が犯罪調査を行い犯罪の確証を得たとき、その犯人に対して理由を明示し、罰金に相当な金額、没収に当たる金額、追徴金に当たる金額を納めることを通告する行政処分である。原則的に犯罪の存在と刑罰の範囲を審理判断することは司法機関で行うことである。しかし、刑事訴訟手続の前段階で、行政官庁に一次的な処分権を付与して専門知識を持った所属役人に調査させ、犯罪の確証を得れば、被疑者が受諾するのを前提に処罰することができる特別手続を認めている。しかし事案が重大で被疑者が認めない場合には、検事に告発して刑事訴訟手続に従って処理することになる。このような方法で、行政目的の実効性を確保しつつ、国民が裁判を受ける権利を保障しながら能率的に懲罰の効果を収めることができる。

　通告処分は要式行為であり、必ず書面で通知しなければならない。通告書の告知は通告書の送付による。送付方法は内容証明郵便などでなされなければならない。送付したときには受領証を徴収しなければならない。通告書の送付を受けた日から10日以内にその要旨を履行しなければ、告発され刑事訴訟法による手続が適用される。通告の要旨を履行することを前提に、通告処分を受ける前に相当金額を保管させる仮納制度がある。一方、通告処分をすると公訴時効が中断され、関税徴収権の消滅時効も中断される。そして通告の要旨を履行すれば、一事不再理の法律効果が発生する。

4．3　告発

　告発とは、関税庁長または税関長が、関税法の規定によって、関税犯罪事実を検事に告知して、一般刑事訴訟手続によって捜査と訴追を求める意思表示である。関税庁長や税関長が、犯罪の確証を得た場合には、通告処分もしくは告発しなければならない。ここにいう告発は、任意的で告発者が特定されていない刑事訴訟法上のそれとは性格が異なる。

　告発の要件は以下のとおりである。第一に、即時告発の場合、関税庁長または税関長は犯罪の情状が懲役刑に処すると認定されるときには直ちに告発しなければならない。第二に、通告の不履行に対する告発の場合、通告の送付を受けた日

から10日以内に履行しなければ直ちに告発する。ただし、告発前に履行したときには告発しない。第三に、無資力告発の場合、犯人に通告を履行する資力がないと認定されるときと、住所不明その他の理由で通告するのが困難な場合には、直ちに告発しなければならない。

　告発は必ず書面で行う。押収品があれば、押収調査を添えて引き継がなければならない。押収品保管者が別にいるときは、保管者に引き継ぎの要旨を通報しなければならない。関税庁長や税関長が告発した事件に対して、検事が処分したときには、その処分日から7日以内に書面でその結果を通知しなければならない。検事の不起訴処分に対して不服があるときには、その検事が所属する地方検察庁または支庁を経て、書面で管轄高等検察庁検事に抗告することができる。告発になれば、関税徴収権の消滅時効が中断されて、既に行った通告処分の効力は喪失される。

第4章　外国為替取引法

第1節　韓国の外国為替管理制度
1　外国為替取引関連法

　外国為替取引を規律する法律には、外国為替取引を直接的に規制する外国為替取引法、外国為替取引法施行令および外国為替取引規定と、外国為替取引を間接的に規制する対外貿易法および外資導入法などがある。

　韓国の外国為替管理の基本法規である外国為替取引法(当時は外国為替管理法)は、1961年12月31日付け法律第933号として制定公布され、今まで数回にわたって改正されてきた。1992年9月1日付けで外国為替取引の規制方法をネガティブ体制に変更し、外国為替管理の内容と程度を大きく緩和した。

　1995年に改正された外国為替管理法は、外国為替管理法総則(第1章)、外国為替銀行及び両替屋(第2章)、外国為替平衡基金(第3章)、決済手段の登録(第4章)、決済と取引(第5章)、補則(第6章)、罰則(第7章)などに関する全文7章35条および附則からなっていた。1997年に大幅に改正された外国為替取引法は、総則(第1章)、外国為替業務取扱機関など(第2章)、外国為替平衡基金(第3章)、支給と取引(第4章)、補則(第5章)、罰則(第6章)など、全文6章32条および附則からなっている。

　1998年外国為替取引法は、外資を円滑に誘致できるように外国人の投資環境を改善し、金融機関と企業の外国為替取引を段階的に全面自由化した。一方、副作用を最小化するために外資を取り扱う金融機関の健全性を高め、平常時の外資流出入状況の持続的な動向点検と、国内外経済状況の急激な変動に効果的に対処できるよう各種安全装置を強化するために改定された。

　外国為替管理法施行令は、外国為替取引法で委任された禁止の緩和、包括的な規定をより具体的に規定し、さらに細部にわたる事項は財政経済部長官に委任している。

　外国為替管理の内容を具体化するための規則が、外国為替取引規定である。この規定は、取引の流動的な特性を勘案して、可変的な国内外経済情勢ないし国際

動向に臨機応変に対応することを目的としている。

2 その他の外国為替取引関連法

　対外貿易法は、対外貿易を規制し育成するという憲法第126条の規定を実現するための一般法であり、同時に基準法である。関税と外国為替取引に対しては、別の法律によって管理している。外国為替取引法と対外貿易法は輸出入取引を対象にしているが、この両法はそれぞれ重複するところを次のように調整している。

　外国為替取引法は、対外貿易法の定めに従って認定された物品の輸出入に関しては、外国為替取引法上の規制を免除する[423]。

　対外貿易法は、輸出入取引を承認する場合、各取引別または包括的に財政経済部長官の同意を得ることとし、対外決済方法に対する審査を外国為替取引法に従うように定めている[424]。また対外貿易法は、財政経済部長官の許可が必要な決済方法を定めるときには、産業資源部長官と協議するよう規定している。外国為替取引法でも、輸出入決済の許可案件を定めるときには、産業資源部長官と協議するように規定している。

　外国人投資促進法(法律第5559、1998年)は、外国人投資に対する支援と便宜提供を通じて外国投資を促進しるために、外国人投資の誘致基準と手続そして投資者に対する特権および事後管理などを規定している。

　「韓国と合衆国間の相互防衛条約第4条による施設と区域及び韓国での合衆国軍隊の地位に関する協定」は、1967年2月から発効した。この条約は、韓国に駐屯している米軍とその構成員、軍属とその家族および招請契約などの身分と法的地位を規制すると同時に、彼らの出入国および外国為替管理、裁判管轄権に関する韓国法律の適用範囲を規定している。従って、韓米行政協定は駐韓米軍などに対する外国為替管理の根拠法規である同時に、外国為替取引法に対して特別法としての性格を持っている。

　韓国銀行法第101条では、韓国銀行は財政経済部長官の認可を得て外国為替業

---

[423] 外国為替取引法、第15条第2項。
[424] 対外貿易法、第22条第1項。

第4章　外国為替取引法

務を営むことができるように規定している。外国為替取引法附則によると、韓国銀行は同法で認可を受けた外国為替業務取り扱い機関である。

3　外国為替管理の変遷
3.1　第1段階(1945〜1953年)

1945年の韓国解放以降、1953年朝鮮戦争までの期間である。外国為替管理に対する法規の嚆矢として軍政法令第39号が1946年1月に制定された。これによると、米軍政当局の許可によってのみ外国貿易と外国為替取引が可能であり、為替レートは公定為替レート制で厳しく統制されていた。

1947年の朝鮮換金銀行の設立で、外国との交易統制に関する一部許可権限が、軍政当局から同銀行に委任された。当時すべての輸入品は、最緊急、緊急、準緊急の3段階に分けられ、各段階別に数量、価格、販売利潤などが厳しく統制されていた。

1948年の政府樹立に際して、米軍政下の対外取引規制原則がそのまま引き継がれ、同年10月に財務部長官が「外国為替及び外国証券など統制に関する件」の通牒を制定した。これにより実質的な外国為替管理が始まった。

3.2　第2段階(1954〜1961年)

この段階では、自律的な民間対外交易はまだ少なく、多くの輸入は厳しく統制されていた。当時多くの輸出は、タングステン輸出と米軍の軍納によるもので、政府保有外国為替による輸入は厳しい数量統制を受けていた。緊急物資の輸入に対してのみ韓国銀行が政府保有為替を売却して行った。

1957年に貿易法が制定され、貿易行政が整備された。1960年には外資導入促進法が制定された。この法律、外資導入促進法が定める輸入に対しては、低い為替レート(公定為替レート)が適用される特恵が与えられた。

3.3　第3段階(1961〜1965年)

この段階は、第1次経済開発5か年計画が樹立され、実施が開始された時期である。1961年には、そのときまで外国為替取引を統制した軍政法令、大統領令、

韓国銀行法、財務部令および金融通貨委員会規定などをまとめて、外国為替取引法を制定した。この段階での特徴的な外国為替管理制度は、次のとおりである。

第一に、為替レート制度は単一固定為替レート制度で、為替レートは政府によって固定されていた。

第二に、外国為替銀行制度を取り入れて、すべての外国為替銀行を甲種および乙種に分けた。その種別ごとに取り扱われる外国為替取引の範囲を規定し、許可された範囲の外国為替業務を取り扱うようにした。制定当時は、甲種外国為替銀行は韓国銀行だけで、一般都市銀行はすべて乙種外国為替銀行であった。

第三に、それまではすべての外国為替取引により発生した外国為替を売上集中制によって銀行に売却するように規制していたが、預け入れ集中もできるようにした。

第四に、1964年単一変動為替レート制度の採択とともに、領収した外国為替を自由に譲渡することができる外国為替証書制度を取り入れた。これによって外国為替証書市場が形成された。同市場での自由な売買によって形成される外換証書売買レートを為替レート(変動為替レート)と定めた。

第五に、1964年変動為替レート制の実施とともに、輸入割当制を廃止することによって数量制限による直接的な統制方式は、間接統制方式へと転換されることになった。数量制限の代わりに、輸入時にはウォン貨で輸入担保金を積み立てるようにし、不必要な輸入に対しては高率の関税を賦課して輸入を抑えた。

3.4　第4段階(1966～1987年)

この段階では、経済開発計画の推進と強力な輸出ドライブ政策によって、輸出を初めとした対外取引の規模が急激に増えた。一方、2回にわたるオイルショックを経験しながら、大規模な国際収支赤字を記録し、対外取引の規模も拡大した。取引の内容が複雑になるにつれて、外国為替管理の内容も体系化されてきた。また部門別では自由化が推進された。

対外取引規模の拡大とともに、外国為替銀行を体系化するために、1967年に韓国銀行外国部が韓国外国為替銀行として独立し、5つの一般銀行も甲種外国為替銀行へと昇格し、外国為替業務範囲も拡大された。

第4章　外国為替取引法

　1966年には、輸入抑制のために、現行の外国為替取引担保金制度の前身である短期特定外貨負債支給準備金制度を取り入れた。外国為替銀行に対して、外国為替証書発行、外貨領収金および一般輸入額に対する100％の外貨積立金を、韓国銀行に積み立てるように定めて一般輸入を抑えた。

　その後1973～1977年には、オイルショックによる国際収支の赤字を調整するために、1974年にウォン貨のドルに対する21.3％の評価切下げを実施した。また、韓国銀行と外国銀行国内支店とのスワップ取引を許容するなど、外貨輸入を促進する積極的な体制へ転換していった。

　一方、輸入抑制のために、輸入担保金制を強化したり、一部の不必要な輸入品に対しては、担保積立率を200％まで引き上げた。しかし1977年に初めて輸出が100億ドルを超え、中東地域に対する海外建設輸出が増加し、国際収支が改善されたので、輸入担保金制度を緩和し、輸入自由化措置を拡大した。

　その後、第1次オイルショックによる外換危機を、積極的な短期資本導入によって辛うじて乗り越えた。しかし、1979～1980年の第2次オイルショックでは、韓国の国際収支は再び大規模な赤字となった。赤字の解消のために、政策当局は、直接的な外国為替統制の強化の代わりに為替レートの調整方法を採択した。

　このように大規模の国際収支赤字にもかかわらず、直接的な外国為替管理の代わりに為替レートの価格機構に国際収支調整機能を任せるしかなかった。これは、韓国がIMFとの待機性借款(stand-by)協定で、外国為替および貿易自由化を誠実に推進するという約束をしたからであった。その他にも、第2次オイルショック以後続く世界景気と国内景気の沈滞により、外国為替管理を強化させるのが難しい側面もあった。外国為替管理の強化は国内経済にさらに悪影響を及ぼしかねなかったからである。

　外国人の証券投資のために、1984年にはコリア・ファンドを外国に設立して韓国証券市場を間接的に外国人に開放し、外国人に対する直接投資の許可対象をポジティブ制からネガティブ制へと転換した。1985年には国内企業の海外転換社債、新株引受権付社債、株式預託証書などの発行を許可するなど、資本自由化の道を開いた。1987年には、コリア・ヨーロッパ・ファンドが追加的に設立され、国内企業の海外での金融先物取引が許可された。

3.5　第5段階(1988～1998年)

1986年から1988年にかけて史上始めて国際収支が黒字となり、一連の大幅な外国為替管理の自由化措置が取られた。また1988年11月に韓国はIMF第8条国へ移行した。

1990年3月、複数通貨バスケットであった為替レート制度を、自由変動為替レート制度へと移行するための暫定的段階として、市場平均為替レート制度を取り入れた。市場平均為替レートとは、銀行間市場平均為替レートを指す。前日の市場平均為替レートを売買基準レートとし、基準率の上下0.4%範囲内で為替レートの変動を許容した。これにより為替レートは外国為替市場メカニズムによって変動するようになった。一方、総合商社と機関投資家の海外での外貨保有を認めるなど、外換制度が大きく緩和された。

1992年1月には、外国人の国内上場株式投資を一定の範囲内(銘柄別・個人別3%、上場株式総数の10%)で許容するになど、資本市場が本格的に開放されることになった。

3.6　第6段階(1999年以後)

1997年に通過危機を経験した政府は、外国為替取引の完全自由化を主要内容として、外国為替管理法を外国為替取引法へと改正した。外国為替取引法では、外資の円滑な導入のために外国人の国内投資環境を改善し、金融機関と企業の外国為替取引を段階的に自由化した。一方、これによる副次的作用を最小化するために、金融機関に対する健全性に対する監督を強めて、平常時における外資流出入状況の持続的な動向点検と国内外経済状況の急な変動に、効果的に対処できるように各種安全装置を強化した。

4　外国為替管理機構

外国為替管理法が制定されて以来、財政経済部が外国為替取引を総括し、韓国銀行は財政経済部長官の委任によって外国為替管理を担当しながら、中央銀行固有の業務と関わる外国為替業務を取り扱っている。

財政経済部長官は、外国為替管理政策の立案と執行に直接的な責任を持つ。外

第4章　外国為替取引法

国為替取引法上次のような権限が与えられる。

つまり、ⓐ 基準為替レート、外国為替売買率などの決定、ⓑ 通貨の指定、ⓒ 緊急な場合の外国為替取引の非常停止命令、ⓓ 外国為替業務取扱機関の登録など外国為替銀行業務に対する管理、ⓔ 両替商認可、ⓕ 決済手段の登録の制限、ⓖ 決済と取引に対する制限、ⓗ 外国為替平衡基金の管理などである。

政府が外国為替管理権限を下部機関に委任する方法としては、政府が中央銀行にその権限の一部を委任した後、中央銀行が再び各管理機関の性格と業務内容に従って個別的に再委任する方法と、政府が中央銀行を初めとする各管理機関に直接委任する方法がある。韓国では後者の方式を採択している。

韓国銀行は、財政経済部長官の認可を受けて、国為替業務取扱機関として固有の外国為替業務を取り扱うことができる。韓国銀行は、財政経済部長官から外国為替管理業務を委任されて実施している。韓国銀行が委任され遂行している外国為替管理業務は、複雑化する国際経済情勢の中で、多岐にわたっている。

外国為替業務を業として営もうとする者は、大統領令の定めに従って外国為替業務を営むのに十分な資本・施設および専門人材を備えていなければならない。財政経済部長官の認可によって、外国為替業務自体の遂行と外国為替管理機構としての機能を遂行することなる。

外国為替業務取扱機関長から委任された主な外国為替管理業務は次とおりである。つまり、ⓐ 外国為替の発行または売買、ⓑ 居住者との外貨表示預金、金銭貸借、債券の売買および保証、ⓒ 非居住者との預金、金銭貸借、債券の売買および保証、ⓓ 外国為替取引に対する認証または確認、ⓔ 外国為替取引当事者に対する事後管理などである。

その他の関連機関には、両替営業者、外国為替業務指定機関、税関、郵政官署、在外公館などがある。

5　外国為替取引法の適用対象

外国為替取引法によって規制される対象は、ⓐ 韓国内の外国為替と韓国内で行う外国為替取引とそれに関わる行為、ⓑ 韓国と外国との取引または支払いや受領、その他それに関わる行為(外国で行われるが韓国内でその効果が発生する場合を

含める)、ⓒ 外国に住所または居所を置いた個人と、外国に主な事務所を置いた法人が行う取引で、韓国通貨で表示されたり決済される取引、その他それに関わる行為、ⓓ 韓国内に住所を置いた個人またはその代理人などが、外国でその個人の財産または業務に関して行う行為、ⓔ 韓国内に主な事務所を置いた法人の代表者などが、外国でその法人の財産または業務に関して行う行為などである[425]。

上記でそれに関わる行為というのは、ⓐ 国内で行う外国為替取引、ⓑ 韓国国内と国外の取引、ⓒ非居住者の内国通貨で表示されたり決済される取引、ⓓ 韓国国内と外国との支給または領収などの取引、支給または領収と直接関連して行なわれる行為として支給手段、貴金属または証券などを取扱・保有・送金・取り立て・輸出および輸入する行為などを言う。

外国為替取引法の適用対象は、属人主義と属地主義の一般原則に従う。上記で「韓国国内」と規定するのは、韓国領土で所有されている外国為替や韓国領域で行われる外国為替取引は、その所有または行為の主体が居住者であるか非居住者であるかの可否を問わず、外国為替取引法の適用対象になることを意味する。

外国に住所を置いた個人や法人のウォン貨表示取引は、ウォン貨が国際決済通貨として実際に使われる場合に外国為替と同じ機能を持つため、外国為替取引法の適用対象になっている。外国為替取引法の目的に照らして、韓国内に所在する外国為替、韓国内で行われる外国為替取引、韓国と外国との外国為替取引は外国為替取引法の対象になる。

一方、韓国の居住者および法人などが、外国で自分のために行う行為も外国為替取引法の適用対象にしている。これも属人主義原則の適用である。以下では外国為替取引法の適用対象を解釈するための用語を定義する。

外国為替取引法で「外国為替」[426]というのは、外国為替取引の手段になる対外

---

[425] 外国為替取引法、第2条第1項。
[426] 一般的に為替(exchange)というのは、両者間の債権・債務関係を現金で直接輸送せず、第三者を通じての決済方法によって決済する手段である。外国為替(foreign exchange)は、隔地者が外国にいる場合の為替をいう。ここで第三者は銀行をいう。為替は支払委託の方法によって、送金為替および取立て為替の2種類がある。送金為替の場合は債務者が第三者に、自分の代わりに債権者に支払うよう委託する方法であり、取り立て為替の場合は、債権者が所有する債権を第三者に譲渡したり委託して、自分の代わりに債務者から債券を

第4章　外国為替取引法

決済手段、外貨証券および外貨債券を意味する[427]。

外国為替取引法上、「対外決済手段」とは外国通貨、外国通貨で表示された決済手段、その他表示通貨に関係なく外国で使用可能な決済手段を意味する[428]。政府紙幣・銀行券・鋳貨・小切手・郵便為替・信用状・為替手形・約束手形およびその他の支払い表示、証票・プラスチックカード、またはその外の物品に電子または磁気的方法で財産的価値が入力されて、不特定多数への支給のために通貨に代わって使えるものとして、債権・債務関係を決済する手段になるものをいう[429]。

「外国通貨で表示された決済手段」は、主に国際取引を決済する為替手形、約束手形、信用状などが該当する。「表示通貨と関係なく外国で使用可能な決済手段」というのは、対外的債権・債務を決済することができる、客観的支払い能力を備えている決済手段を意味する。例えば、外国で使えるウォン貨表示信用状や為替手形がこれに当たる。

「外貨証券」とは、外国通貨で表示された証券または外国で支給可能な証券である。ここで証券というのは次のとおりである[430]。ⓐ 国債・地方債・社債その他すべての種類の債券、ⓑ 株式および出資持分、ⓒ 株式に関する権利を付与する証書、ⓓ 収益証券、ⓔ 以上の証券と類似した証券または証書で、大統領令が定めたものである。

外国為替取引法の対象になる証券は、資本取引を効率的に管理するために、資本取引の投資手段になる証券に限定している。大統領令が定める類似した証券または証書は、無記名譲渡性預金証書およびその他財産的価値がある権利が表示された証書として、投資の対象として流通可能な証券をいう[431]。

譲渡性定期預金証書の金利が市中金利を上回れば、譲渡性定期預金証書の流通価格が上がる。この場合に譲渡性定期預金証書所持者は、満期まで預金証書を持つ代わりに流通市場でこれを売却することによって、資本利得を得ることができ

支給してもらうように委託する方法である。
[427] 外国為替取引法、第3条第1項第11号。
[428] 外国為替取引法、第3条第1項第4号。
[429] 外国為替取引法、第3条第1項第3号。
[430] 外国為替取引法、第3条第1項第7号および第8号。
[431] 外国為替取引法、施行令第4条。

る。このような理由のため、無記名譲渡性定期預金証書は投資の対象で流通される証券として分類される。その他、財産的価値がある権利が表示された証券としては商業手形(commercial paper)、抵当証書、新株引受権付証書などが挙げられる。

外国為替取引法上外貨債権とは、外国通貨として表示された債券または外国で決済することが可能な債券である[432]。ここで債券というのは、すべての種類の預金、信託・保証・貸借などによって生じる金銭債券で、決済手段や証券に該当しないものである[433]。

外国為替取引法第2条は、韓国内の外国為替取引および韓国と外国間の取引などと、これに関わる行為および居住者が外国で行う行為などを、同法の適用対象にすると規定している。これは居住者(residents)と非居住者(non-residents)間の債権・債務関係を発生させる取引ということである。

外国為替取引は、居住者と非居住者間の債権・債務関係を規制することをその基本理念にしているが、外国為替取引法は、外国為替取引行為の主体である個人や法人が居住者か非居住者かによって、その適用が異なる。

居住者と非居住者を区別する居住性の概念は、形式的な国籍とは関係がなく、一定期間以上を居住しているか、また居住する意思を有して経済的に関連をもっているか、などを基準にする。

外国為替取引法上、「居住者」は、韓国内に住所または居場所を置いた個人と、韓国内に主な事務所を置いた法人である[434]。ここで「住所」は、個人の生活本拠地になる民法上の住所を意味し、「居所」は生活の本拠地ではないが、一定の場所で一定期間を続けて居住する場所をいう。「事務所」は、個人または法人の事業活動が行われる場所である。

外国人であっても、居住者または非居住者の国内にある営業所や事務所などに勤めたり、国内で営業活動をする者と一定期間以上国内で滞在している者は、利

---

[432] 外国為替取引法、第3条第1項第10号。
[433] 民法上債権とは特定人(債権者)が特定人(債務者)に対して一定の給付を請求する権利を意味する。民法上の債権の概念は外換管理法上の債権の概念より広義の概念である。
[434] 外国為替取引法、第3条第12号。

益の中心が国内にあるとみなして居住者とする[435]。韓国政府の在外公館またはそこで勤める目的で派遣された韓国国民は、外国に住所を置いているとしても利益の中心から見ると居住者になる。

「非居住者」は居住者以外の個人および法人である。ただし、非居住者の韓国内の支店、出張所、その他の事務所は、代理権の有無にかかわらず居住者とみなす[436]。居住者の場合と同じ理由で、国内にある外国政府の公館と国際機構およびそこに勤める目的で派遣されて国内で滞在している外国人は、非居住者になる。

6　為替レート制度
6.1　為替レート制度の変遷

解放以後の米軍政下で、米軍政当局が米軍政庁の対外債務支給のために米貨とウォン貨の交換割合を1ドル当り15元（ウォン）に定めたのが、最初の韓国の公定為替相場だといえる。しかし一般民間の対外取引が認められなかったので、一般取引には適用されなかった。

韓国での変動為替レート制度は1964年5月3日に開始された。外国為替証書制度による市場レートを基準とした変動為替レート制が導入されたのである。

外国為替銀行間市場は、対顧客外国為替売買の結果で発生する需要と供給の差額が取引対象になるので、理論的には外国為替市場になる。しかし外国為替銀行の資金規模が小さく、市場流通量が少なく、銀行間市場も安定した市場レートを反映することができなかった。当時、実質的に市場レートによって為替レートを変動させるのは不可能であった。

1980年2月に韓国は市場レートによって自律的に変動する制度を廃止し、国際通貨基金の特別引出権と、韓国の独自通貨バスケット制を結合した複数通貨バスケット制に、韓国の通貨をペグさせて為替レートを変動させる制度へ移行した。

1980年までは名目上変動為替レート制であったが、実際は為替レートが硬直的に維持されていたので、為替レートの実勢化のためには、大幅な調整が必要であ

---

[435] 外国為替取引法、施行令第8条。
[436] 外国為替取引法、第3条第1項第13号。

った。1980年2月27日、為替レートの価格機能を高めるために、ドル対ウォン貨為替レート決定方式を、従来の事実上の固定為替レート制度から通貨バスケットによる変動為替レート制度へ転換した。その結果、為替レートは実質的に流動化し始めた。

　複数通貨バスケット制度下での為替レート動向を簡単に見てみる。韓国の経常収支の赤字は、1970年代に続いて1980年代前半まで続いた。その規模は1980－1985年には年平均21億ドルで、同期間のウォン貨は米ドルに対して26%切下げられた。1985年からは日本円など韓国の競争相手国通貨の相対的価値上昇によって競争力が高まり、国際原油価格および国際金利の下落と、1985年までのウォン貨の実質的な切り下げなどによって、1986年3月には韓国の経常収支は初めて黒字を記録した。黒字趨勢が1989年まで続き、1986年から1989年の4年間の黒字規模は、年平均84億ドルに達した。1986年から1989年のウォンは米ドルに対して31%切り上げられ、実質実効為替レート基準にしても23%切り上げられた。

　複数通貨バスケット制は、ウォン為替レートを、主要通貨為替レート変動と韓国の国際収支動向などを勘案して決定させることであった。これにより為替レートは安定していた。しかしこの制度は、その性格上、為替レートが国内外国為替市場の状況を十分反映することができないという問題点があり、対外的には為替レートを人為的に調整しなければならなかった。従って、為替レート決定に市場原理を導入し、外国為替市場の活性化を促進し、対外取引規模の国際化の進展に効率的に対処するために、1990年3月2日から市場平均為替制度を施行した。これは銀行間市場の取引加重平均為替レートを、売買基準レートとして、為替レートが変動するようにした制度である。

6.2　市場平均為替レート制度

　外国為替取引法は「財政経済部長官は、円滑で秩序ある外国為替取引のために必要な場合は、基準為替レート、外国為替の売り渡しレートと買入れレート、裁定為替(以下、「基準為替レートなど」という)を定めることができる」と規定し

第4章　外国為替取引法

ている[437]。財政経済部長官は、為替レートの構造を決定するだけでなく、外国為替市場に介入して為替レートを調整することもできるように定めている。以下では現在実施している市場平均為替レート制度の運用方法を調べてみる。

また同法は、居住者および非居住者は、上記のように財政経済部長官が為替レートを定める場合には、その為替レートによって取引しなければならない[438]。もし他の為替レートで取引した場合には処罰[439]を受ける。市場平均為替レート制度によるレートの決定方法は次のとおりある。

銀行間のすべての外国為替売買は、金融決済院資金仲介室の仲介を通じて取引されなければならない。最近日に支給仲介室で取引された米ドルの銀行間売買レート(外国為替銀行間場内取引率)を、取引量で加重平均して当日のウォン-ドルに対する基準為替レートとする。基準為替レートは当日の銀行間売買レートの基準になる[440]。

米ドル以外の通貨の売買基準レートは、ウォンの米ドルに対する基準為替レートを、国際金融市場で形成された米ドルと当該通貨間の売買中間レートとして決定する。

外国為替の売買レートは、外国為替業務機関間売買レート、韓国銀行売買レートおよび外国為替対顧客売買レートに分けられる。

外国為替業務機関間売買レートは、外国為替業務機関間に外国為替を売買する際に適用する為替レートとして取扱機関間が自律的に決定するものである[441]。

市場平均為替レート制度は、自由変動為替レート制度とは異なり、外国為替業務取扱機関間売買レートを売買基準レートとし、その基準レートの一定範囲内で為替レートの連動を認めるというものである。市場平均為替レート制度を取り入

---

[437] 外国為替取引法、第4条第1項。
[438] 外国為替取引法、第5条第2項。
[439] 外国為替取引法、第27条第1項。
[440] 基準為替レートは、銀行間レートに当該レートで取引された金額を掛けて、その額を今度は取引総額で割って算出される。
[441] 先進国では売買仲介機関で為替専門ブローカー制度が発達しているが、韓国では金融決済院を売買仲介機関として指定している。各外国為替業務取扱機関は金融決済院を通じなかった場外取引も自由にできるが、取引量は少ない。

れた1990年には為替変動幅が0.4%であったが、その後少しずつ拡大し、1997年12月16日には変動幅制限を廃止した。

　為替の急激な変動があるとき、適正為替レート水準へ調整するために、中央銀行が外国為替市場に介入する。IMFの変動為替レート運用指針の基本原理も同じである。韓国の場合、韓国銀行が独自の資金または外国為替平衡基金の資金で、外国為替業務取扱機関に対して内国支給手段を代価にして外貨資金を売却または買入れすることで、外国為替市場に介入する。

　この際、財政経済部長官は、韓国銀行の外国為替市場介入に対して指示をすることができる。外国為替業務取扱機関は、外国為替対顧客売買取引により発生した外国為替売買差を、一次的に外国為替業務取扱機関間取引を通じて調整する。しかし、一時的あるいは季節的要因で、外国為替需給がアンバランスになったり、外国為替業務取扱機関間売買レートが急激に変動しまた変動が予想される場合には、調整のために韓国銀行が外国為替業務取扱機関間市場に介入する。韓国銀行の外国為替市場介入において、外国為替取引相手はいつも外国為替業務取扱機関になるが、このときに適用する韓国銀行外国為替売買レートは、銀行間売買レートと国際通貨相場などを勘案して韓国銀行総裁が決定する。

　外国為替業務取扱機関が、一般顧客と外国為替売買をする際に適用する外国為替対顧客売買レートは、基準為替レートまたは裁定為替レートまたは外国為替業務取扱銀行間売買レートを勘案して、当該機関機関が自律的に定めており、売買レート変動幅に対する制限もない。

　外国為替業務取扱銀行対顧客売買レートのマージンは、銀行の手数料、為替リスクに対する保険料および売買の利益が含まれている。これを考慮して、外国為替業務取扱銀行は、外国為替市場状況によって適切に決めなければならない。外国為替対顧客売買レートは、外国為替の決済方法によって、電信為替売買レート、一覧払い為替手形売買レート、期限付手形買入レート、輸入手形決済レートに分けられる。

　電信為替売買レートは、電信によって1日以内に資金が決済される場合に適用される為替レートで、銀行の負担金利が含まれない対顧客売買レートの基準である。

第4章　外国為替取引法

　一覧払い為替手形買入れレート(at sight export L/C buying rate)は、船積み書類やトラベラーズチェックなど為替手形が支払い銀行に提示されて、直ちに決済される一覧払い為替手形の買入れに適用される為替レートである。電信為替買入れレートから為替手形の郵送期間に対する金利を差し引いて算定する。

　輸入手形決済レート(import L/C settlement rate)は、一覧払い為替手形買入レートに対応する概念で、電信為替売渡レートに手数料を加算して算定する。

　期限付き手形売買レート(usance bill selling rate)は、外国為替銀行が一覧後または確定日から一定期間後に支給される条件の期限付手形(usance bill)を売買する際に適用される為替レートである。電信為替売買レートから、郵送期間および期限付き手形期間に当たる金利を加減して算定する。

　現金売買レート(cash buying/selling rate)は、顧客との現金取引の際に適用される為替レートである。外貨現金は現送および保管費用がかかるだけでなく、非収益性資産として為替リスクがあるので、電信為替売買レートに銀行の費用を加減して決定されるが、顧客より不利なレートが適用される。

第2節　外国為替業務の制限
1　総説

　外国為替取引法によると、財政経済部長官は、外国為替市場の安定と外国為替業務取扱機関などの健全性を維持するために、必要な場合外国為替業務取扱機関などの業務に対して必要な制限ができると規定し[442]、財政経済部長官は、外国為替業務取扱機関などの業務全般にかけて広範囲な制限を加える根拠を用意している。財政経済部長官が、外国為替業務取扱機関などの業務を統制・制限することができる要件は「外国為替市場の安定と外国為替業務取扱機関などの健全性の維持」である。これからすると、統制の範囲がかなり伸縮的で広範囲である。

　財政経済部長官が制限できる外国為替業務は、外国為替業務取扱機関・両替営業者および外国為替仲介業者(以下、「外国為替業務取扱機関など」という)の行う特定外貨負債に対する決済準備金の最低限度、外国為替買入れ超過額と売却超過

---

[442] 外国為替取引法、第11条第2項。

額の限度設定、外貨資金の調達及び運用方法の指定、外貨資産および外貨負債割合の設定、非居住者から資金を調達して運用する勘定の設定、外国為替業務によるリスク管理基準の設定、外国為替仲介業務に対する基準、両替営業者に対する両替業務基準などである[443]。

外国為替取引法上、外国為替業務は「外国為替の発行または売買、韓国と外国間の支払い・取り立ておよび受領、居住者との外貨で表示されたり支給される預金や金銭の貸借または保証、非居住者との預金や金銭の貸借または保証、その他大統領令が定める業務として、内国通貨で表示されたり支払われる証券または債券の非居住者との売買、居住者間の信託および派生金融取引(外国為替と係わる場合に限る)または、居住者と非居住者間の信託、派生金融取引および各業務に付帯する業務」と規定している[444]。

また外国為替取引法は、外国為替業務取扱機関と関連して「外国為替業務は金融機関に限ってこれを営むことができ、外国為替業務を営む金融機関は大統領令の定めに従って当該金融機関の業務と直接係わる範囲内でこれを営むことができる」と規定している[445]。ここで金融機関とは、金融監督機構の設置などに関する法律第38条第1号一第13号に規定された機関[446]と、その他金融業および金融関

---

[443] 外国為替取引法、施行令第21条。
[444] 外国為替取引法、第3条第1項第14号および外国為替取引法、施行令第5条。
[445] 外国為替取引法、第8条第2項。
[446] 金融監督機構の設置などに関する法律第38条第1号ないし第13号。
　　第38条(検査対象機関)金融監督院の検査を受ける機関は次の各号による。
　1. 銀行法または長期信用銀行法による認可を受けて設立された金融機関
　2. 証券取引法による証券会社・証券金融会社・投資諮問会社および名義書代行業務を遂行する機関
　3. 証券投資信託業法による委託会社
　4. 保険業法によった保険事業者
　5. 総合金融会社に関する法律による総合金融会社
　6. 相互信用金庫法による相互信用金庫とその連合会
　7. 信用協同組合法による信用協同組合及びその中央会
　8. 信託業法によった信託会社
　9. 与信専門金融業法による与信専門金融会社及び兼営与信業者
　10. 先物取引法による先物業者
　11. 農業協同組合法による農業協同組合中央会の信用事業部門
　12. 水産業協同組合法による水産業協同組合中央会およびその会員である水産協同組合の信用事業部門

第4章 外国為替取引法

連業務を営む者として韓国産業銀行法による韓国産業銀行、韓国輸出入銀行法による韓国輸出入銀行、中小企業銀行法による中小企業銀行、証券投資会社法による資産運用会社、情報通信部長官が指定する郵政官署などである[447]。

2 外国為替業務の取扱機関

銀行法または長期信用銀行法による金融機関、農業協同組合法による農業協同組合中央会の信用事業部門、水産業協同組合法による水産業協同組合中央会とその会員である水産業協同組合の信用事業部門、韓国産業銀行法による韓国産業銀行、韓国輸出入銀行法による韓国輸出入銀行、中小企業銀行法による中小企業銀行は、すべての外国為替業務を営むことができる[448]。

総合金融会社に関する法律による総合金融会社は、預金(外国為替業務取扱機関と外国にある金融機関の外国通貨で表示されたり支払われる預金を除く)業務、総合金融会社に関する法律に規定された業務と直接関わりがない輸入信用状の発行、韓国と外国との決済に関する業務を除いたすべての外国為替業務を営むことができる[449]。

郵政官署では、次のような外国為替業務を営むことができる[450]。外国通貨表示郵便為替(郵便または電信による支給指示を含める)の買入れ、外国通貨表示郵便為替の発行および対外支払い手段として財政経済部長官が認める外国通貨、トラベラーズチェック、外国通貨表示郵便為替の買入れ、非居住者の外国通貨売却などの外国為替業務を営むことができる。

証券取引法による証券会社は、外貨証券の引受けおよび売買、居住者の海外証券投資および非居住者の国内証券投資と関連した投資資金両替のための売買、為替リスク回避のための先物為替取引などの外国為替業務を営むことができる[451]。

証券投資信託業法による委託会社は、外貨証券の売買、居住者の海外収益証券

---

13. 畜産業協同組合法による畜産業協同組合中央会の信用事業部門
[447] 外国為替取引法、第3条第1項第15号および第6条。
[448] 外国為替取引法、施行令第14条。
[449] 外国為替取引法、施行令第14条。
[450] 外国為替取引法、施行令第14条、外国為替取引規定第2-13条第1項。
[451] 外国為替取引規定、第2-12条第2項第1号。

投資、非居住者の国内収益証券投資と関連した投資資金両替のための対外決済手段の売買、為替リスク回避のための先物為替取引などの外国為替業務を営むことができる[452]。

保険業法による保険事業者は、外貨保険料収入の範囲内で、外貨貸出、外貨貸出に対する外貨貸出債券の売買などの外国為替業務を営むことができる[453]。

相互信用金庫法による相互信用金庫とその連合会、信用協同組合法による信用協同組合とその中央会は、外国通貨およびトラベラーズチェックの買入れ、非居住者の内国支払い手段を代価にして売却した金額の範囲内での外国通貨の売り渡しなどの外国為替業務を営むことができる[454]。

与信専門金融業法による与信専門金融会社および施設貸与業者は、外貨リース料収入の範囲内での外貨貸出、外貨貸出債券の売買、外貨リース債券の売買などの外国為替業務を営むことができる[455]。

新技術事業金融業者は、新技術事業関連外貨貸出、外貨貸出債券の売買などの外国為替業務を営むことができる[456]。

クレジットカード業者は、外国通貨およびトラベラーズチェックの買入れ、非居住者の内国決済手段を代価で売却した金額の範囲内での外国通貨の売り渡し（ただし、外国通貨保有範囲内に限る）、会員に対するクレジットカードを利用した外貨貸出などの外国為替業務を営むことができる[457]。

先物取引法による先物業者は、居住者の海外先物投資と非居住者の国内先物投資に関する対外決済手段の売買、および為替リスク回避のための、先物為替取引などの外国為替業務を営むことができる[458]。

---

[452] 外国為替取引規定、第2－12条第2項第2号。
[453] 外国為替取引規定、第2－12条第2項第3号。
[454] 外国為替取引規定、第2－12条第2項第4号。
[455] 外国為替取引規定、第2－12条第2項第5号。
[456] 外国為替取引規定、第2－12条第2項第6号。
[457] 外国為替取引規定、第2－12条第2項第7号。
[458] 外国為替取引規定、第2－12条第2項第8号。

第4章　外国為替取引法

3　外国為替業務取扱機関に対する外国為替業務の制限

　財政経済部長官は、外国為替業務取扱機関などの業務全般に広範囲な制限を加えることができる。財政経済部長官が制限できる外国為替業務としては、外国為替業務取扱機関・両替営業者および外国為替仲介業者(以下、「外国為替業務取扱機関など」という)の業務に対して、特定外貨負債に対する支払い準備金の最低限度設定、外国為替買入れ超過額と売却超過額の限度の設定、外貨資金の調達および運用方法の指定、外貨資産および外貨負債の割合の設定、非居住者から資金を調達して非居住者を対象に運用する勘定の設定、外国為替業務によるリスク管理基準の設定、外国為替仲介業務に対する基準の設定、両替営業者に対する両替業務基準の設定などである[459]。従って、財政経済部長官は、各外国為替業務取扱機関別に取扱対象外国為替業務を設定している。

　外国為替銀行が、外国為替を買入れる際に特定の場合を除いて[460]、売却しようとする者の外国為替取得が、許可の対象であるのかの可否を確かめなければならない。外国にある金融機関から買入れるときや、輸出代金を買入れるときを除いて、外国為替銀行は、外国為替の買入れに関する事項を国税庁長に毎月報告しなければならない。また、申請者の詳細、外国為替の取得経緯、使用用途などを記載した申請書を保管しなければならない。外国為替銀行は、外国人居住者または非居住者から外国為替を買入れる場合には、1回に限り、外国為替買入れ証明書・レシート・計算書など外国為替買入れが証明できる書類を発行・交付しなければならない。

　外国為替銀行は、いくつかの場合には、居住者または非居住者に外国為替を売却することができる。また、居住者または非居住者の取得または保有が認定された外国為替を代価にして、他の外国通貨表示外国為替を売却することができる。

---

[459] 外国為替取引法、施行令第21条。
[460] ①米貨2万ドル以下である対外決済手段を買い入れる場合。ただし、同一者に同一人から2回以上買い入れる場合にはこれを合算した金額が米貨2万ドル以下である場合に限る。②国家、地方自治団体、外国為替業務取扱機関および両替営業者から対外決済手段を買い入れる場合。③居住者から当該居住者の居住者勘定に預け入れられた外国為替を買い入れる場合。④非居住者として国内にある外国政府公館と国際機構、米合衆国軍隊などそこで勤める目的で入国して滞在中である者(外国為替取引法施行令第10条第2項第1号、第2号および第6号)から対外決済手段を買い入れる場合(外国為替取引規定、第2-3条)。

外国為替銀行は、国内居住期間が5年未満である外国人居住者または非居住者に、外国為替を売却する場合は、売却実績などを証明する書類を提出させ、当該外国為替の売却日付・金額その他必要な事項を記載しなければならない(ただし、在外公館勤務者、米合衆国軍隊など、国内在外公館勤務者などの非居住者に対しては本人の確認書で証明書類に代えることができる)[461]。

　外国為替銀行が、韓国銀行、外国為替平衡基金、他の外国為替銀行、外国為替業務取扱機関である総合金融会社、外国にある金融機関(内国支払い手段を代価にした対外支払い手段の売買は除く)と外国為替を売買する場合には、証明書類の提出などと関連した規定を適用しない[462]。

　外国為替銀行が外貨資金を借入れ(証券発行を含む)する場合には、許可および申告を要しない。ただし、外国為替銀行が、非居住者から米貨5千万ドルを超える外貨資金を償還期間(据え置き期間を含む)1年超過の条件で、借入れ(証券発行を含む)ようとする場合には、財政経済部長官に申告しなければならない[463]。

　外国為替銀行が、居住者または非居住者に外貨貸出する場合には、許可および申告を要しない[464]。

　外国為替銀行が、国内で非居住者に対してウォン貨貸出をしようとする場合には、特定の場合を除いては[465]、韓国銀行総裁の許可を受けなければならない[466]。

　外国為替銀行が、外貨貸出債券などを売買する場合には、許可および申告を要しない[467]。外国為替銀行が非居住者に、外貨証券を除いた外貨貸出債券などを売

---

[461] 外国為替取引規定、第2-3条。
[462] 外国為替取引規定、第2-4条。
[463] 外国為替取引規定、第2-5条。
[464] 外国為替取引規定、第2-6条第1項。
[465] すなわち、ⓐ非居住者として国内にある外国政府の公館と国際機構、米合衆国軍隊およびそこで勤める目的で入国して滞在中である者(外国為替取引法施行令第10条第2項第1号、第2号および第6号)に対するウォン貨貸出、ⓑ非居住者自由ウォン勘定(当座預金に限る)を開設した非居住者に対する2営業日(within 2 business days)以内の決済資金のための当座貸出、ⓒ国民である非居住者に対するウォン貨貸出、ⓓ第1号ないし第3号に当たらない者に対する同一人基準100億ウォン以下(異なる外国為替銀行貸出含む)ウォン貨貸出などの場合には許可および申告が必要ない(外国為替取引規定、第2-7条第2項)。
[466] 外国為替取引規定、第2-6条第3項。
[467] ただし、次に当たる外貨貸出債券、外貨貸出手形、外貨貸出債券の元利金、受取券および外貨券(以下、外貨貸出債券などと言う)を非居住者から買い入れようとする場合には外

第 4 章　外国為替取引法

却した場合には、月別実績を翌月 10 日まで韓国銀行総裁に報告しなければならない。さらに韓国銀行総裁は、四半期毎に売却実績をまとめて、財政経済部長官に報告しなければならない[468]。

　外国為替銀行は、居住者と非居住者間の取引または非居住者と非居住者間の取引に関して、債権者である非居住者または居住者に対して外貨表示保証をすることができる。外貨表示支払い保証は対外保証と対内保証に分けられる。

　対外外貨表示保証は、債務者である居住者と債権者である非居住者間の取引において、債権者である非居住者に対しての保証と、債務者である非居住者と債権者である非居住者間の取引において非居住者に対する保証がある。保証となる取引は、原則的に外国為替取引法上認定された取引でなければならない。

　対内外貨表示保証は、債務者である居住者と債権者である居住者との取引、または債権者である居住者と債務者である非居住者との取引で、債権者である居住者に対して外国為替銀行が行う保証である。対内外貨表示保証は、借款導入の場合のように資本取引と関わる場合が多い。この場合、該当資本取引は外国為替取引法上認定された取引でなければならない[469]

貸貸出債券などを売却する非居住者が、所在する国家の金融監督当局の資産健全性分類基準(これと似ている基準を含める)または金融監督院「銀行監督業務施行細則」別表第3号による資産健全性分類基準に依拠し、要注意以下で分類されたり分類が確実な外貨貸出債券などや、居住者の現地金融と関わる外貨貸出債券などは、財政経済部長官に申告しなければならず、財政経済部長官は申告内容を金融監督院長に通報しなければならない(外国為替取引規定、第2-8条第1項)。
[468] 外国為替取引規定、第2-8条第3項。
[469] 次の規定に当たる場合を除いて外国為替銀行が保証しようとする場合には保証を依頼する当事者が韓国銀行総裁の許可を受けなければならない(外国為替取引規定、第2-9条)。ⓐ居住者間の取引に関して保証をする場合、ⓑ居住者(債権者)と非居住者(債務者)の認定された取引に関して債権者である居住者に対して保証をする場合で、非居住者が外国為替銀行に保証または担保を提供する場合、ⓒ居住者(債務者)と非居住者(債権者)の認定された取引に関して債権者である非居住者に対して保証をする場合、ⓓ非居住者間の取引に関して保証をする場合として、ⅰ.現地金融の届け事項に当たる保証、ⅱ.海外建設および用役事業において、居住者が非居住者と合作して受注・施工などをする工事契約と関連した入札保証などのための保証金の決済に代える保証、ⅲ.国内企業の現地法人が締結する海外建設および用役事業、輸出、その他の外貨獲得のための契約と関連した入札保証などのための保証金の支払いに代える保証、ⅳ.ⅰ～ⅲの場合を除いて居住者が非居住者間取引に関して外国為替銀行に保証または担保を提供しない場合、ⓔ海外同胞などに対する与信と関連して同一人当り米貨20万ドル以内で保証する場合などである。

外国為替銀行は、国内および国外で外国為替を保有することができる。外国為替銀行は主に外貨預金、外貨証券、外国通貨および買入外国為替の形態で、外国為替を保有できる。保有形態に対しての制限はない。

　外国為替銀行が、外国為替を買入れて保有すると外国為替ポジションが発生する。外国為替ポジションとは、外国為替銀行における外国為替の売却額と買入額の差額である。つまり、一定時点における外国為替銀行が保有している外貨資産と外貨負債の差額で、外国為替売買の結果生じる。外国為替銀行の外国為替ポジションは、外国為替市場管理面で上限を、外国為替銀行経営面で下限を設定して、規制されている[470]。

　域外金融取引(offshore financing)とは、国内外国為替銀行が非居住者から外貨資金を調達して、非居住者に運用する取引である[471]。外国為替銀行が域外金融取引のために域外勘定を設けた場合には、一般勘定と区別して会計処理しなければならない[472]。

4　韓国銀行などに対する制限

　韓国銀行は次に当たる外国為替業務を営むことができる。その際必要な場合、外国為替銀行に対して仲介を依頼し、事務の処理を委託することができる[473]。

　韓国銀行総裁は、外国為替市場の安定のために必要な場合には、韓国銀行および外国為替平衡基金の資金で外国為替市場に介入することができる。財政経済部長官は、外国為替市場介入、外貨資金の調達および運用に関して必要な指示をすることができる[474]。

　外国為替取引法第8条3項によれば、外国通貨の買入れまたは売り渡し、外国で発行したトラベラーズチェックの買入れに当たる業務（以下、「両替業務」という）を業として営もうとする者は、大統領令の定めに従い、両替業務の営業に必要な施設を備えて、財政経済部長官に登録しなければならない。このような業

---

[470] 外国為替取引規定、第2−10条。
[471] 外国為替取引規定、第2−10条第1項。
[472] 外国為替取引規定、第2−10条第1項。
[473] 外国為替取引規定、第2−15条。
[474] 外国為替取引規定、第2−167条。

第4章　外国為替取引法

者を両替商という。

　両替商は、外国人旅行者が所有する外国通貨またはトラベラーズチェックを内国支払い手段に手軽に交換できるようにするため、宿泊業所、観光業所、開港地または国際空港などに設置される。

　外国為替(外貨証券を除く)の売買・交換・貸与の仲介、派生金融取引の仲介またはこれと係わる業務(以下、「外国為替仲介業務」という)を業として営もうとする者は、大統領令の定めに従って、外国為替仲介業務を営むのに十分な資本(納入資本金が50億ウォン以上)・施設(外国為替仲介業務およびこれに関する報告などを遂行できる電算施設)および人材(外国為替仲介業務に対する知識・経験など業務遂行に必要な能力を有する人材)を備えて、財政経済部長官の認可を受けなければならない[475]。

　財政経済部長官は、外国為替仲介業務の誠実な履行のために、外国為替仲介会社に対して、大統領令の定めに従い、財政経済部長官が指定する機関に保証金を預託するように要求できる。この場合の預託手続、預託金の運用および管理方法などは、財政経済部長官が定める[476]。外国為替仲介業者が外国為替仲介業務を廃止したり、認可が取消された場合には、外国為替仲介会社の申込によって預託した保証金を返却する[477]。

第3節　経常決済
1　経常決済の制限と許可

　財政経済部長官は、国際収支の均衡を保つために必要な場合、韓国が締結した条約や国際法規の履行のために避けられない場合、国際平和および安全保証のための国際的努力に寄与する必要がある場合など、居住者と非居住者間の決済につ

---

[475] 外国為替取引法、第9条第3項。
[476] 外国為替取引法、第9条第3項。
[477] 外国為替仲介会社が外国で外国為替仲介業務を営もうとする場合には、大統領令の定めに従って、財政経済部長官の認可を受けなければならない(外国為替取引法、第9条第4項)。外国為替仲介会社は、取引の仲介を委託された場合には、取引を仲介せずに、自ら取引の相手になって取引を成立させてはいけない(外国為替取引規定、第4－7条)。

いて、大統領令の定めに従って許可を受けなければならない[478]。財政経済部長官は、国際決済について申告または許可を受けなければならない制限項目（negative list）を規定する[479]。つまり居住者と非居住者間の経常決済を原則的には認めるが、制限項目によって例外的に禁止（negative system）することができる[480]。

　制限の内容は、許可および申告の例外、韓国銀行総裁の許可などに分けられる。韓国銀行総裁の許可を受けなければならない場合を除いて、決済しようとする者、は外国為替銀行長に決済証明書類を提出しなければならない[481]。居住者の１件当たり米貨５千ドル以下の贈与または経常取引による決済（ただし、外国人居住者の場合には外国為替銀行または両替営業者に外国為替を売却した金額の範囲内に限る）、政府機関または地方自治団体の決済、および海外旅行経費の規定による決済を除いて、取引または行為が発生する前に決済する場合には、決済証明書類の提出義務が免除される[482]。

　外国為替銀行長は、支給金額が１件当たり米貨２万ドルを超える場合には、毎翌月10日までに、決済内容を国税庁長に報告しなければならない。また、以下の場合にも、決済の内容を、月ごとに翌月末日までに関税庁長に報告しなければならない[483]。

　①輸出入代金の決済。
　②輸出入と直接関わる次の項目のいずれか一つに当たる決済方法。

---

[478] 外国為替取引法、第15条。
[479] 外国為替取引法、施行令第27条。
[480] 支払いと領収の制限対象は、国内から外国に支払おうする居住者および非居住者、および非居住者に支払ったり非居住者から領収しようとする居住者となる。非居住者が国内から外国へ支払う場合も、国内にある資金によって支払うときには国際収支に影響を及ぼすので制限の対象となる。また、非居住者から支払いを受ける場合には、主に通貨管理のために制限される。例えば、輸出前払い金を領収する取引は、国際収支面では有利になるであろうが、通貨管理面では通貨話膨脹の要因になり得るが、これを適切に調整する必要がある。ここで気をつけなければならない部門は、非居住者に支払ったり非居住者から領収する場合において、場所的制限がないので、国内または国外で支払いまたは領収が行われる取引がすべて制限対象になるという点である。例えば、居住者が海外で保有している預金を通じて非居住者に支払う場合には制限対象になるなどである。
[481] 外国為替取引規定、第4－2条第1項。
[482] 外国為替取引規定、第4－2条第2項。
[483] 外国為替取引規定、第3－2条。

i 工業所有権その他技術の譲受およびその使用に関する権利を取り入れる契約またはそれに付随する用役による代価の決済。
ii エンジニアリング技術、研究および開発関連用役代価の決済。
iii 貨物運賃、滞船料(貨物の積卸期間が当初契約で予定した期間を超過して運送期間が長期にわたることとなった場合に徴収する割増運賃をいう。)、早出料、保険料、用船料、港湾経費、その他運輸関連費用の決済。
iv 各種仲介、委託、代理、斡旋、代行、補助金融サービス提供などに対する手数料決済。
v 映画、レコード、放送物、広告物およびその他記録媒体を外国で制作、録音した対価の決済。

2 決済方法

居住者と非居住者間または非居住者相互間の取引による債権・債務を居住者が決済をする場合には、一定の場合、その決済方法について財政経済部長官に事前に申告しなければならない。ただし、通常行われる取引として財政経済部長官が定める場合には、例外とする[484]。

これは、相殺、第三者決済、銀行を介さない決済、内国決済手段による決済など、非定型化された債権・債務・決済方法に対する制限を廃止し、単にモニタリング目的の単純申告制だけを維持するためである。しかし重複規制を避けるために、用役取引および資本取引の原因行為に対する許可などを受けたときに、その許可された決済方法で決済する場合には許可を要しない[485]。

対外取引を決済する際、金銭を送金したりこれを領収する方法によらずに、帳簿上でのみ貸記または借記することによって、居住者と非居住者間の債権・債務関係を相殺することができる。このような場合、一定期間を決めて帳簿に貸記または借記し、一定期間経過後にその差額を決済するようになるので、実際に外国為替による決済は、差額を決済する時点で発生し、相殺期間の間には発生しない。

---

[484] 外国為替取引法、第16条。
[485] 外国為替取引法、第16条、ただし書き条項。

原則として、居住者と非居住者間に債権または債務が発生すると、直ちに(または許容された期間内に)、1件ごとに外国為替で決済しなければならない。しかし、この相殺決済では、その決済が一定期間猶予されるので、財政経済部長官(韓国銀行総裁または外国為替銀行長に委任)に申告しなければならない[486]。

相殺決済の場合に、非居住者に対する債権または債務を非居住者に対する債務または債権で相殺(実質的に相殺で認定される場合を含める)する場合には、韓国銀行総裁に申告しなければならない[487]。

交互計算制度は、本支社間の決済において、実際に決済するのではなく、勘定を通じて交互計算あるいは清算する制度である。交互計算制度を利用する場合、該当企業体の本支社間の決済は同勘定を通じて行い、会計年度ごとに勘定上の債権と債務の超過額だけを外国為替によって決済する。1件ごとに送金する必要がないので、経費と時間が節約されるだけでなく、外国為替取引法の規定による申告をしなくてもよい。

交互計算勘定を通じて貸記または借記することができる項目は、相手との債権または債務とする。記帳は、その輸出入または用役提供の完了後30日以内に、その他の場合には当該取引による債権あるいは債務の確定後30日以内に行わなければならない[488]。

対外取引の決済期間が、適正期間内である場合には申告を免除するが、それを超える決済では、韓国銀行総裁に申告しなければならない[489]。

居住者が第三者支給などをしようとする場合には、韓国銀行総裁に申告しなければならない[490]。

居住者が外国為替銀行を通じず決済しようとする場合には、韓国銀行総裁に申告しなければならない[491]。

通貨、貴金属または証券の輸出入は、外国為替管理の適正を期するために、規

---

[486] 外国為替取引法、第16条。
[487] 外国為替取引規定、第5-4条。
[488] 外国為替取引規定、第5-6条。
[489] 外国為替取引規定、第5-8条。
[490] 外国為替取引規定、第5-10条。
[491] 外国為替取引規定、第5-11条。

第4章 外国為替取引法

制を受ける[492]。輸出入に関する制限が必要なのは、外国為替取引法の実効性を確保するのが難しい場合、韓国が締結した条約および国際法規の履行のために必要な場合、資本の不法的流出入を防ぐために必要な場合[493]などである。このような場合に、決済のために、通貨、貴金属、証券を輸出入しようとするときには、大統領令の定めに従い許可を受けるかあるいは税関に申告しなければならない[494]。

通貨の輸出入は、外国為替銀行を通じずに、現金そのものを携帯または運送する方法で決済することである。当該取引が許可を受ける必要のない場合でも、現金の輸出入については財政経済部長官(外国為替銀行長、税関長または韓国銀行総裁に委任)の許可を受けなければならない。しかし、外国為替取引法の目的に支障がない一部輸出入に対しては、制限を免じている。従って、このような場合には許可を要しない[495]。

居住者または非居住者が、通貨を輸出入しようとする場合には、韓国銀行総裁の許可を受けなければならない。また居住者または非居住者が、米貨1万ドル相当額を超える決済手段(約束手形、為替手形、信用状を除いた対外決済手段、内国通貨、ウォン貨表示トラベラーズチェックをいう。)を携帯輸入する場合には、管轄税関長に申告しなければならない[496]。

第4節 資本取引

1 総説

資本移動取引は、物品または用役による資本取引と資産取引による資本取引からなり、次のように分けられる。

第一に、資本移動取引は、物品(または用役)を物品(または用役)に対する請求権を代価にして売買する場合である。例えば、発展途上国が外国から資本を借入れて、開発に必要な施設材または原資材を輸入する場合がこれに当たる。国内貯蓄が足りない資本借入れ国は、自己資金で施設材などを輸入することができない

---

[492] 外国為替取引法、第17条。
[493] 外国為替取引法、施行令第29条第1項。
[494] 外国為替取引法、第17条。
[495] 外国為替取引規定、第6-2条。
[496] 外国為替取引規定、第6-2条第2項。

ため、外国資本の借入れで施設材などを輸入する。言い換えれば信用で国際間に物品または用役を売買することである。

　第二に、資産取引による資本取引は、外国為替という資産で、外国証券または外国の不動産を買い入れる場合などをいう。相手側の立場で見れば海外証券を発行して外貨資金を借入れたり、国内にある資産を外国人に売却することによって外貨資産を取得する場合に当たる。

　しかし資本取引の場合、資産投資であると同時に負債としての側面もあるので、負債と資産間の取引になる。一般的に、国際間資本取引は、直接投資、証券の売買、不動産の取引、信用供与、生命保険、保証、資本資産の物理的移動の形式をいう[497]。

　資本取引は、国際間の資本移動によって発生する外国為替取引をいうが、基本的に投資と借入れの形を取る。韓国における長期資本導入取引は、外国人投資促進法の規制を受ける。それ以外の資本導入取引と海外投資取引は、外国為替取引法の適用を受ける。

　外国人投資促進法は、外国人投資、商業借款、公共借款、技術導入など主に3年以上の長期資本の導入についての規定である。外国為替取引法は、外資導入法の適用を受けない資本取引、つまり3年以内の短期借入、外国為替銀行の外貨借入、導入外資の元利金償還、居住者の外国に対する海外投資について規定している。外国人投資促進法の目的は、外国人投資に対する支援と便宜を通じて、外国人投資の誘致を促進し国民経済の健全な発展に資することである[498]。

　資本取引をしようとする者は、大統領令の定めに従って、財政経済部長官に申告しなければならない。ただし、軽微であったり定型化された資本取引として財政経済部長官が大統領令の定めに従って指定した資本取引は例外とする[499]。資本取引の申告をしようとする者は、財政経済部長官が定める申告書類を財政経済部長官に提出しなければならない。財政経済部長官は、申告を要しない資本取引を

---

[497] 金永生『外国為替取引法』法経社、1997年。
[498] 外国人投資促進法、第1条。
[499] 外国為替取引法、第18条第1項。

第4章　外国為替取引法

指定する際にはこれを告示する[500]。

2　預金・信託契約による資本取引

　預金契約は消費賃借契約で、金融機関が預金を収納することである。預金・信託による資本取引に対する許可制度は、居住者または非居住者の国内預金取引、居住者または非居住者との国内信託取引、居住者の海外預金と海外信託取引に分けて規定されている。信託契約は、委託者が自分の財産権を他人(受託人)に移転し、自分または第三者(受益者)のために運用または処分を依頼する契約である。信託契約は主に財産権や金銭債権になる。

　居住者または非居住者が対外勘定、居住者勘定および海外移住者勘定、非居住者ウォン貨勘定、非居住者自由ウォン貨勘定を開設して、外国為替銀行および総合金融会社と預金取引をしようとする場合、また国民である非居住者が国内で使うために内国通貨で預金取引をする場合には、原則的に許可あるいは申告は要しない[501]。

　居住者または非居住者が、居住者外貨信託勘定、非居住者外貨信託勘定、非居住者ウォン貨信託勘定を開設して、外国為替銀行と金銭信託取引をしようとする場合(ただし、非居住者外貨・ウォン貨信託勘定の契約期間は1年以上でなければならない。)、また国民である非居住者が国内で使うために内国通貨で信託取引をする場合には、原則的に許可あるいは申告を要しない[502]。

　居住者が、非居住者と海外で次の各号のいずれか1つに当たる預金、信託取引をしようとする場合には、許可あるいは申告を要しない[503]。

① 外国で滞在している居住者が、外貨預金または外貨信託取引をする場合。

② 海外建設および用役事業者が海外建設や用役事業による工事費・用役費など海外経費支給および現地金融償還のために外貨預金を処分する場合。

③ 居住者が、公共借款の導入及び管理に関する法律またはこの規定によって

---

[500] 外国為替取引法、施行令第30条第1項、第2項。
[501] 外国為替取引規定、第7－6条。
[502] 外国為替取引規定、第7－10条第1項。
[503] 外国為替取引規定、第7－12条第1項。

- 227 -

認可または許可を受けた借入れ資金を、その許可または許可条件に従い使用するために外貨預金取引をする場合。
④ 外国為替取引規定および関係法令に従い、海外先物取引をしようとする居住者が当該取引と関連して外国にある金融機関と外貨預金取引をする場合。
⑤ 国民である居住者が、居住者になる前に、外国にある金融機関に開設した外貨預金または外貨信託勘定を処分する場合。
⑥ 居住者が、外国での証券発行と関連して預金取引をする場合。
⑦ 前年度輸出入実績が 500 万ドル以上である者が、国際取引による決済のために外貨預金を処分する場合。
⑧ 居住者が、この規定による証券投資、現地金融、海外直接投資と関連して外貨預金取引をする場合。
⑨ 証券預託院が外貨預金取引をする場合。
⑩ 海外建設おおび用役事業者、前年度輸出入実績が 500 万ドル以上である者が 1 件当たり 5,000 ドル以下の海外旅行経費および贈与性決済など、移転取引を除いた経常取引による対外支給のために、外貨小切手またはクレジットカードを使って外貨預金を処分する場合。

3　金銭貸借と債務保証契約による資本取引
3.1　居住者と他居住者間の金銭貸借契約

　金銭の貸借・債務の保証契約による資本取引は、居住者間の取引、居住者と非居住者間の取引に分けて規制している。

　居住者が他居住者と金銭の貸借契約に従って、外国通貨による債権の発生などに関する取引をしようとする場合には、許可および申告は必要ない[504]。この場合の居住者間金銭の貸借契約による貸出資金は、外国為替銀行長に金銭の貸借に関する証拠書類を提出し確認を受けた後、外国為替銀行を通じて受領する（ただし、外国に滞在している居住者間金銭の貸借取引をする場合は例外とする。）。証拠書類を提出し確認を受けた後、居住者間金銭の貸借契約による貸出資金を、外国為

---

[504] 外国為替取引規定、第7－15条。

替銀行を通じず決済しようとする場合には、韓国銀行総裁に申告しなければならない[505]。

3．2　居住者と非居住者間の金銭の貸借契約

　居住者が非居住者と、金銭貸借契約による債権の発生などに関する取引をしようとする場合であっても、次に当たる場合には許可および申告は必要ない[506]。

① 居住者が非居住者と、外国人投資促進法による借款契約を締結したり公共借款導入および管理に関する法律による公共借款協約を締結する場合。

② 居住者が非居住者と対外経済協力基金法による借款供与契約を結ぶ場合。

③ 国民である居住者と国民である非居住者が、国内で内国通関表示金銭の貸借契約をする場合。

④ 韓国政府の在外公館勤務者、その同居家族または海外滞在者が、その滞在に必要な生活費などのために非居住者と金銭の貸借契約を締結する場合。

⑤ 国際有価証券決済機構に加入した居住者が、有価証券取引の決済と関連して、非居住者から日貸ローンを受ける場合。

　居住者と非居住者間の金銭の貸借または債務の保証契約に従って、債権・債務関係が発生する資本取引の中で、精油会社および原油・液化天然ガスまたは液化石油ガス輸入業者が、一覧払い方式、シッパーズ・ユーザンス方式または事後送金方式輸入代金決済のために、1年以下の短期外貨資金を借入れる場合には、取引外国為替銀行長（信用状開設銀行あるいは、D/P・D/A方式の場合には輸入為替手形取立銀行、事後送金方式の場合には輸入代金決済のための送金銀行をいう）に申告しなければならない[507]。外国人投資促進法によって一般製造業を営む業者、財政経済部長官から租税減免決定を受ける外国人投資企業として高度の技術を伴う事業および産業資源サービス業を営む業者は、居住者が非居住者から償還期間が1年以下の短期外貨資金を、法が定める限度内で借入れようとする場合には、指定取

---

[505] 外国為替取引規定、第7－16条。
[506] 外国為替取引規定、第7－17条。
[507] 外国為替取引規定、第7－18条。

引外国為替銀行長に申告しなければならない[508]。

　許可および申告の例外取引[509]、精油会社などの短期外貨資金借入れ[510]、外国人投資企業の短期外貨資金借入れ[511]の場合を除いて、居住者が非居住者から償還期間が1年以下である短期外貨資金(資金引出し日から起算して中途償還する場合や資金引出し日から1年以内に早期償還できる権利がある場合を含める。証券発行の場合には1年未満をいい、株式預託証書は除く。)を借入ようとする場合には、該当企業の最近会計年度負債比率が韓国銀行発行の「企業経営分析」に掲載されている業種別平均負債比率以下で、国内または国外の専門信用評価機関による信用評価等級が、投資等級以上と分類された場合に限られる。この基準を充足させることができなかった場合には、財政経済部長官の許可を受けなければならない。ただし、韓国銀行「企業経営分析」に記載されてない業種の場合には信用評価等級分類による。上記居住者の外貨資金借入れの対象になる居住者以外の居住者が、非居住者から外貨資金を借入れようとする場合には、財政経済部長官の許可を受けなければならない[512]。

３．３　居住者と他居住者間の債務保証契約

　居住者が他居住者と債務の保証契約によって、外国通貨建ての債権の発生などに関する取引をしようとする場合で、次に当たるときには許可および申告を要しない[513]。

① 居住者(債権者)と居住者(債務者)の取引に他居住者が外貨表示保証をする場合。
② 居住者の輸出取引と関連して外国の輸入業者が、外国為替銀行で域外金融貸出を利用する際に、当該居住者がその域外金融貸出を担保として、当該外国為替銀行に対して外貨表示保証をする場合(当該外国為替銀行は輸出関連

---

[508] 外国為替取引規定、第7－19条。
[509] 外国為替取引規定、第7－17条。
[510] 外国為替取引規定、第7－18条。
[511] 外国為替取引規定、第7－19条。
[512] 外国為替取引規定、第7－21条。
[513] 外国為替取引規定、第7－23条。

第4章 外国為替取引法

域外金融貸出保証に関する報告書を各期ごとに翌月 20 日までに韓国銀行総裁に提出しなければならない)。
③ 国内に本店を置いたリース会社などが、当該リース会社現地法人に対する外国為替銀行の域外金融貸出に関する担保として、出資金額範囲内で外貨保証をする場合。

保証債務履行代金は、外国為替銀行長に債務の保証に関する証拠書類を提出して確認を受けた後、外国為替銀行を通じて決済されなければならない。海外同胞などに対する与信と関連して、居住者が国内にある金融機関に、元利金の償還を保証しようとする場合には、指定取引外国為替銀行長に申告しなければならない。この場合、取引外国為替銀行の指定は与信を受ける非居住者の名義とする[514]。

居住者間債務の保証による代理支給など債務履行のための決済を、指定取引外国為替銀行長に証拠書類を提出して、外国為替銀行を通さずに行おうとする場合には、韓国銀行総裁に申告しなければならない[515]。許可および申告の例外取引、外国為替銀行長への申告を要しない取引を除いて、居住者(債権者)と非居住者(債務者)の取引に関して、他の居住者が債権者である居住者へ債務保証を行い、外国通貨建て債権の発生などに関する取引をしようとする場合には、韓国銀行総裁の許可を受けなければならない[516]。

3.4 居住者と非居住者間の債務保証契約

居住者が非居住者と債務の保証契約による債権の発生などに関する取引をしようとする場合でも、次に該当する場合には許可および申告が必要ない[517]。
① 居住者がこの規定によって認定された取引をする時に非居住者から保証を受ける場合。
② 居住者が次の項目の保証をする場合。
　i 韓国銀行総裁の許可が要る場合を除いて居住者の外貨資金借入れ契約に

---

[514] 外国為替取引規定、第7-24条。
[515] 外国為替取引規定、第7-25条。
[516] 外国為替取引規定、第7-25条。
[517] 外国為替取引規定、第7-26条。

関して他居住者が非居住者に保証をする場合。
　ⅱ 居住者が経常的支給(第4章第2節の規定による海外旅行経費は除く。)のための外貨建て保証をする場合。
　ⅲ 居住者が認定された賃借り契約をすることによって国内の他居住者が外貨表示保証をしたり、与信専門金融業法による施設貸与会社が外国の施設貸与会社と国内の実需要者間の認定された施設貸与契約に対して外貨建て保証をする場合。
　ⅳ 居住者の約束手形売却と関連して当該居住者の系列企業が対外外貨建て保証をする場合。
③ 居住者が非居住者と品物の輸出、輸入または用役取引をする際に保証をする場合。
④ 居住者の輸出、海外建設および用役事業など外貨獲得のための国際入札または契約と関連した入札保証などのために非居住者が保証金を支払ったり、これに代えて保証をする場合に、当該居住者または系列関係にある居住者が保証または負担する契約を結ぶ場合。
⑤ 居住者海外先物取引に必要な資金の調達に代わって、非居住者が保証する場合に、支給または保証をする非居住者が負担する債務の履行を、当該居住者または当該居住者の系列企業が保証または負担する契約を締結する場合。
⑥ 保証保険を業にする保険会社が、海外建設および用役事業者の海外建設や用役事業と関連して、入札や契約履行などのための保証をする場合。
⑦ 国民である居住者と国民である非居住者間で、他居住者のために内国通貨表示債務の保証契約を締結する場合。
⑧ この法の規定に証券取引法による証券金融会社が非居住者に保証する場合。また、居住者が非居住者と債務の保証契約による債権の発生などに関する取引をしようとする場合で、次に該当するときには外国為替銀行長に申告しなければならない[518]。
① 国内に本店を置いた証券会社が当該証券会社現地法人の業務に随伴する現

---

[518] 外国為替取引規定、第7-27条。

地借入れ保証をする場合。ただし、保証金額は当該現地法人に対する居住者の出資金額の300%以内に限る。

② 居住者の現地法人が外国の施設貸与会社から認定された事業遂行に必要な施設材を賃借する際に、現地法人が負担する債務の履行を居住者または系列関係にある居住者が保証する場合。

③ 国内に本店を置いたリース会社などが、当該リース会社現地法人の業務に付随する現地借入れに対して本社の出資金額範囲内で保証する場合。

海外同胞などに対する与信と関連して、与信を受ける非居住者が、国内にある金融機関にその元利金の償還を保証しようとする場合には、非居住者の名義で取引外国為替銀行を指定しなければならない。受信者在住の海外でも、韓国の銀行の支店を取引金融機関として指定しなければならない。上に規定された場合を除いて、居住者と非居住者間の債務保証契約を締結する者は、韓国銀行総裁に申告しなければならない[519]。

居住者の短期外貨借入契約に関して、系列会社が非居住者に保証をしようとしたり（系列会社が外国為替銀行に保証または担保を提供する行為を含む。）、居住者が非居住者間の取引に関して、債権者である非居住者と債務保証契約を締結しようとする場合には、韓国銀行総裁の許可を受けなければならない[520]。

4 対外決済手段や債券の売買による資本取引

4．1 居住者と他居住者間の対外決済手段や債券の売買による資本取引

対外決済手段や債券の売買契約によって、債権の発生、変更または消滅が生じる場合には、外国為替取引法上制限対象になる。対外決済手段、債券その他の売買や用役契約による資本取引も、居住者と他居住者間の取引、居住者と非居住者間の取引に分けて規制している。

居住者が他居住者と対外決済手段や債券などの売買や用役契約によって、外国通貨建ての債権の発生などに関する取引をしようとする場合で、次に該当すると

---

[519] 外国為替取引規定、第7－28条第1項。
[520] 外国為替取引規定、第7－28条第2項。

きには許可および申告は必要ない[521]。①居住者と他居住者間の物品や、その他の売買、用役契約に従って外国通貨で決済される債券の発生などに関する取引。②居住者間に決済手段としての使用目的ではなく、貨幣収集用や記念用として外国通貨を売買する取引。③海外建設および用役事業者と免税用品製造者間で、海外就業勤労者に対する免税クーポンを売買する取引。④外国為替銀行が居住者の輸入代金決済のために、ユネスコクーポンを当該居住者に売却する取引。⑤居住者間の取引によって取得した債券の売買契約に従って、外国通貨建ての債権の発生などに関する取引。

これらの場合、代金の支払いや受領は、外国為替銀行長に売買契約などに関する証拠書類を提出して確認を受けた後、外国為替銀行を通じて行わなければならない。ただし、1件あたり1,000ドル以下の経常取引による代価を、対外決済手段で直接決済する場合には例外とする[522]。

居住者間の債券売買や用役契約による売買代金を、上記以外の方法で行う場合には、韓国銀行総裁に申告しなければならない[523]。その他に、居住者が他居住者と対外決済手段の売買契約に従って、外国通貨建ての債権の発生などに関する取引をしようとする場合には、韓国銀行総裁の許可を受けなければならない[524]。

4.2　居住者と非居住者間の対外決済手段や債券の売買による資本取引

居住者が非居住者と対外決済手段や債券の売買による債権の発生などに関する取引をしようとする場合で、次に該当する際には許可および申告を要しない[525]。①外国にある金融機関が海外に滞在する居住者と、ウォン貨表示トラベラーズチェックまたは内国通貨の売買取引をする場合。②外国に滞在する居住者(在外公館勤務者またはその同居家族、海外滞在者を含める)が非居住者と、滞在に直接必要な対外決済手段や債券の売買取引をする場合。③居住者が外国での保有が認定された対外決済手段または外貨建て債券で、他の外国通貨建て決済手段または外貨

---

[521] 外国為替取引規定、第7-29条第1項。
[522] 外国為替取引規定、第7-29条第2項。
[523] 外国為替取引規定、第7-30条第1項。
[524] 外国為替取引規定、第7-30条第2項。
[525] 外国為替取引規定、第7-31条。

第4章　外国為替取引法

建て債券を買い入れる場合。④居住者が輸出関連外貨建て債券を外国にある金融機関に売却し、売却代金全額を即時に外国為替銀行を通じて国内に回収する場合。⑤居住者が不動産や施設物などの利用と関わる会員権や、非居住者が発行した約束手形や外貨債券などを、非居住者に売却し、売却代金を直ちに外国為替銀行を通じて国内に回収する場合。⑥居住者が非居住者に売却した国内の施設や不動産などの利用と関わる会員権などを、非居住者から再買入する場合。

　居住者が、外国の施設物、不動産などの利用や取得に関した会員権の買入れ契約を行おうとする場合には、韓国銀行総裁に申告しなければならない。申告を受けた韓国銀行総裁は、会員権などの売買内容を翌月10日までに国税庁長に報告しなければならない[526]。居住者と非居住者間の債券売買契約によって、債権の発生などに関する取引を行う場合には、韓国銀行総裁に申告しなければならない。対外決済手段の売買契約によって債権の発生などに関する取引をしようとする場合には、韓国銀行総裁の許可を受けなければならない[527]。

5　居住者と非居住者の証券取得と発行
5．1　居住者の海外証券取得と非居住者の国内証券取得

　居住者による非居住者からの証券取得、非居住者による居住者からの証券取得、居住者の外国での証券発行、非居住者の国内での証券発行は、資本取引制限対象になる[528]。

　居住者が非居住者から証券またはこれに関する権利を取得するのは、居住者が資産投資の一環として非居住者所有の証券を買い入れる場合と、海外直接投資によって外国法人の証券を取得する場合とに分けられる。ここでいう証券の範囲には外貨建て証券とウォン建て証券が含まれる。

　非居住者が居住者から証券またはこれに関する権利を取得する場合は、非居住者が韓国内で、資産取得または直接投資にために証券を取得する場合である。この場合も証券の範囲には外貨およびウォン建て証券を含む。

---

[526] 外国為替取引規定、第7－32条第1項。
[527] 外国為替取引規定、第7－32条第2項。
[528] 外国為替取引法、第3条第1項第18号。

居住者の非居住者からの証券取得が許容されるのは、国内居住者の外国証券への投資能力が十分であることと、証券投資資金が外国へ流出されても国際収支上問題がないことが条件となる。結果的に、機関投資家を中心に外国証券投資を許可し、その他の居住者の場合は例外的な取り扱いとなっている。

　機関投資家には、外国為替銀行、総合金融会社、証券会社、委託会社、証券投資会社、保険会社などが含まれる[529]。機関投資家が一定の条件で非居住者から外貨証券を取得する場合には、資本取引に関する許可および申告は必要ない。海外直接投資によって、自社の株式または出資持分を取得する場合には、海外直接投資の一環と見て海外直接投資の規定に従わなければならない。機関投資家が投資できる外貨証券には制限はない。外国為替銀行現地法人や現地法人金融機関と、投資を目的にする投資基金契約や信託契約による方法でも投資を行うことができる[530]。

　機関投資家ではない居住者である一般投資家は、金融監督委員会が定める外貨証券に投資することができる。しかし、外国法人の経営に参加するために、株式または出資持分を取得する場合には、海外直接投資の規定に従わなければならない。一般投資家が外貨証券を売買しようとする場合には、証券会社を通じなければならない。ただし、証券投資信託法令の定めに従って外国投資信託証券を売買しようとする場合には、外国投資信託証券販売代行会社（以下、「販売代行会社」とする。）を通じて売買することができる[531]。

　一般投資家から外貨証券の売買委託受けた証券会社や販売代行会社（以下、「証券会社など」という。）は、外国為替銀行に開設された一般投資家名義（証券会社などの名義を付記する）または証券会社などの名義の外貨証券投資専用外貨勘定を通じて、資金の送金や回収を行わなければならない[532]。証券取引法第173条の規定による証券預託院は、外国証券を外国の類似機関に預託あるいは保管する場

---

[529] 外国為替取引規定、第7－36条。
[530] 外国為替取引規定、第7－37条第1項。
[531] 外国為替取引規定、第7－37条第2項。
[532] 外国為替取引規定、第7－38条。

第4章　外国為替取引法

合、外国為替銀行などと外国金融機関などに外貨勘定を開設することができる[533]。

　非居住者に居住者からの国内証券取得を許すことは、国内証券市場の開放を意味する。よって国内証券市場は、外国資本が流入しても大きな影響を受けない程度に成熟していなくてはならない。外国資本の流入による国内通貨の増加が、通貨管理上攪乱要因にならないように、許可および申告の例外取引、韓国銀行総裁の申告、許可などの手段で制限を加えている。取引が許可および申告の例外取引である場合を除いて、非居住者が営利法人である居住者から証券を取得しようとする場合には、韓国銀行総裁に申告しなければならない。

　非居住者(国民である場合は海外永住権を持つ者に限る。)または証券投資資金の対外送金の保障を求める外国人居住者(以下、「外国人投資者」という)が、国内ウォン証券の取得、またはその取得証券を国内で売却する場合、次の要件を満たすときには、許可および申告の例外取引として認定される。

　外国人投資者の国内ウォン証券投資は、証券取引法令による有価証券(韓国証券取引所が開設した市場で取引される株価指数先物・オプション取引を含める)、企業手形、商業手形、貿易手形、譲渡性預金証書、標識手形、総合金融会社発行手形に限られる。取得した証券に付与された権利行使、相続、遺贈、贈与による承継取得によって、ウォン証券を取得したりその取得証券を国内で売却する場合も同じである[534]。

　外国人投資者は、ウォン証券を投資目的(証券売却代金の外国への送金を含める)に、外国為替銀行に自己名義証券投資専用対外勘定や証券投資専用非居住者ウォン勘定を開設でき、その口座を通じて投資資金を預託し、処分することができる[535]。証券投資専用非居住者ウォン勘定から内国決済手段として引き出す場合で、1人あたり米貨2万ドル相当額を超える場合には、国税庁に報告しなければならない[536]。

　外国保管機関は、配当金領収など保管証券の権利行使(売買取引は除く)のため

---

[533] 外国為替取引規定、第7－39条。
[534] 外国為替取引規定、第7－43条。
[535] 外国為替取引規定、第7－44条第1項。
[536] 外国為替取引規定、第7－44条第6項。

に、外国為替銀行に保管機関名義の対外勘定や非居住者ウォン勘定を開設することができる。ただし、ウォン貨勘定の預託および処分方法は、外国人投資者の証券投資専用対外勘定や投資専用非居住者ウォン勘定間で相互に交替する方法や、外国預託機関が外国人投資者に権利を配分するために外国に開設した外国預託機関の口座へ移す方法による[537]。

証券会社は、外国人投資者の国内ウォン貨証券取得または売却のために、外国為替銀行に証券会社などの名義で投資専用外貨勘定を開設することができる[538]。

5.2 証券の発行

外国為替取引法では、原則的に居住者の外貨証券発行は自由である。居住者が国内で外貨証券を発行または募集しようとする場合には許可および申告は必要ない[539]。居住者が外国で外貨証券を発行しようとする場合にも、発行者要件、発行対象証券、資金用途、発行方法などに対する制限はないが、外国為替銀行長などに申告しなければならない[540]。

ただし、居住者が外国で満期1年以上のウォン証券を発行しようとする場合には、財政経済部長官に申告しなければならない[541]。また、居住者が外国で満期1年未満のウォン貨証券を発行する場合には、財政経済部長官の許可を受けなければならない[542]。

非居住者が国内で証券を発行したり募集する行為は、外国人が国内で証券発行の方式で資金を借り入れる取引であり、国際収支または国内資金市場に大きい影響を及ぼすので資本取引の規制対象になる。非居住者が内国通貨表示証券を外国で発行または募集する行為は、居住者と非居住者間に直接的に資金移動を発生させることではないが、ウォン資金の国際間移動を生じさせ国内外の為替市場に影響を及ぼすので、資本取引の規制対象となる。

---

[537] 外国為替取引規定、第7-44条第7項。
[538] 外国為替取引規定、第7-45条。
[539] 外国為替取引規定、第7-47条。
[540] 外国為替取引規定、第7-48条。
[541] 外国為替取引規定、第7-49条第2項。
[542] 外国為替取引規定、第7-50条第2項。

第4章　外国為替取引法

　非居住者が国内で外貨証券を発行する場合、満期(中途償還を含む。) 1年以上のウォン貨証券を発行しようとする場合、または非居住者が外国で満期1年以上のウォン貨証券を発行しようとする場合などでは、財政経済部長官に申告しなければならない[543]。非居住者が国内で満期1年未満のウォン貨証券を発行しようとする場合、非居住者が外国で満期1年未満のウォン貨証券を発行しようとする場合には、財政経済部長官の許可を受けなければならない[544]。

　証券を発行しようとする者は、調達した資金の預託および処分のために、指定取引外国為替銀行に自己名義の証券発行専用非居住者ウォン貨勘定および証券発行専用対外勘定を開設しなければならない[545]。株式預託証書を発行しようとする者は、証券納入代金や配当金支給などの資金の預託および処分のために、預託院に預託院名義のウォン貨証券専用外貨勘定(発行者名義も付記する)を、指定取引外国為替銀行に開設するように求めなければならない。要請された預託院は、指定取引外国為替銀行に預託院名義のウォン貨証券専用外貨勘定を開設しなければならない[546]。

　発行債券の一部を海外で販売しようとする者は、国外での海外販売債券の売買(外貨決済に限る)のために、国際的に認定される決済機構または預託機関に海外販売債券を預託することができる。預託しようとする者は、発行の際に財政経済部長官に申告しなければならない[547]。

6　派生金融取引

　「派生金融取引」とは、金融先物市場で行われる取引またはこれと類似した取引のことである[548]。

---

[543] 外国為替取引規定、第7－49条第1項。
[544] 外国為替取引規定、第7－50条第1項。
[545] 外国為替取引規定、第7－52条第1項。
[546] 外国為替取引規定、第7－52条第2項。
[547] 外国為替取引規定、第7－56条。
[548] 外国為替取引法第3条第1項第17号；外国為替取引法施行令第18条；派生金融取引の具体的な形態は次のとおりである。
　1.決済手段・証券・債券その他取引できる商品(以下、この条で「商品など」という。)を将来一定時期にあらかじめ決めた価格で収受することを約定する取引で、専売または還売を

居住者間または居住者と非居住者間の派生金融取引で、外国為替業務取扱機関が顧客の委託を受けて、先物市場や海外先物市場を通じて締結する取引、外国為替業務取扱機関が業務として行う取引の中で、当事者または第三者の信用危険と関連した取引に属さない取引をしようとする場合には、許可および申告を要しない[549]。居住者間または居住者と非居住者間の派生金融取引として、外国為替業務取扱機関が業務として行う取引の中で、当事者または第三者の信用危険と関連した取引、許可および申告の例外以外の派生金融取引としての借入れ、証券発行、その他の資本取引の際に該当資本取引と直接関わる派生金融取引を該当資本取引の当事者とする取引、農産物・鉱産物など金融商品ではない商品の取引を行おうとする場合には、韓国銀行総裁に申告しなければならない[550]。

　また居住者間または居住者と非居住者間で派生金融取引として、額面金額の100分の20以上をオプションプレミアムとして前払い手数料として支払う取引を行う場合、派生金融取引を不法資金流出入や不法金融供与の手段として利用するなど、外国為替取引法、外国為替取引法施行令およびこの規定の適用を回避するために行う場合には、韓国銀行総裁の許可を受けなげればならない[551]。

　外国為替業務取扱機関が、居住者および非居住者と内国通貨と外国通貨間の派生金融取引契約を締結し、決済日に契約金額の全部または一部を引き受けあるいは引渡を行おうとする場合、その決済は外国為替売買の規定を準用する。既に締

する場合には、あらかじめ約定した価格と専売または還売時の価格との差額を決済することができる取引。
　2. 商品などの価格または利子率と、これによって算出された指数(以下「指数など」という。)を基準に約定される値をあらかじめ決めて、将来の一定時期の当該指数などの数値との差によって算出された金銭の収受を約定する取引。
　3. 将来の一定期間の間、あらかじめ決めた価格で商品などを交換したり指数などによって算出された金銭を交換することを約定する取引。
　4. 当事者一方の意思表示によって、当事者間に次の取引をまとめる権利を当事者の一方に付与し、その権利が付与された当事者が相手にそれに対する代価を支払うことを約定する取引。①第1号ないし第3号の取引、②商品などの売買取引、③指数などを基準に約定された数値の差によって算出された金銭を収受する取引。
　5. 当事者または第三者の信用危険と連係した取引として、第1号ないし第4号の取引と類似した取引。

[549] 外国為替取引規定、第7-59条。
[550] 外国為替取引規定、第7-60条。
[551] 外国為替取引規定、第7-61条。

結された派生金融取引を変更・取消および終了させる場合には、この取引で発生した損益を新しい派生金融取引の価格に反映する取引を行ってはいけない[552]。

非居住者が先物取引所を通じて先物取引を行おうとする場合には、外国為替銀行に投資者名義の先物投資専用対外勘定と先物投資専用ウォン貨勘定を開設して、先物投資関連資金を送金または回収しなければならない。

先物業者は非居住者の先物取引のために、先物業者名義の投資専用外貨勘定を開設することができる。先物業者は、非居住者の国内先物投資のための勘定管理という点から、投資者の決済資金が、この規定が認定した取引に基づくものかどうかを確かめなければならない[553]。

7 不動産取引

不動産取引は、OECD資本取引自由化規約で資本取引として分類されている。外国為替取引法で不動産の取得取引だけを規制対象にし、売却の場合には規制対象にしないのは売却代金の対外送金が決済制限規制を受けるからである。

居住者が外国にある不動産またはこれに関する物権、賃借権その他これと類似した権利を取得するためには次のような制限を受ける。①外国為替業務取扱機関が海外支店および事務所の設置や運営に直接必要な不動産の所有権を取得する場合（当該海外支店の与信回収のための担保権実行による取得を含める。）。②居住者が非居住者から相続または贈与によって不動産に関する権利を取得する場合。③政府機関が外国にいる非居住者から不動産またはこれに関する権利を取得する場合。④外国人居住者が法または外国為替取引法施行令の適用を受ける取引以外の取引によって、外国にある不動産またはこれに関する権利を取得する場合を除いては[554]、居住者が外国にある不動産またはこれに関する権利を取得しようとする場合には、韓国銀行総裁に申告して受理されなければならない。

外国人居住者や外国の永住権または外国に定着する目的で長期滞留資格を取得した在外国民を除いて、商用および公務目的で外国に2年以上滞在しようとする

---

[552] 外国為替取引規定、第7-62条。
[553] 外国為替取引規定、第7-63条。
[554] 外国為替取引規定、第7-64条。

居住者、これと同一の目的ですでに出国した者として2年以上海外に滞在しようとする非居住者である「海外長期滞在者」(第7－68条1項)は、海外住居用住宅の「取得代金」を国内から海外に支給することができる。ただし、海外移住費を支払った者や支払おうとする者に対して海外支社の設置費を支払ったり支払おうとする場合に、海外住宅取得代金の支払いは禁じられる[555]。この場合、支払い限度は米貨50万ドル以下の実際に要した費用とする。また、現地定着費を支払う場合には、実際に要する費用から現地定着費を差し引かなければならない[556]。

海外長期滞在者が、海外住宅取得代金を支払おうとする場合には、1つの外国為替銀行を取引外国為替銀行として指定して、そこを通じて海外住宅取得代金を送金しなければならない[557]。

海外住宅を取得した海外長期滞在者が帰国して居住者になった場合には、帰国日から3年以内に当該海外住宅を処分し、直ちに処分代金から税金など必要経費を除いた全額を、指定取引外国為替銀行を通じて国内に回収しなければならない。3年以内の住宅売却が不可能な場合には、韓国銀行総裁から期間延長に関する許可を受けなければならない[558]。

非居住者が国内にある不動産またはこれに関する物権や賃借権、その他これと類似した権利を取得するための以下の行為は、規制の対象として申告制である。

① 海底鉱物資源開発法の規定に従って非居住者である粗鉱権者が国内にある不動産またはこれに関する権利を取得する場合。
② 本人、親族、従業員の居住用で国内にある不動産を賃借する場合。
③ 国民である非居住者が国内にある不動産またはこれに関する権利を取得する場合。
④ 国内にいる非居住者から土地以外の不動産またはこれに関する権利を取得する場合などは許可および申告をする必要がない[559]。

その他には、外国から携帯輸入または送金された資金で取得する場合、居住者

---

[555] 外国為替取引規定、第7－68条第2項。
[556] 外国為替取引規定、第7－69条。
[557] 外国為替取引規定、第7－70条。
[558] 外国為替取引規定、第7－72条。
[559] 外国為替取引規定、第7－73条。

第4章　外国為替取引法

との取引による担保権および担保権実行に従い国内不動産またはこれに関する権利を取得する場合、非居住者が外国から携帯輸入または送金された資金で不動産またはこれに関する権利を取得した非居住者から不動産またはこれに関する権利を取得する場合、許可および申告の例外取引を除いて、不動産取引が立証できる書類または担保取得が立証できる書類を添えて外国為替銀行長に申告しなければならない[560]。

また外国人非居住者が、遺産相続や贈与により国内にある不動産またはこれに関する権利を取得する場合などには、韓国銀行総裁の許可を受けなければならない。また、上記の場合を除いて、非居住者が国内にある不動産またはこれに関する権利を取得しようとする場合には、韓国銀行総裁に申告しなければならない[561]。

8　現地金融

韓国企業が、外国で使うために外国で外貨資金を借入れ(外貨証券発行方式による借入れの場合を含める。)たり、支給保証を受けることを現地金融という[562]。

金融機関の場合を除いて居住者(個人の場合は除く。)、居住者の海外支店(独立採算制の例外適用を受ける海外支店[563]を除く。)、居住者の現地法人(居住者の現地法人が100分の50以上出資した子会社を含める。)[564]に該当する者が、現地金融を受けようとする場合には一定の方法[565]に従わなければならない。

---

[560] 外国為替取引規定、第7－74条第1項。
[561] 外国為替取引規定、第7－74条第2項。
[562] 外国為替取引規定、第8－2条第1項。
[563] 独立採算制の例外:外航運送業者及び遠洋漁業者、海外建設、用役事業者の海外支店。
[564] ただし、居住者の海外支店/現地法人(以下、「現地法人など」という。)が域外金融貸出を受ける場合には、保証の限度規定(外国為替取引規定、第8－4条)を除いて、この章の規定を適用する。
[565] (1)居住者が現地金融を受けようとする場合:ⓐ 他居住者の保証および担保(以下この章で「保証など」という。)提供がなかったり、当該居住者が本人の担保を提供する場合または外国為替銀行(以下この章で綜合金融会社を含める。)が保証をする場合、当該居住者が指定取引外国為替銀行長に申告しなければならない。ⓑ居住者の系列会社が保証などを行う場合には、当該系列会社が、現地金融を受ける居住者の指定取引外国為替銀行に申告しなければならない。
　(2)現地法人などが現地金融を受けようとする場合:ⓐ外国為替銀行の保証がある場合、現地法人などを設置した居住者(国内他企業と共同出資して現地法人などを設置した場合

現地金融で調達した資金は、国内に預託したり国内に流入することができない。ただし、現地法人と国内居住者間の認められた経常取引による決済資金の国内流入の場合は例外とする[566]。

　居住者または現地法人が現地金融を受けようとする場合には、次の区分に従って申告しなければならない。金融機関系列企業の場合には主債権銀行を、現地金融関連取引外国為替銀行として指定しなければならない[567]。ただし、居住者が外貨証券発行方式によって米貨3,000万ドルを超える現地金融を受けようとする場合には、指定取引外国為替銀行を経由して財政経済部長官に申告しなければならない。

　居住者が、他居住者および現地法人などの現地金融のために保証などをする場合には、財政経済部長官の許可を受けなければならない[568]。現地法人が居住者の保証を受けずに現地金融を受けようとする場合には、この章に規定された申告は必要ない。

9　海外直接投資

　海外直接投資ができるのは、決済手段、現地法人の利益留保金、資本財(外国人投資促進法第2条第1項第8号の資本財)、知的財産権その他これに準じる技術と使用に関する権利、海外法人または海外支店や事務所を清算した場合にはその残余財産、債券回収義務が免除された対外債券に限る[569]。海外直接投資をしようとする者は、原則的に資金面で十分な資格を備えた者でなければならないので、一定の審査基準に従わなければならない[570]。

には出資持分が一番多い企業、出資持分が同じである場合には自己資本が一番多い企業とし、以下この章で同じである。)が、指定取引外国為替銀行長に、申告しなければならない。ⓑ当該現地法人などを設置した居住者、またはその居住者の系列会社が保証などをする場合、その居住者(系列会社が保証などをする場合には系列会社)が、当該現地法人などを設置した居住者の指定取引外国為替銀行長に申告しなければならない。

[566] 外国為替取引規定、第8-2条第2項。
[567] 外国為替取引規定、第8-3条。
[568] 外国為替取引規定、第8-3条。
[569] 外国為替取引規定、第9-1条。
[570] 外国為替取引規定、第9-2条。

第4章　外国為替取引法

　財政経済部長官は、海外直接投資が国内産業、国際収支、対外関係などに及ぼす影響を考慮して、投資類型、業種、地域などによって投資や各種資金支援を制限したり優遇することができる[571]。

　海外直接投資のための資金支援制度は、韓国輸出入銀行の海外投資資金、外国為替銀行の外貨貸出、対外協力基金の海外投資融資資金、中小企業振興公団の遊休設備海外移転資金支援制度がある。税制面では海外投資損失準備金制度、外国納付税額控除制度、外国納付税額擬制制度、海外資源開発事業に対する配当所得免除制度がある。このような制度は、国内産業構造の高度化を国際的な範囲と水準で達成しようとするのがその目的である。

　海外直接投資を支援する制度としては、投資保障協定と二重課税防止協定がある。投資保障協定は戦争、収容、送金制限など非常危険から海外投資者を保護することによって、協定締結国家間の投資交流を促進しようとする協定である。二重課税防止協定は、国際的に二重課税を排除することによって、海外投資企業の租税負担を軽減しようとする協定である。

　海外直接投資者は、申告受理条件に従って、投資元金と利子を現金で回収しなければならない。ただし、当該申告機関長がやむを得ないと認める場合には現物で回収することができる[572]。

10　国内外支社

　国内法人または外国法人の韓国と外国にある本支社間の取引において、支店その他の事務所の維持活動に必要な経費と、本支社間の経常的取引と関わる資金の収受は、資本取引とみなされ、外国為替取引法の制限を受ける[573]。必要経費と経常取引の具体的内容については大統領令で定められている。

　韓国銀行および外国為替銀行を除いた一般居住者が、外国に支店または事務所(海外支社)を設置したり、外国銀行以外の非居住者である外国法人が、国内に支店または事務所(国内支社)を設置しようとする場合には、韓国銀行総裁または外

---

[571] 外国為替取引規定、第9-4条。
[572] 外国為替取引規定、第7-47条。
[573] 外国為替取引法、第9-26条。

国為替銀行長の許可または申告受理が必要となる。韓国銀行、外国為替銀行、外国銀行の場合は、外国為替業務を営むため、財政経済部長官の許可または申告受理が必要となる。

海外支社は海外支店と海外事務所に分けられる。海外支店は独立採算制によって外国で営業活動を営む。海外事務所は外国で営業活動を営むことなく、業務連絡、市場調査、研究開発活動などの非営業的機能だけを遂行する。また非営利団体(宗教団体を含める。)が国外で当該団体の設立目的に符合する活動を遂行する場合をいう[574]。

金融業と保険業以外の業種を営む、国内に主な事務所を置いた居住者が設置する海外支社は「非金融機関の海外支社」といい、金融と保険業を営む国内に主な事務所を置いた居住者が設置する海外支社は「金融機関の海外支社」という[575]。

過去1年間の外貨獲得実績が米貨100万ドル以上である者、またはその他主務部長官または韓国貿易協会長が、外貨獲得の見通しなどを考慮して海外支店の設置が必要だと認める者は、指定取引外国為替銀行長に設置申告をしなければならない。ただし個人が海外支社を設置しようとする場合には、韓国銀行総裁の許可を受けなければならない(第9-23条)。上記以外の居住者が海外支社を設置しようとする場合には、韓国銀行総裁に申告して受理されなければならない[576]。

海外支店は、海外での営業活動によって発生する収益で経営されることを原則にしている。よって、独立採算制の例外適用を受けようとする者は、韓国銀行総裁の許可を受けなければならない。ただし、外航運送業者と遠洋業者、それから海外建設と用役業者の場合は、事業の性質上独立採算制を適用するのが困難であるから、適用対象から除かれている[577]。

政府投資機関、金融監督院、過去1年間の外貨獲得実績が米貨30万ドル以上である者、過去1年間に誘致した観光客数が8,000人以上である国際旅行斡旋業者、外貨獲得実績に達しない者で2人以上が共同して、1つの海外事務所を設置しよ

---

[574] 外国為替取引規定、第9-22条。
[575] 外国為替取引規定、第9-22条。
[576] 外国為替取引規定、第9-23条第2項。
[577] 外国為替取引規定、第9-28条。

第 4 章　外国為替取引法

うとする者、外貨獲得業者や輸出品または軍需品生産業者で構成された協会または組合などの法人、中小企業協同組合、国内の新聞社、通信社、放送局、技術開発促進法によって科学技術部長官から国外に企業付属研究所の設置が必要だと認められた者、対外貿易法の定めに従って貿易業を営む法人として独立後1年を経過した者、その他主務部長官または韓国貿易協会長が海外事務所の設置を不可決と認める者(非営利団体を含める。)が海外事務所を設ける場合には、指定取引外国為替銀行長に設置申告をしなければならない。また、個人が海外支社を設置しようとする場合には、韓国銀行総裁の許可を受けなければならない[578]。

　海外事務所の維持活動費(海外事務所の活動および維持運営に必要な諸経費をいう。)の支払いは、指定取引外国為替銀行を通して行わなければならない。海外事務所に代理店手数料、代行委託料支払い、その他仲介手数料などを支払う場合には、韓国銀行総裁の許可を受けなければならない[579]。

　金融機関が海外支社を設置するためには、財政経済部長官に申告して受理されなければならない[580]。財政経済部長官は申告を受けた場合には、進出相対国との交渉、申請書類の修正など特別な理由がない限り、受付後30日以内に申告を受理しなければならない。事前申告受理制度を活用して、一定期間の準備期間が経った後に本申告の受理をすることもできる。

　海外支店の設置申告受理を受けた者は、申告受理の際に認められた範囲内で営業基金を当該海外支店に供給することができる。国内に本店を置いたノンバンク金融機関が営業基金を変更しようとする場合には、財政経済部長官に申告しなければならない[581]。

　本店である外国為替銀行が、海外支店と取引したり資金の決済をする場合には、甲勘定と乙勘定に分けて計上しなければならない。営業資金、創業経費、その他これに準じる営業所設置資金、運営資金や費用に充てるための資金、その他韓国銀行総裁が決める資本取引などの資金は甲勘定で処理し、これに以外の取引や資

---

[578] 外国為替取引規定、第9-23条。
[579] 外国為替取引規定、第9-26条第2項。
[580] 外国為替取引規定、第9-32条第1項。
[581] 外国為替取引規定、第9-34条。

金の決済は乙勘定に計上しなければならない。本店である外国為替銀行が、資金を海外支店に供給したり海外支店から受領する場合には、資本取引の許可および申告を要しない[582]。

　金融機関の海外支店は、支店設置国の法令と設置申告の際に認められる範囲内で、営業活動をすることができる。海外支店を設置した金融機関は、監督関連規定によって海外支店の業務関連報告書を金融監督院長に提出しなければならない。金融監督院長は、半期ごとに報告受けた内容を、まとめて財政経済部長官に報告しなければならない[583]。

　外国金融機関が国内で支社を設置する場合に要する認許可は、個別の法令で一元化[584]された。外国金融機関が支店や事務所[585]を設置しようとする場合には、一元的に指定取引外国為替銀行長に設置申告をしなければならない[586]。

　ただし、資金の融資、海外金融の斡旋や仲介、カード業務、分割払い金融など銀行業以外の金融関連業務、証券業務や保険業務と関わる業務、外国人投資促進法など他の法令の規定により禁止されている業務、公序良俗を害する恐れがある業務の場合には、財政経済部長官に申告をしなければならない[587]。

　国内支社の活動に必要な支社賃借保証金、備品や車輌など固定資産の購入費用など資本金性格の営業資金、支社の維持運営に必要な諸経費（ただし、物品販売代金、用役提供代価、法人税などと本社の代わりに支払った経費や本社が国内居住者との契約の履行のために送金する資金は除く。）は、指定取引外国為替銀行を通じて支払わなければならない。国内支社の指定取引外国為替銀行長は、営業資金を毎年韓国銀行総裁に報告しなければならない[588]。

　財政経済部長官に設置申告をした支店の場合、指定取引外国為替銀行長を通じ

---

[582] 外国為替取引規定、第9－35条。
[583] 外国為替取引規定、第9－36条。
[584] 一元化以前には外国金融機関の国内支社設置時銀行法（外国銀行国内支社）、証券取引法（外国証券会社国内支社）、保険業法（外国保険会社国内支社）による認許可とは別に外国為替管理法による認許可を必要とした。
[585] 外国為替取引規定、第7－77条。
[586] 外国為替取引規定、第7－78条。
[587] 外国為替取引規定、第7－79条。
[588] 外国為替取引規定、第7－80条。

第4章　外国為替取引法

て決算し、純利益の対外送金をすることができる[589]。指定取引外国為替銀行長は国内支社の決算純利益の送金内訳を、翌月10日まで国税庁長に報告しなければならない[590]。

第5節　外国為替取引の事後管理
1　報告と検査

　外国為替取引法(第20条)に基づき、財政経済部長官は必要に応じ、韓国銀行、金融監督院、外国為替業務取扱機関、その他取引当事者または関係者から報告を受け、検査を実施することができる。報告義務者には、韓国銀行、外国為替銀行、両替商のような外国為替業務および外国為替管理機関のみならず、外国為替取引当事者または関係者まで広範囲に含まれている。

　財政経済部長官は所属職員に、外国為替取引法の適用を受ける当事者または関係者の業務を検査させることができる。この検査は書面検査または実地検査に分けて行うことができる[591]。

　財政経済部長官は、この法の実効性を確保するために必要と認める場合には、非居住者発行の債券を保有している居住者に対して、保有債券の現況を財政経済部長官に報告させることができる[592]。報告対象債券は米貨1万ドルを超える債券とする(報告対象債券の範囲、報告時期、報告時限その他必要な事項は財政経済部長官が定めて告示する。)。外国人である居住者と、非居住者の大韓民国内の支店や出張所その他の事務所に該当する居住者に対しては、認定された取引によって取得した債券に限られる[593]。

　財政経済部長官は、この法の施行のために必要と認める場合には、韓国銀行、金融監督院、外国為替業務取扱機関、あるいはこの法の適用を受ける取引当事者または関係者に必要な報告をさせることができる。また、関係行政機関長に対しては関連資料または情報の提出を求めることができる。関係行政機関長は特別な

---

[589] 外国為替取引規定、第7-81条第1項。
[590] 外国為替取引規定、第7-81条第3項。
[591] 外国為替取引法、第20条。
[592] 外国為替取引法、第20条。
[593] 外国為替取引法、施行令第32条。

事由がない限り、これに応じなければならない。

　財政経済部長官は効率的な検査のために必要だと認める場合には、外国為替業務取扱機関やこの法の適用を受ける取引当事者または関係者の、業務と財産に関する資料の提出を求めることができる[594]。

　また財政経済部長官は、大統領令の定めに従って、韓国銀行総裁、金融監督院長、関税庁長に委託して、その所属職員に検査などの業務を遂行するよう要請できる。検査業務の委託を受けた者は、検査の基準・方法・手続、その他検査業務に関して必要な事項を定めることができる。検査を行う者は、その権限を表示する証票を所持し、関係者に提示しなければならない[595]。

2　外国為替取引の事後管理

　権限の委託(外国為替取引法、施行令第35条)を受けて外国為替取引の許可をした韓国銀行総裁または外国為替銀行長は、当該外国為替取引当事者が行った外国為替取引が法令の規定どおりに実行されたかどうかについて、事後管理をしなければならない。ただし、取引当事者が取引外国為替銀行を指定したり、韓国銀行総裁が事後管理銀行を指定した場合には、その指定された外国為替銀行長が行わなければならない[596]。

　韓国銀行総裁が外国為替取引または行為を許可したときには、許可申請者が指定する代価決済銀行または事後管理銀行に許可書や契約書の写しなどを送付しなければならない。外国為替銀行長は事後管理の結果、外国為替取引当事者が許可などの条件を履行しなかった場合には、その期限満了日から7日以内に当該条件

---

[594] 外国為替取引規定、第20条第4項。
[595] 外国為替取引規定、第20条;外国為替取引法では検査を被検査機関別に次のように定めている。
　①韓国銀行総裁；両替営業者(開港場内の両替営業者を除く)および外国為替仲介会社とその取引当事者および関係者。
　②金融監督院長；外国為替業務取扱機関とその取引当事者および関係者、その他韓国銀行総裁および関税庁長の検査権限に当たらない者。
　③関税庁長；両替営業者(開港場内の両替営業者に限られる)とその取引当事者および関係者、輸出入取引およびこれと直接関わる用役取引の当事者および関係者。
[596] 外国為替取引規定、第10-8条。

第4章　外国為替取引法

の履行を督促し、督促日から 30 日以内にもその義務を履行しない場合には、これを金融監督委員会に報告しなければならない。

3　国税庁長などへの報告

　他の法律の規定にもかかわらず、財政経済部長官は、この法の実効性を確保するために必要だと認める場合には、次の各号の事項に対して国税庁長または関税庁長に直接報告することができる。また、この法の適用を受ける韓国銀行総裁、外国為替業務取扱機関長、税関長その他大統領令が決める者が、国税庁長または関税庁長に報告するように命じることができる。さらに、外国為替情報集中機関長に次の各号の事項を、外国為替業務取扱機関相互間に交換し活用するように要請し、信用情報集中機関に情報提供するよう命じることができる[597]。つまり、支給手段や貴金属または証券の輸出または輸入に関する事項、外国為替の売買に関する事項、外国為替の支払いや受領に関する事項、資本取引に関する事項、その他財政経済部長官が決める事項である。

4　外国為替取引資料

　財政経済部長官は、大統領令の定めに従って、外国為替業務と関連がある法人または団体の中で、1つ以上の法人または団体を指定して、外国為替取引に関する資料を中継・集中・交換する機関として運営することができる。外国為替情報集中機関を指定したときには、財経部長官はこれを告示しなければならない[598]。現在、韓国銀行を外国為替情報集中機関として指定している[599]。

　外国為替業務取扱機関は、外国為替取引業務を行ったときには、その内容を為替情報集中機関に報告しなければならない。外国為替情報集中機関長は、外国為替情報電算システムへの第三者の不法接近または入力された情報の変更・毀損・破壊その他の危険に対する技術的・物理的保安対策を講じなければならない。

　財政経済部長官は、外国為替情報集中機関の業務処理基準を決めることができ、

---

[597] 外国為替取引法、第21条。
[598] 外国為替取引法、施行令第37条。
[599] 外国為替取引規定、第10－14条。

同機関にその細部運営基準を決めるように要求できる。外国為替情報集中機関長は、細部運用基準を決めた場合には、その内容を遅滞なく財政経済部長官に報告しなければならない。

　外国為替業務取扱機関など外国為替取引当事者や関係機関に、外国為替情報集中機関に必要な報告をするように要求し、関連資料または情報の提出を求めることができる。外国為替業務取扱機関や外国為替取引当事者または関係者が、この規定によって財政経済部長官、韓国銀行総裁または金融監督院長、国税庁長または関税庁長などに報告する場合には、韓国銀行総裁が別に定める場合と、金融監督院が管理している外国人投資管理システムを通じて報告する場合を除いて、外国為替情報集中機関を通じて行わなければならない。

主要参考文献

CHANG, Byung-Chul『関税法』貿易経営社、1997年

韓国銀行協会編『外換取引法』2001年

韓国銀行協会編「外換取引資料」1997～2002年

韓国貿易委員会編「通商紛争資料」1996～2002年

韓国貿易協会編「海外貿易資料」1998～2002年

KOTRA編「貿易法規資料」1996～2002年

韓国産業資源部編『対外貿易法』法文社、1986年

韓国産業資源部編「通商資料」1996～2002年

LEE, Eun-Sup『国際取引法』釜山大学校出版部、1998年

LEE, Eun-Sup『国際通商法』釜山大学校出版部、2000年

LEE, Eun-Sup『国際貿易の法的環境』釜山大学校出版部、2002年

LEE, Eun-Sup『WTO通商法』進英社、2001年

LEE, Eun-Sup『国際通商・取引法』新英社、2001年

SHIN, Hyun-Jong『韓国貿易論』博英社、1997年

SUN, Keun-Tae『貿易学原論』博英社、2002年

SUN, Keun-Tae『国際経済学』博英社、2001年

SHIN, Whang-Ho『貿易学原論』三英社、1986年

索 引

い

異議申請 …………………… 190, 194
委託加工貿易 ……………………… 48
委託売買輸出 ……………………… 48
一覧払い為替手形買入れレート …213
一般担保 …………………………137
一般特恵関税制度 ………………108
一般取引形態 ……………………… 47
因果関係分析方法 ………………… 74

う

ウォン貨証券 ……………………239

か

海外長期滞在者 …………………242
海外直接投資 ……………………244
外貨獲得用原料・器材 …………… 49
外貨債権 …………………………208
外貨証券 …………………………208
外交官の免税特権 ………………144
外交通商部長官 ……………………26
外国貨物 ……………………………95
外国為替 …………………………207
外国為替業務機関間売買レート …211
外国為替業務取扱機関 …………217
外国為替情報集中機関 …………251
外国人投資促進法 ………………226
外国引受け輸入 ……………………48
外国貿易船 ………………………157
価格修正 …………………………117
学術研究用品減免税制度 ………145
課税物件 ……………………………98
貨物自動選別システム …………176
簡易税率制度 ……………………104
簡易通関 …………………………182
環境汚染防止品物などに対する
 減免税制度 ……………………147

韓国銀行 …………………………220
関税・統計統合品目分類表 ……… 44
関税行政罰 ………………………191
関税協力理事会 …………………101
関税譲歩 …………………………106
関税審議委員会 …………………124
関税秩序罰 ………………………195
関税庁 ……………………………… 87
関税徴収の優先権 ………………136
関税の減免税 ……………………143
関税の分割納付 …………………153
関税の返還 ………………………151
関税法 ……………………………… 89
関税率 ……………………………101
関税率表 …………………………101
関税率表のための品目分類に関する
 協約 ……………………………101
関税割当制度 ……………………124

き

機関投資家 ………………………235
棄却 ………………………………188
期限付手形売買レート …………213
基本税率 …………………………103
却下 ………………………………188
行政刑罰 …………………………… 67
行政自治部長官 ……………………26
行政争訟 …………………………184
行政秩序罰 ………………………… 67
強制徴収 …………………………133
行政罰 ……………………………… 67
協定関税 …………………………103
虚偽表示 …………………………… 79
居住者 ……………………………229
緊急関税 …………………………121
緊急輸入制限措置 ………………… 68
金銭貸借契約 ……………………228

- 254 -

索引

け

- 決定 ……………………………… *188*
- 現金売買レート ………………… *213*
- 原産地証明書 …………………… *61*
- 原産地判定 ……………………… *58*
- 原産地判定委員会 ……………… *26*
- 原産地表示 ……………………… *52*
- 原産地表示対象品目 …………… *53*
- 原産地表示方法に関する確認 … *59*
- 原産地表示免除品 ……………… *54*
- 原産地を錯誤させる表示 ……… *79*
- 現地金融 ………………………… *243*
- 現場徴収制度 …………………… *133*

こ

- 工業振興庁長官 ………………… *25*
- 交互計算制度 …………………… *224*
- 構成価格 ………………………… *111*
- 向精神薬輸出入 ………………… *22*
- 国際関税協力 …………………… *106*
- 国際通商法 ……………………… *1*
- 国際的関税協定 ………………… *106*
- 国際貿易関連調査研究 ………… *85*
- 国税徴収法 ……………………… *88*
- 国内価格 ………………………… *124*
- 告発 ……………………………… *197*
- 国立技術品質院長 ……………… *28*

さ

- サービス産業 …………………… *77*
- 財経部 …………………………… *87*
- 財政経済部長官 ………………… *24*
- 再輸出減免税 …………………… *148*
- 再輸出免税 ……………………… *147*
- 再輸入免税 ……………………… *149*
- 産業設備 ………………………… *51*
- 産業被害調査 …………………… *68*
- 暫定措置 ………………………… *120*
- 暫定ダンピング防止関税 ……… *119*

し

- 時効制度 ………………………… *141*
- 資産取引 ………………………… *226*
- 市場平均為替レート制度 ……… *211*
- 事前申告受理制度 ……………… *247*
- シッパーズ・ユーザンス ……… *229*
- 指定蔵置場 ……………………… *162*
- 指定保税地域 …………………… *162*
- 自動承認 ………………………… *42*
- 資本移動取引 …………………… *225*
- 資本取引 ………………………… *225*
- 資本取引制限対象 ……………… *235*
- 車両 ……………………………… *157*
- 取得時効 ………………………… *142*
- 受納機関 ………………………… *133*
- 種苗輸出入業 …………………… *22*
- 商標権 …………………………… *174*
- 消滅時効 ………………………… *142*
- 申告納付方式 …………………… *130*
- 申告の却下 ……………………… *178*
- 申告の取り下げ ………………… *178*
- 審査請求 …………………… *187, 191*
- 審判請求 ………………………… *189*

せ

- 税関検査場 ……………………… *170*
- 税関長 …………………………… *25*
- 制限承認 ………………………… *42*
- セーフガード規定 ……………… *69*
- セーフガード措置 ……………… *74*
- 世界貿易機関船積前検査協定 … *65*
- 是正措置命令 …………………… *81*
- 繊維及び衣類に関する協定 …… *76*
- 戦略物資 ………………………… *51*
- 戦略物資輸出入公告 …………… *46*

そ

- 総合貿易商社 …………………… *37*
- 総合保税地域 …………………… *166*

相殺関税 …………………… 119
相殺決済 …………………… 224
即時搬出 …………………… 179
属人主義 …………………… 206
属地主義 …………………… 206
損傷減税 …………………… 149

た

対外決済手段 ……………… 206
対外貿易法 …………………… 17
多国間協力 ………………… 109
多者間協力 ………………… 109
単純加工 ……………………… 60
ダンピング価格 …………… 117
ダンピング防止関税 ……… 111
弾力関税制度 ……………… 109

ち

知的財産権 ………………… 173
知的財産権協定 …………… 79
知的財産権侵害行為 ……… 79
地方関税行政機構 ………… 87
調査処分 …………………… 196
徴収機関 …………………… 133
調整関税 …………………… 121
著作権 ……………………… 173
賃貸輸出 ……………………… 48

つ

通関 ………………………… 174
通関手帳 …………………… 108
通関郵便局 ………………… 183
通告処分 …………………… 197
通商政策 ……………………… 33
積み戻し通関 ……………… 182

て

電子商取引 ……………… 15, 35
電信為替売買レート ……… 212

と

統合公告 ……………………… 45
投資保障協定 ……………… 245
到着価格 …………………… 126
独占規制および公正取引法 … 24
特定品減免税 ……………… 146
特定取引形態 ………………… 47
特別緊急関税 ……………… 122
特別担保 …………………… 138
特別保税地域 ……………… 166

な

内国貨物 ……………………… 94
内国税率 …………………… 104
中継貿易 ……………………… 48

に

二国間協力 ………………… 103
二重課税防止協定 ………… 245
任意徴収 …………………… 133

の

納税義務者 ………………… 99
納税告知書 ………………… 135
納税担保 …………………… 139
農薬輸入業 ………………… 22
農林部長官 ………………… 26

は

派生金融取引 ……………… 239
発送価格 …………………… 126
発展途上国間特恵税率 …… 103
バンコク協定 ………………… 89
反ダンピング規制 …………… 70

ひ

非居住者 …………………… 216
非金融機関の海外支社 …… 246

- 256 -

索 引

ふ

賦課告知方式 …………………… 132
複数通貨バスケット制度 ………… 210
不公正貿易行為調査及び産業被害救済
に関する施行令 ………………… 81
不公正貿易行為調査及び産業被害救済
に関する法律 …………………… 23
不公正貿易行為調査及び産業被害救済
に関する法律 …………………… 81
不公正貿易行為調査制度 ………… 78
不公正輸出入行為 ………………… 63
不公正輸出入行為調査制度の運用 … 79
不遡及原則 ………………………… 98
不動産取引 ………………………… 241
船積前検査 …………………… 14, 65
船積前検査機関 …………………… 65
文化体育部長官 …………………… 26
紛争調整委員会 …………………… 27

へ

便益関税 …………………………… 122
変動為替レート制度 ……………… 210

ほ

貿易委員会 ………………………… 83
貿易業務処理の高度化 …………… 34
貿易振興政策 ……………………… 32
貿易政策 …………………………… 32
貿易取引者 ………………………… 37
報復関税 …………………………… 110
保険福祉部長官 …………………… 26
保税 ………………………………… 158
保税運送 …………………………… 169
保税蔵置場 ………………………… 162
保税建設場 ………………………… 164
保税工場 …………………………… 162
保税倉庫 …………………………… 162
保税展示場 ………………………… 164

み

密輸専用運搬具没収制度 ………… 193
密輸入 ……………………………… 194
密輸品取得罪 ……………………… 195
未表示 ……………………………… 80

む

向精神薬輸出入 …………………… 22
無為替輸出入 ……………………… 49

め

免税協定 …………………………… 106

や

薬剤師法 …………………………… 22

ゆ

有害化学物質輸入業 ……………… 26
郵便物 ……………………………… 183
輸出 ………………………………… 94
輸出監視法 ………………………… 6
輸出実績 …………………………… 40
輸出自由地域管理所長 …………… 28
輸出自由地域設置法 ……………… 90
輸出振興第一主義 ………………… 22
輸出入規制品目 …………………… 41
輸出入公告 ………………………… 42
輸出入秩序維持 …………………… 63
輸出入秩序阻害行為 ……………… 78
輸出入の擬制 ……………………… 172
輸出入の原則 ……………………… 38
輸出入の制限 ……………………… 38
輸出入別途公告 …………………… 44
輸入 ………………………………… 99
輸入為替手形取立銀行 …………… 229
輸入擬制説 ………………………… 172
輸入検査 …………………………… 176
輸入申告 …………………………… 175
輸入申告受理 ……………………… 180

- 257 -

輸入制限品目 …………………………… 44
輸入通関 …………………………… 175

よ

容認 …………………………… 189

り

両罰規定 …………………………… 192

■著者紹介

横山　研治

1955年生れ。早稲田大学政治経済学部卒。博士（経営学）。立命館アジア太平洋大学アジア太平洋マネジメント学部教授。著書に『航空運送における定型取引条件の実証的研究』（単著、久留米大学比較文化研究所、1991、貿易奨励会奨励賞受賞）、『我国で使用されるトレードタームズの動向調査』（共著、日本大学産業経営研究所、1997、貿易奨励会奨励賞受賞）、『航空運送と貿易システム』（単著、同文舘、2000、日本貿易学会奨励賞受賞）などがある。

LEE Eun-Sup

1952年生れ。国立釜山大学校貿易研究科卒。経済学博士。釜山大学校貿易国際学部教授。韓国経済政策研究院長。韓国海上保険法研究会会長。著書に『貿易取引』（釜山大学校出版部、1998）、*Korean Version of Uruguay Round Agreement on Safeguards*, Journal of International Law Vol.8 Issue 2, Detroit College of Law, 1999、『国際取引法』（釜山大学校出版部、1999、大韓民国文化観光部選定優秀学術書）、『国際貿易の法的環境』（釜山大学校出版部、2000、大韓民国学術院教育人的資源部選定優良学術書）などがある。

BAE Hae-Sun

1962年生れ。名古屋大学経済研究科卒。経済学博士。釜山大学校経営経済研究所専任研究員。著書に"Why is the part-time rate higher in Japan than in South Korea," Part-time Prospects（共著）, Routledge (London), 1998、『現代日本経済』（進英社、Seoul、2001）、『日本の理解』（共著、Darakwon, Seoul, 2002)などがある。

韓国の国際通商法

2002年11月10日　初　版第1刷発行

■著　者——横山研治／LEE Eun-Sup／BAE Hae-Sun
■発行者——佐藤　正男
■発行所——株式会社　大学教育出版
　　　　　〒700-0951　岡山市西市855-4
　　　　　電話 (086) 244-1268　FAX (086) 246-0294
■印刷所——互恵印刷(株)
■製本所——(有)笠松製本所
■装　丁——ティーボーンデザイン事務所

© YOKOYAMA Kenji , LEE Eun-Sup , BAE Hae-Sun 2002, Printed in Japan
検印省略　　落丁・乱丁本はお取り替えいたします。
無断で本書の一部または全部を複写・複製することは禁じられています。

ISBN4-88730-502-8